Lebens-
läufe

Inhalt

7 HELGA HEMALA-FISCHER
41 GABRIELE WEISHÄUPL
77 HANNS MEILHAMER
111 FREDL FESL
151 MATTHIAS LISSE
197 SCHWESTER AVITA
225 YVONNE HOLTHAUS
261 GUDRUN ZOLLNER

Vorwort

Menschen über Menschen kreuzen unseren Lebensweg. Manche begleiten uns ewig, andere tauchen blitzartig auf und verschwinden wieder in der Masse des Alltäglichen. Und dann gibt es da plötzlich die, die eine Spur hinterlassen. Sie müssen weder mit einem verwandt, verschwägert, befreundet oder persönlich bekannt sein: Manchmal genügt es für mich, den Bruchteil einer Lebensgeschichte zu erfahren und mit einem Mal glüht Faszination in mir auf.

Faszination für Menschen, die sich in meinen Augen vom grauen Einheitsbrei abheben: Weil sie mutig und ohne Zögern auch unsichere Wege zum Ziel in Kauf nehmen, weil sie mit schier unglaublicher Widerstandskraft dem Schicksal trotzen, weil sie es wagen, ihr Glück nicht von den Gedanken anderer abhängig zu machen.

Spätestens wenn mich dieser Eindruck erfasst, dann möchte ich in eine Lebensgeschichte eintauchen. Bei den Menschen, über deren Leben ich in diesem Buch schreibe, war es so. Dabei stand für mich weniger das Handwerk des Porträtierens mit all seinen Regeln aus dem journalistischen Lehrbuch im Vordergrund, wie ich es als hauptberufliche Redakteurin kenne.

Die Geschichten in diesem Buch sind allesamt Lieblingsprojekte und mit viel Zeit, Gesprächen und Herzblut entstanden. Ohne starre Vorgaben oder Gesetze. Der einzige Rahmen, den ich mir gesteckt habe, war ein Bezug der Porträtierten zu meiner Heimat Niederbayern.

Die Geschichten sind ein Kondensat all dessen, was mich selbst ungemein bereichert: Allen voran die Erkenntnis, dass ohne Schattenseiten auch nicht das Licht mit Erfolg, Zufriedenheit und Glück möglich wäre. Die Aura der Unverwundbarkeit, die authentische Menschen ausstrahlen, inspiriert mich immer wieder von Neuem: Leben bedeutet seiner Intuition zu folgen.

Lassen auch Sie sich inspirieren.

Ihre Monika Bormeth

Aus dem Herzen muss es kommen

Der gelebte
Mädchentraum von
Helga Hemala-Fischer

„Der Besuch der alten Dame": Die Claire Zachanassian war eine der Paraderollen, in denen Helga Hemala-Fischer in späteren Jahren am Theater an der Rott glänzte.

Es ist nur ein schmaler Papierstreifen, dennoch trägt er eine besondere Botschaft. Das Geschriebene stammt aus Tagebucheinträgen. Die Verfasserin wollte es in handlicher Form immer bei sich haben. In feiner Schreibschrift steht mit Tinte auf weißem Untergrund: „Heute ist der Tag, wo ich endlich den Vertrag in der Hand halte, nun darf ich tanzen, tanzen, TANZEN. Menschen Freude bereiten, das will ich!" Helga Hemala-Fischer hat diese Sätze am 28. Juli 1956 geschrieben. Damals hat sie ihren ersten Bühnenvertrag bekommen und hatte noch keinen Doppelnamen. Der Mann, dessen Namen sie später dem ihrigen hinzufügte, war aber bereits in ihr Leben getreten. Helga Hemala war gerade einmal 15 Jahre alt und ahnte noch nicht, dass die Liebe zu ihm und zur Bühne jeden ihrer Lebensabschnitte begleiten würde.

„Wo fang ich an? Wo fang ich nur an?" Helga Hemala-Fischer schüttelt gedankenversunken den Kopf. Soll sie das wirklich machen? Über ihr Leben erzählen? Ist es überhaupt möglich, ein halbwegs vollständiges Bild davon zu zeichnen? Allein auf dem Tisch liegen unzählige Fotos, kleine und große, bunte und schwarz-weiße. Dazu seitenweise Zeitungskritiken, Theaterplakate, Briefe, Aufzeichnungen. Und das ist nur ein Bruchteil. Helga Hemala-Fischer hat über 30 Ordner mit Dokumenten und Briefen aus über 60 Jahren Bühnenleben angelegt. Sie spricht nur wenige Sätze, dann kommt ihr wieder ein Erinnerungsstück in den Sinn, das sie aus einem anderen Zimmer holt. Ihre Schritte sind leichtfüßig. Es wirkt ein bisschen so, als würde sie jeden Moment eine Pirouette vollziehen und zu einem Tanz ansetzen. Helga Hemala-Fischer hat ein Leben für die Bühne gelebt und sie tut es noch.

Sie war Tänzerin, Tanzsoubrette, Schauspielerin, Sängerin, Choreographin, Regisseuse und vieles mehr. Noch heute gibt sie an sechs Tagen die Woche Unterricht an ihrer Ballettschule in Eggenfelden. Als Ehefrau des mittlerweile verstorbenen Adi Fischer, erster Intendant des einzigen landkreiseigenen Theaters in Deutschland, hat Helga Hemala-Fischer das Theater an der Rott wesentlich mitgeprägt. Es war eine Station von vielen in einer Vita, die man als gelebten Mädchentraum beschreiben könnte.

Kindheit: Liedertexte im Schulheft gesammelt

Was Helga Hemala-Fischer über ihre Kindheit erzählt, ist eine Mischung einerseits aus Zuständen, die man sich heute nicht mehr vorstellen könnte, und andererseits bilderbuchähnlichen Schilderungen. Als Helga Hemala kam sie am 29. Oktober 1940 im schlesischen Bielitz zur Welt. Ihre Eltern Eduard Hemala und Margarete Hemala, geborene Pientka, hatten bereits eine dreieinhalbjährige Tochter namens Irmgard. Helga Hemala wurde in den Zweiten Weltkrieg hineingeboren. Harte Zeiten, jedoch: „Ich habe von den widrigen Umständen kaum etwas zu spüren bekommen."

Helga Hemala wuchs auf mit der musischen Ader der Mutter und deren Leidenschaft fürs Theater und mit einem Vater, der als Kaufmann Wert auf solide Existenzgrundlagen legte, aber seinen Kindern auch Liebe zur Natur vermittelte. Insbesondere Letzteres hatte bleibenden Einfluss. Helga Hemala-Fischer, gefragt nach ihren schönsten Kindheitserinnerungen, schwärmt noch heute als Erstes von den Streifzügen mit dem Vater durch den Wald. Seien es die unbeschwerten Ausflüge ins Grüne gewesen oder die Wanderungen, um das Nötigste für den täglichen Alltag heranzuschaffen: Beeren, Pilze und säckeweise Tannenzapfen, liebevoll „Pockerl" genannt, zum Heizen im Winter. Das Werden der Natur zu beobachten, hat Helga Hemala-Fischer bereits damals als Geschenk begriffen. Noch heute sieht sie die Bäume in ihrem Garten wie Fabelwesen, lässt sich inspirieren von der Bewegung der Blätter – die in ihren Augen alle tanzen.

Kindheit bedeutete aber auch Flüchtlingstransporte, die Enge von Baracken, die Begrenztheit der Mittel. An Bielitz hat sie nur spärliche Erinnerungen, sieht allerdings noch heute den Lastwagen vor ihrem geistigen Auge, mit dem die Familie aus Schlesien abtransportiert wurde.

Der Vater im Kriegsdienst, die Mutter mitten im Winter mit ihren zwei Töchtern auf der Flucht in eine ungewisse Zukunft. Zwei Koffer als einziges Gepäck. Über Wien führte sie ihr Weg nach Brückl in Kärnten und letztlich Sekirn am Wörthersee, wo die Hemalas schließlich für einige Jahre Heimat fanden.

Für Eduard Hemala, der nach dem Kriegsdienst zurück zu seiner Familie kehrte, stand die berufliche Orientierung an erster Stelle. War er vor dem Krieg in Bielitz Eigentümer einer Kartonagenfabrik und Buchbinderei, wurde er danach als Vertreter für Farben und Lacke zu einem Handelsreisenden.

Die kleine Helga wurde in Sekirns Nachbarort Reifnitz eingeschult. Es begann eine Zeit, in der die vom Vater vermittelte Liebe zur Natur weiter aufblühen konnte. Die Schüler durften ein Beet anlegen und sich eine Pflanze aussuchen. Helga wählte Astern, um die sie sich liebevoll kümmerte. Für den sonntäglichen Besuch der berühmten Kirche Maria Wörth fertigte Mutter Margarete, eine geschickte Hobbynäherin, für ihre Töchter Kleidchen aus weißem Leinen, bestickt mit buntem Kreuzstich.

„Ich hatte immer einen Hang zum Schönen", erinnert sich Helga Hemala-Fischer. Als Kind ist sie, ein Buch unter den Arm geklemmt, gerne in den gegenüberliegenden Wald gelaufen und zum Lesen auf den höchsten Baum geklettert. „Das habe ich unzählige Male getan." Auch war sie bereits im frühen Alter sehr tierlieb. Zeit ihres Lebens hat sie danach Hunde als Haustiere gehalten.

Dass sie einen künstlerischen Beruf ergreifen könnte, wäre ihr in diesem Alter nicht in den Sinn gekommen, obgleich Theater und Musik einen hohen Stellenwert bei der Mutter hatten. Viel hat sie mit ihren Kindern gesungen, ganze Schulhefte waren mit Liedtexten von Opern, Operetten und Schlagern beschrieben. Es huscht ein Lächeln über Helgas Gesicht und mitten im Gespräch fängt sie an zu singen.

Sah sie als Kind eine Bühnenaufführung – das muss noch in Bielitz gewesen sein – verblüffte Helga die Erwachsenen nicht selten mit der Gabe, im Nachhinein markante Passagen wiedergeben zu können. Bei einem ihrer Theaterbesuche, es war „Die gold'ne Meisterin" von Edmund Eysler, verzückte sie die Zuschauer, als sie während der Pause das eben gehörte Lied „Portschunkula, Portschunkula, wie schön bist du bei Nacht..." schmetterte. Scheu vor den Blicken anderer hatte die sonst ruhige Helga dabei nicht, im Gegenteil. Der „Sonnenschein", wie sie damals von vielen Bekannten genannt wurde, empfand Freude daran, die Leute zu unterhalten.

Während die Schwester ein Instrument lernen durfte, blieb Helga dies verwehrt. Sie träumte von einem Akkordeon, musste aber zu jedem Weihnachtsfest den schuldbewussten Blick der Mutter ertragen, wenn diese der Tochter sagte: „Helgele, das Christkindl hatte wieder kein Geld gehabt."

1950 übersiedelte die Familie von Sekirn nach Klagenfurt in die Getreidegasse 11. Arbeitsam hat Helga Hemala-Fischer ihre Eltern in Erinnerung. Sie sieht heute noch den Vater vor sich, wie er am Boden kniend mit Rasierklingen das Parkett abzog, um das Zimmer so schön wie möglich zu gestalten.

Helga Hemala-Fischer klappt eine Spieldose auf. Sie ist alt, aber der Klang rein: Der Kaiserwalzer. Dieses Stück sollte noch viel Bedeutung haben. Es war nach dem Umzug nach Klagenfurt, als zum 40. Geburtstag ihres Vaters ein Fest ausgerichtet wurde. Die Mutter lieh in einem Musikgeschäft Plattenspieler und Schallplatten aus und bastelte für Helga ein Tutu aus Krepppapier. Von Ballett hatte das Mädchen damals noch keine Ahnung, konnte lediglich das tun, was ihr ihr Gefühl zur Musik eingab. Als sich die Kleine zu den Takten des Kaiserwalzers zu bewegen begann, staunten die Gäste. Mehr noch. Eine Freundin der Mutter war fest überzeugt: „Die muss ins Ballett." Dieser Frau hat sie ihr ganzes Berufsleben zu verdanken, ist Helga Hemala-Fischer heute überzeugt.

Der steinige Weg zur Leichtigkeit

Der Anfang war hart. Als die Mutter mit ihrer bereits elfjährigen Tochter in der renommierten Klagenfurter Kunsttanzschule von Tanzmeisterin Trude Haslinger vorstellig wurde, war diese keineswegs so angetan wie die Gäste bei der Geburtstagsfeier. „Wie alt bist du? Elf? Viel zu alt", lautete ihr Urteil, das Helga die Tränen in die Augen trieb. Als die Ballettmeisterin das sah, fragte sie: „Ja sag mal, was machst du mit den Armen, wenn du tanzt?" Das war Helgas Chance. Mit ihren Armbewegungen wusste sie die gestrenge Ballettmeisterin zu überzeugen. Fortan stellte sich Helga jede Trainingsstunde an der Ballettstange hinter das beste Mädchen, um von diesem zu lernen, übte jede freie Minute und besah sich mit noch größerer Aufmerksamkeit alles, was sich ästhetisch zu bewegen vermochte. Denn das war das Credo von Tante Trude, wie die Mädchen ihre Ballettmeisterin liebevoll nannten: Sich die Natur ansehen und die Ästhetik der Bewegungen für sich adaptieren. Beispielsweise die von Schmetterlingen, Bienen und Blättern. „Alles tanzt", sagt Helga Hemala-Fischer. Und in der Stimme schwingt Melodie mit.

Nach der Hauptschule besuchte die junge Helga eine Handelsschule, auf der sie sich das Rüstzeug für einen kaufmännischen Beruf aneignen sollte – das war der Wunsch des Vaters. Die Freizeit gehörte dem Ballett. Sie war 15 Jahre alt, als das Stadttheater Klagenfurt mit „Wiener Blut" die erste Operette im Spielplan hatte. Ausgerechnet für den Kaiserwalzer suchte das Theater junge Tänzerinnen zur Verstärkung. Ballettmeisterin Liselotte Mracek, zuständige Choreographin, sah sich an der Kunsttanzschule Haslinger nach geeignetem Nachwuchs um. Nur sechs Mädchen wurden gebraucht. Helga Hemala war dabei. Was sie gemacht hätte, wenn die Wahl nicht auf sie gefallen wäre? Sie weiß es nicht. Heute wäre ihr Leben vielleicht ein völlig anderes.

Als 13-Jährige war Helga Hemala stolze Ballettschülerin der renommierten Klagenfurter Kunsttanzschule von Trude Haslinger.

Die Operette, die am 24. September 1955 Premiere feierte, war ein Erfolg. Und noch etwas anderes war bedeutend. Helga stand zum ersten Mal Adi Fischer gegenüber. Er war zehn Jahre älter, kam vom Grazer Opernhaus, war Schauspieler und wurde in Klagenfurt als Operettenbuffo verpflichtet. Sie sah in ihm den Mann ihres Lebens. Ein

„Der 16. Geburtstag war mein schönster Geburtstag": Adi Fischer war damals bereits in das Leben der jungen Helga getreten. Die beiden waren noch kein Paar, waren sich aber dennoch vertraut.

bildschöner, junger Mann – und ein verheirateter Familienvater mit einem kleinen Sohn, wie sie später erfuhr.

Obgleich Helga immer wieder ins Theater fuhr und instinktiv die Begegnung mit Adi Fischer suchte, hegte sie keinerlei weitere Absicht. Ihre Schwärmerei war die rührende Zuneigung eines unschuldigen Mädchens, das nicht im Traum daran dachte, sich in eine Ehe einmischen zu wollen. „Ich wollte immer alles, was gut für ihn und seine Familie war." Zwar erwiderte Adi Fischer nicht umgehend Helgas Zuneigung, jedoch hat er ihr „viel Herz" entgegengebracht, wie sie heute sagt. „Der erste Händedruck – 14 Tage nicht Händewaschen, habe ich mir vorgenommen." Sie lacht.

Es war wie eine Belohnung in doppelter Hinsicht, dass Helga Hemala nach „Wiener Blut" ein weiteres Mal als Elevin am Theater mitwirken durfte. Professor Fritz Klingenbeck, Intendant des Klagenfurter Theaters, engagierte sie für die Operette „Der Opernball" von Richard Heuberger, deren zweiter Akt mit einem Can Can endet, bei dem die Tänzerinnen in die Arme eines Bühnenpartners fielen. Gespannt warteten die Mädchen darauf, wem es zukommen würde, sie aufzufangen. Für Helga Hemala, die wegen der Handelsschule nicht bei jeder Probe dabei sein konnte, war es eine besondere Überraschung. Sie glaubte, ihren Ohren nicht zu trauen, als sie Choreographin Lilo Mracek sagen hörte: „Bei dir kommt der Adi Fischer." Für Helga Hemala war das wie Weihnachten und Ostern zusammen.

Während die Bühne immer mehr zu ihrem Lebensmittelpunkt wurde, neigte sich die zweijährige Handelsschule dem Ende entgegen. Zeitgleich ergab sich die Möglichkeit, eine Reifeprüfung im Fach Ballett abzulegen. Trude Haslinger gab den Anstoß dazu und bereitete ihre Mädchen intensiv darauf vor, lehrte sie nicht nur die Praxis, sondern gab ihnen auch das nötige Rüstzeug in Sachen Tanzgeschichte. Helga Hemala war begeistert und reiste mit acht Mitstreiterinnen in die Universitätsstadt Graz zur Prüfung. Schon bei der Ankunft wurde Helga fast schwindelig, als sie eine Tänzerin beim Spitzentanz beobachtete und dabei merkte, wie viel es noch zu lernen galt.

„Wir hatten unter anderem einen Walzer einstudiert. Als die Musik erklang, habe ich alles um mich herum vergessen. Meine Arme sangen und meine Beine tanzten."
Neun Mädchen aus Klagenfurt und neun aus Graz nahmen

an der Reifeprüfung teil, nur fünf bestanden. Helga war dabei! Wieder waren es insbesondere ihre Armbewegungen, die überzeugten, wie sie später erfuhr.

Die Klagenfurter Choreographin Mracek fragte Helga daraufhin, ob sie nicht Tänzerin werden wolle. Eduard Hemala, der seine Tochter gerne in einem soliden, kaufmännischen Beruf gesehen hätte, war nicht begeistert. Erst die Tatsache, dass das Theater seinem Helgele sogar die volle Tänzerinnengage – nicht die Gage einer Elevin – anbot, überzeugte auch den Kaufmann in ihm. 1300 Schilling könnte seine Tochter in einem Büro nicht verdienen. Diese Monatsgage war mit einem Mal doch eine andere Hausnummer als die 15 Schilling, die es für eine Vorstellung von „Wiener Blut" gegeben hatte. Am 28. Juli 1956 hielt Helga Hemala schließlich den Bühnendienstvertrag in Händen und verfasste den legendären Tagebucheintrag: „Nun darf ich tanzen, tanzen, TANZEN. Menschen Freude bereiten, das will ich."

Einzig die Reaktion von Adi Fischer war eine große Enttäuschung. Er riet ihr von einer Bühnenkarriere ab – wohl im Wissen um die Herausforderungen, die einem solch ein Beruf abverlangt. Aber Helga vertraute ihrer Intuition: Am 1. September 1956 trat sie ihr Engagement als Tänzerin im Stadttheater Klagenfurt an. „Tanzen – sich zur Musik zu bewegen – das war einfach mein Traum."

Die erste Operette, bei der sie unter Vertrag mitwirkte, war „Die lustige Witwe" von Franz Lehár. Margarete Hemala hat ihrer Tochter damals einen kleinen Teddybären als Glücksbringer auf den Schminktisch gestellt. Helga hat diesen über Jahrzehnte zu jeder Vorstellung mitgenommen. Es gibt ihn noch heute.

Der „Opernball" – eines von vielen prunkvoll inszenierten Stücken am Theater an der Rott. Helga Hemala-Fischer choreografierte zahlreiche Werke.

Es blieb nicht bei Klagenfurt. Intendant Professor Klingenbeck hatte mittlerweile das Angebot erhalten, das Salzburger Landestheater zu übernehmen. Er bot Helga Hemala an, mit ihm zu kommen. Trotz ihrer Zweifel, ob sie wohl mit anderen Profitänzerinnen Schritt halten könne, sagte sie zu. Nicht zuletzt weil auch Adi Fischer als Operettenbuffo für Salzburg engagiert wurde. Ab August 1957 war sie dann Tänzerin und Schauspielerin unter Vertrag.

Professor Klingenbeck sah großes Potenzial in Helga Hemala und förderte sie stetig. Adi Fischer nahm seine junge Kollegin weiterhin als sympathisches Mädchen wahr. Mehr vorerst nicht. Seine Ehe war zu diesem Zeitpunkt zwar schon ins Wanken geraten, allerdings nicht Helgas wegen. „Er hat das Leben genossen", resümiert Helga Hemala-Fischer, die durchaus zugeben muss, dass ihr Liebster ein „Don Juan" war. Verurteilt hat sie sein Verhalten, trotz vieler Tränen, nie. Weder damals als schwärmender Teenager noch heute als Witwe nach über 50 Jahren Ehe. „Man kann den Charakter eines Menschen nicht ändern", sagt sie nachdenklich. Der Krieg habe ihrem Mann, Jahrgang 1930, die Jugend genommen. Er habe leben wollen, einfach nur leben: „Und er hat sich keine Gelegenheit dazu entgehen lassen."

Das erste Balletttraining in Salzburg hat Helga Hemala-Fischer noch vor Augen, als wäre es gestern gewesen. Obwohl sie ihr Bestes gab, konnte sie mit den erfahrenen Profitänzerinnen, einige kamen von der Ballettakademie in Wien, tatsächlich nicht Schritt halten. Nach der Probe nahm die Ballettmeisterin Professor Dr. Hanna Kammer sie beiseite und fragte: „Mädele, willste nicht oder kannste nicht?" Ein Urteil, das mitten ins Herz traf. Was tun? Als die Tränen getrocknet waren, suchte Helga sich Hilfe. Bereits am nächsten Tag stand sie bei dem jugoslawischen Solotänzer Boris Tonin zum Privatunterricht an der Ballettstange. Das war nicht immer leicht. Als sie einmal schwer erkältet den Privatunterricht absagen wollte, entgegnete Boris Tonin ungerührt: „Du müssen schwitzen, du werden gesund." Es dauerte ein Jahr, dann hatte sie es geschafft: Nicht nur, dass sie von nun an mit den anderen Tänzerinnen mithalten konnte, sie durfte sogar immer wieder als Solistin auftreten.

Von der Bühne zum Film

Helga war keine 19 Jahre alt, als der Direktor noch mehr als den Tanz in ihr sah. In Schauspiel und Märchen hatte er sie bereits eingesetzt. Helga durfte einige Rollen spielen und war dabei positiv aufgefallen. Ende September 1958 bat er sie um ein Vorsingen. Die junge Tänzerin sollte Soubrette werden. Das bedeutete, künftig nicht nur zu tanzen, sondern auch zu singen und zu spielen. Fritz Klingenbeck bezuschusste ihren Gesangsunterricht am Mozarteum. Am 18. Juni 1959 legte Helga die Prüfung für das neue Fach Soubrette ab. Von nun an war Adi Fischer ihr Spielpartner und Regisseur. Ihre erste Operette als Tanzsoubrette, „Die Csárdásfürstin", ging 35 Mal vor begeistertem Publikum über die Bühne.

Nun erfüllte Helga sich auch ihren Kindheitswunsch, ein Musikinstrument zu lernen, und nahm Klavierunterricht.

Ihre Karriere entwickelte sich stetig weiter. Die erste Anfrage fürs Fernsehen kam noch im selben Jahr. Man suchte eine Besetzung für die Rolle der Ida in der Verfilmung der Strauss-Operette „Die Fledermaus". Als Helga Hemala-Fischer bei dem bekannten Regisseur Kurt Wilhelm in München vorsprach, erfuhr sie zum ersten Mal, dass in der Branche manchmal Dinge gefordert wurden, die ihr fremd waren. Der Regisseur bat sie um Fotos – freizügige Fotos. Helga Hemala lehnte augenblicklich ab. „Wenn das nötig ist, um zu Film oder Fernsehen zu kommen, verzichte ich gerne darauf." Ihre strikte Entschlossenheit schien Kurt Wilhelm zu imponieren. Sie bekam die Rolle ohne Fotos – und ohne dass jemals wieder etwas dieser Art von ihr verlangt wurde. „Natürlich braucht man auch ein wenig Glück, um im rechten Moment an die richtigen Menschen zu geraten, aber in jedem Fall wollte ich mit meiner Kunst und meinem Können die Bühne erobern."

Es zeichneten sich weitere Veränderungen ab. Helgas Förderer, Professor Klingenbeck, hatte vor, das Theater zu verlassen, und der nächste Intendant zeigte wenig Interesse an Operetten. Daher beschloss Helga, sich an eine Agentur zu wenden. Zum Vorsingen fuhr sie in einem vollbesetzten Zug nach Wien – die ganze Fahrt ohne Sitzplatz mit einem

An der Seite von Friedrich Schoenfelder spielte Helga Hemala-Fischer die Rolle der Ida in der Verfilmung der Strauss-Operette „Die Fledermaus".

Gipsbein. Kurz zuvor hatte sie in der Operette „Der Opernball" (Helga spielte die Hosenrolle des „Henri") einen folgenschweren Unfall. Die Handlung sah ein Stolpern über eine Treppe vor. Helga stolperte wirklich, fiel die lange Freitreppe herunter und blieb für einige Augenblicke reglos liegen. Der Kapellmeister war verunsichert, begann dann aber dennoch mit der Musik. Helga Hemala-Fischer rappelte sich auf und spielte die restliche Vorstellung zu Ende – wie ihr das gelang, kann sie heute nicht mehr sagen. Diagnose: Bänderriss. Der Direktor war verzweifelt: So schnell gab es keinen Ersatz. Er bat Helga trotz ihrer Schmerzen, noch zwei weitere Vorstellungen zu spielen, und sie tat es. Im Anschluss erst bekam sie den Gips, mit dem sie dann nach Wien zum Vorsingen fuhr. Dieses meisterte sie trotz widriger Umstände bravourös. Die diversen Theaterdirektoren, die bei der renommierten Agentur Starker zugegen waren, amüsierten sich köstlich über ihre „gipsbeinige" Darbietung der „Riquette" aus der Operette „Victoria und ihr Husar": „Wenn Sie so tanzen, dann glauben wir Ihnen gerne, dass Sie eine Tanz-Soubrette sind." Zurück in Salzburg wurde es Helga auch während ihrer Genesungszeit nicht langweilig. Die Chefsekretärin war erkrankt und Helga sprang kurzerhand ein. Die Maschinenschreibkenntnisse aus der Handelsschule kamen ihr nun zugute.

Neben ihrer Verpflichtung als Tanzsoubrette war Helga Hemala mittlerweile auch als Choreographin tätig. Darüber hinaus wurden sie und Adi Fischer 1961 für die geplante Gründung der Operettenfestspiele nach Bad Ischl geholt, heute bekannt als Lehár Festival.

Weitaus bedeutender aber wurde ein anderer Ort. Nach vielen Angeboten, die sich aus ihrem Vorsingen bei der

1962 stand Helga Hemala-Fischer in „Rose von Stambul" mit Klaus Wildbolz auf der Bühne.

Agentur Starker ergaben, entschied sich Helga Hemala-Fischer schließlich 1962 für ein Engagement am Stadttheater in Luzern. In Bad Ischl war sie ganz nebenbei auch noch weitere drei Operettensommer tätig. Das Schweizer Publikum eroberte sie im Sturm. Sie erwies sich als begierig, zu lernen. Zu jeder Herausforderung sagte sie mit Begeisterung „Ja", bei jedem neuen Regisseur ließen sich neue Erfahrungen sammeln. Obwohl als Soubrette engagiert, waren nun auch im Schauspiel ihre Leistungen gefragt. So lernte sie beispielsweise, von einem Tag auf den anderen, Stoffe wie die Elise, Tochter des Geizigen Harpagons von Molière. Helga Hemala-Fischer erinnert sich an einen Monat, in dem sie 27 Vorstellungen mit sechs verschiedenen Rollen aus Operette, Schauspiel und Märchen absolvierte. Noch heute schüttelt sie fragend den Kopf darüber: „Ich weiß nicht, wie ich das alles eigentlich geschafft habe."

Autogrammanfragen kamen, Blumen wurden abgegeben, immer wieder Geschenke in die Garderobe gebracht. „Ich wurde vom Publikum verwöhnt. Ich habe alles, was ich an Einsatz gegeben habe, doppelt und dreifach zurückbekommen."

Von der Schweiz ins Rottal

Adi Fischers Weg hatte mittlerweile in eine ganz andere Richtung geführt, ins niederbayerische Rottal. Eine Gruppe von Sängern der Liedertafel Massing war von der Vorstellung der Operette „Die Gold'ne Meisterin" in Salzburg so angetan, dass sie im Anschluss den Regisseur am Bühnentürl erwarteten und mit einem Sängerspruch empfingen. Weil die Massinger selbst in absehbarer Zeit eine Aufführung der „Gold'nen Meisterin" planten, baten sie Adi Fischer um Unterstützung. Er sagte sofort begeistert zu. „Für solche Projekte war er immer zu haben", sagt Helga Hemala-Fischer rückblickend. Dirigent und Kapellmeister der Liedertafel Massing war damals Otto Hofmeister – zugleich Architekt des sich bereits im Rohbau befindlichen, ersten landkreiseigenen Theaters Deutschlands: das Theater an der Rott. Der damalige Landrat Ludwig Ostermeier erwies sich nicht nur federführend bei der Etablierung dieser Kulturstätte, er war es auch, der Adi Fischer die Intendanz anbot. Anfangs nur für zwei Spielzeiten – es sollten 33 weitere folgen.

Von der ersten Minute an war Luzern für Helga Hemala eine neue Heimat. Berge, Seen, Sonne und Begegnungen, die sie ein Leben lang prägen sollten. So zum Beispiel ihre erste Unterkunft bei einer älteren Dame, die wie eine Mutter für sie war. Es dauerte eine Weile, bis Helga das Schicksal von Frau Mühlemann erfuhr: Deren Tochter – auch sie wäre zu diesem Zeitpunkt 22 Jahre alt gewesen – lebte nicht mehr. Sie war gestorben, nachdem sie den Kampf gegen die Leukämie verloren hatte. Als Frau Mühlemann Helga eines Tages mit dem Namen der verstorbenen Tochter ansprach, offenbarte sich die ganze Geschichte. Das Schicksal dieser Mutter hat Helga Hemala-Fischer nie losgelassen. Seit langer Zeit unterstützt sie nun schon die José Carreras Leukämiestiftung, zugunsten derer sie seit ein paar Jahren auch Benefizauftritte mit ihren Ballettschülerinnen veranstaltet.

Adi Fischer, mittlerweile geschieden, hatte inzwischen längst erkannt, dass er nicht ohne Helga leben wollte und machte ihr einen Heiratsantrag. Die Hochzeit fand am 22. Dezember 1962 statt. Tags zuvor hatte Adi in Eggenfelden noch einen Auftritt der Wiener Sängerknaben zu betreuen und Helga spielte in Luzern im Stück „Einen Jux will er sich machen" von Johann Nestroy passenderweise bereits die Rolle der „Frau von Fischer". Ihr Liebster kam wegen des üppigen Schnees erst kurz vor der Trauung an, zudem waren die Eheringe nicht rechtzeitig geliefert worden, sodass die beiden kurzerhand ein paar Messingringe im nächstbesten Kaufhof erstanden. Die Hochzeit fand am Vormittag statt, mittags gab es ein feines Essen und bereits am Nachmittag stand Helga wieder auf der Bühne. Als „Aschenbrödel", beseelt von dem Gedanken, ihren Prinzen im wahren Leben nun für immer an ihrer Seite zu wissen. Abends sang sie den Liebesgott Amor in der Premiere der Operette „Orpheus in der Unterwelt" von Jaques Offenbach.

Künftig lebte das Paar eine Fernbeziehung über 500 Kilometer. Es zeichnete sich ab, dass eine Entscheidung im Raum stand. Helga wollte nicht, dass ihr Mann die Intendanz in Eggenfelden aufgab und beschloss, Luzern zu verlassen. Ihr Rückzug löste eine Welle des Bedauerns beim Publikum aus. Eine Gruppe Theaterbesucher kündigte gar an, man habe Beziehungen zur Polizei und wolle dafür sorgen, dass die beliebte Schauspielerin und Soubrette die Stadt nicht verlassen dürfe.

Jeder Abschied ist ein bisschen wie Sterben. Dass ihr Fortgang aus Luzern eine schwierige Entscheidung war, ist Helga Hemala-Fischer heute noch anzumerken. Dass sie das niemals aussprechen würde, ist klar für sie. Schließlich beinhaltete dieser Abschied auch einen Neubeginn. Sie war bei ihrem Adi. Nichtsdestotrotz fuhr sie zumindest einmal im Jahr auf Gastspiele in Luzern, Innsbruck oder Bern oder auf Tournee.

Das Ende ihrer Spielzeit in Luzern war überschattet von einem traurigen Ereignis. Am 16. Mai 1965 starb Eduard Hemala. „Helgele, eines Tages werd' ich dich auf der Bühne sehen", hat ihr der Vater stets gesagt. Es kam nie dazu. Helga Hemala-Fischer stand trotz Todesnachricht an diesem Sonntagabend auf der Bühne. „Ist das nicht eine Ironie des Schicksals?", hat sie damals in ihr Tagebuch geschrieben, angesichts der Tatsache, dass ausgerechnet die Operette „Das Land des Lächelns" mit dem bezeichnenden Liedtext „…. lächeln trotz Weh und tausend Schmerzen…" aufgeführt wurde.

Familie und Kinder

Am 29. Oktober 1969, an ihrem 29. Geburtstag, erfuhr Helga Hemala-Fischer, dass sie Mutter werden sollte. Die Worte ihres Mannes klingen ihr noch heute in den Ohren: „Was wird aus My fair Lady?" Es war das erste Mal, dass Adi Fischer ein Musical in das Programm des Theaters an der Rott aufgenommen hatte – und seine Frau sollte die Hauptrolle der Eliza Doolittle spielen. Mittlerweile war sie, wie damals in Luzern, fester Bestandteil der Aufführungen in Eggenfelden. Das Publikum verehrte sie. Also hat sie die

Adi Fischer als Bühnenpartner: Diese Rollen waren für Helga Hemala-Fischer immer mit besonderer Emotion verbunden.

Eliza gespielt, bis zum sechsten Monat ihrer Schwangerschaft. Bei der Premiere war sie so schwer erkältet, dass sie kaum das Orchester hören konnte. „Ich habe dennoch gespielt", sagt sie. „Danach saß ich stundenlang auf der Bettkante und habe geweint." Das Kind zu bekommen, stellte sie niemals in Frage, hatte sie doch immer von sechs Kindern geträumt. Am 12. Juni 1970 kam ihre Tochter Claudia Christine Fischer zur Welt.

1972 bekam die Familie erneut Zuwachs. Alexander Otto Fischer wurde am 29. März geboren. Bis zum Ende des siebten Monats ihrer Schwangerschaft stand Helga Hemala-Fischer auf der Bühne. Eine ihrer letzten Aufführungen war die Titelrolle im Schneewittchen. Während sie im gläsernen Sarg lag, die Hände auf dem Bauch gefaltet und bemüht, den Bauch beim Atmen kaum sichtbar zu heben oder zu senken, machte sich Alexander in ihrem Inneren gerne bemerkbar. „Der achte Zwerg", sagt sie mit einem Lachen.

Als sie 1980 noch einmal schwanger wurde, behielt Helga Hemala-Fischer es vorerst für sich. Einzig die mittlerweile zehnjährige Tochter Claudia machte sie zu ihrer Vertrauten. Ließ sie den Kopf an ihren Bauch legen und das Baby spüren. Helga wollte die Schwangerschaft und das aufkeimende Muttergefühl einfach nur genießen, ohne stets an ihre Bühnenverpflichtungen, die sie sowieso wahrnahm, erinnert zu werden. Sie wartete lange. Erst als sie während einer Aufführung einen Kostümwechsel verneinte, in dem Bewusstsein, dass ihr das erforderliche Kleid nicht mehr passen würde, waren alle im Bilde. Am 11. August 1980 wurde Barbara Lucia Fischer geboren.

Helga Hemala-Fischer hat auf ihren Mann zählen können. „Wenn ich im Ballettsaal zu unterrichten oder zu choreographieren hatte, hat Adi in dieser Zeit die Kinder versorgt." Hatten beide Aufführungen, wurden die Kleinen einfach ins Theater mitgenommen, wo sie in der Kostümschachtel hinter der Bühne schliefen. Helga und Adi hatten immer versucht, den Spagat zwischen Bühne und Elternrolle zu meistern.

Anfangs in Eggenfelden zu Hause, zog die Familie schließlich nach Hebertsfelden, wo Helga Hemala-Fischer heute noch wohnt. Ihre drei Kinder leben in Wien und in München und sind mittlerweile alle in künstlerischen Berufen tätig. Claudia ist Sängerin und Regisseurin, Alexander arbeitet als Musik- und Tanzpädagoge sowie als Zauberer und Barbara hat sich der Kunst des Malens verschrieben.

Ein Ort, um die Sorgen hinter sich zu lassen

1965 begann für Helga Hemala-Fischer beruflich ein zusätzliches Kapitel. Es war die Geburtsstunde ihrer Ballettschule, in der sie heute noch jeden Werktag zugegen ist, unterrichtet und Aufführungen organisiert.

Auf dem Spielplan des Theaters an der Rott stand im September 1965 die Operette „Rose von Stambul" von Leo Fall. Für die Choreographie brauchte Helga Hemala-Fischer junge Balletttänzerinnen. Woher nehmen? Helga sah sich in den örtlichen Gymnastikgruppen des Turnsportvereins um, wählte die Begabtesten aus und studierte mit ihnen die Tänze ein. Es war der Beginn eines Triumphzugs. Durch Helga Hemala-Fischer entstand ein Ensemble, das in den

Helga Hemala-Fischer inmitten des Ensembles für die Operette „Rose von Stambul", die für September 1965 auf dem Spielplan des Theaters stand. Für die Choreographie brauchte Helga Hemala-Fischer junge Balletttänzerinnen – der Beginn ihrer Ballettschule.

folgenden Jahren in Opern, Operetten, Musicals, Märchen und Ballettabenden eingesetzt werden konnte.

Gegenüber dem Theatergebäude wurde in einem ehemaligen Sitzungssaal des Landratsamtes ein großer Ballettsaal mit Spiegel errichtet. Hier begann Helga Hemala-Fischer, Unterricht zu geben. Es war der Grundstein dafür, dass Eggenfelden eine Anlaufstelle für Ballettbegeisterte wurde. Manche Schüler nahmen Fahrten von bis zu 50 Kilometern auf sich, um nach Eggenfelden ins Training zu kommen. „Ich kann vieles vermitteln, weil ich das Glück hatte, selber so viel lernen zu dürfen", sagt Helga Hemala-

Fischer. Das Besondere an ihrer Schule ist die Tatsache, dass Bühnenauftritte stets fester Bestandteil des Programms waren. Ob Groß oder Klein, alle wurden in Märchenaufführungen, Operetten und Ballettabenden eingesetzt. Klassisches und Modernes standen auf dem Spielplan. Ein „Nussknacker" von Tschaikowsky ebenso wie Prokofjews „Peter und der Wolf" oder Mozarts „Kleine Nachtmusik". „Wir führten Werke wie ‚Die Puppenfee', ‚Coppélia' oder ‚Ein Amerikaner in Paris' auf", erzählt Helga Hemala-Fischer. „All unsere Ballettabende – und das war das Außergewöhnliche – wurden von den Münchner Symphonikern in großer Orchesterbesetzung begleitet."

Das Theater an der Rott und die Ballettschule profitierten wechselseitig voneinander. Zwischen Fotobüchern und alten Programmheften zieht Helga Hemala-Fischer ein besticktes Tuch heraus. Wer von Ballett nichts versteht, sieht eine kurios anmutende Anordnung von weißen Strichen und Kreuzchen auf blauem Untergrund. Es ist die Choreographie eines Tanzes, welche die Schüler der Lehrerin als Dankeschön auf eine Decke gestickt haben. Helga Hemala-Fischer hat immer Handlung in Tanz verwandelt. „Musik ist für mich Bewegung." Diese Gabe hat ihr viele Einsätze auch außerhalb von Eggenfelden beschert. Choreographieren zählt heute noch zu ihrer großen Leidenschaft. „Von da drin muss es kommen", bekräftigt sie und legt ihre Hand auf die Brust. „Das Herz ist das Wichtigste."

Ein Ort, an dem man einfach sein darf, und die Sorgen vor der Tür lässt – so sieht Helga Hemala-Fischer ihre Ballettschule. „Kommst du, weil du möchtest, oder weil du geschickt wirst?" Diese Frage ist die erste, die sie Neuzugängen stellt. Dennoch sind in ihrem Spiegelsaal alle von

Herzen willkommen. Sie würde kein Kind wegschicken. Helgas Gabe besteht darin, die Stärken des Einzelnen zu erkennen und entsprechend zu fördern.

Was Helga Hemala-Fischer zu vermitteln vermag, umfasst weit mehr als nur klassisches Ballett. Jazztanz, Modern Dance, Steppen, Charakter- und Nationaltänze, Formation. In allen Sparten ist sie zuhause. So wurde Helga Hemala-Fischer beispielsweise von der Rock'n'Roll-Formation „Dancing Baloos" 2010 um Hilfe gebeten. Während dieser gemeinsamen Zeit stand die Gruppe ganze zehn Mal auf dem Treppchen. Die Erfolge dokumentierten die Tänzer in einem Album, das sie Helga Fischer zum Andenken überreichten.

Einige von Helga Hemala-Fischers Mädchen haben den Tanz zu ihrem Beruf gemacht. Ob sie nun regelmäßig auf der Bühne stehen oder selbst Schulen eröffnet haben – Helgas Arbeit als Pädagogin trägt Früchte. Das macht sie stolz. Als Tanzlehrer seine Kenntnisse weiterzugeben, hält sie noch immer für eine sehr schöne Art, sich professionell dem Tanz zu widmen. Von einer reinen Bühnenkarriere würde sie heutzutage abraten. „Es ist ein knallhartes Geschäft geworden. Menschen werden zu Maschinen gemacht, die Technik ist wichtiger als alles andere." Dabei komme es nicht immer auf Perfektion an. Herz und Seele müssten dabei sein.

Der große Wert der Freundschaften

Manchmal bedauert es Helga Hemala-Fischer, die zwar via Facebook und Instagram Kontakt mit ehemaligen Schülern in aller Welt hält, dass sich Kommunikation so sehr verändert hat. Handgeschriebene Briefe zählen zu ihren größten Schätzen. Es bedeutet ihr ungemein viel, mit alten Weggefährten auf diese Art im Austausch zu stehen. Ihre Freundschaften pflegt sie über Jahrzehnte hinweg: „61 Jahre Freundschaft, ja, das gibt es wirklich!", erzählt sie.

Viele von ihr hochgeschätzte Kollegen leben mittlerweile nicht mehr. Etwa der Wiener Dirigent und Musikwissenschaftler Professor Kurt Pahlen. Mit ihm hat sie 16 Jahre beim österreichischen Musik- und Kulturfestival Carinthischer Sommer und sechs Jahre bei den Lenker Festwochen in der Schweiz zusammengearbeitet. Pahlen würdigt Helga Hemala-Fischer in seinen handgeschriebenen Widmungen als große Künstlerin. Sein Lexikon über die Opern der Welt und viele weitere seiner gut 60 Bücher bewahrt Helga auf. „Menschen hinterlassen Spuren in deinem Herzen."

Über die Grenzen hinaus

Seit die Ballettschule gegründet wurde, ist Helga Hemala-Fischer nahezu täglich dort im Einsatz. Dass sie am 10. September 1991 das Bundesverdienstkreuz am Bande verliehen bekommen hat, schreibt sie besonders ihrem Engagement für die Jugend zu. Der damalige Kultusminister Hans Zehetmair lobte Helga Hemala-Fischers Verdienste an Kunst und Kultur sowie ihr ausgeprägtes pädagogisches Geschick und ihre mitreißende Begeisterung.

„Wir haben den Namen Eggenfelden mit dem Ballett über die Grenzen Niederbayerns hinausgetragen", ist Helga Hemala-Fischer überzeugt. Beispielsweise in das südfranzösische Carcassonne, mit dem Eggenfelden seit Jahrzehnten eine Städtepartnerschaft hat. 40 Tanzeinlagen hatte die Ballettschule seit 1973 für die gemeinsamen Festlichkeiten bereits erarbeitet.

Auch im polnischen Breslau hat man getanzt. Es war der Ballettabend „Aschenbrödel", der mit einem über 50-köpfigen Ensemble dargeboten wurde. Die Begeisterung des Publikums zeigte sich von nicht enden wollendem Applaus bis hin zu stehenden Ovationen.

Im Theater an der Rott sind die legendären Märchenvorstellungen hervorzuheben, die nahezu immer ausverkauft waren, und das bei keineswegs wenigen Vorstellungen. 30 Mal wurde „Pippi Langstrumpf" aufgeführt, ebenso häufig das „Dschungelbuch". Die Inszenierungen waren auf die Bühne gebrachte Kinderträume. Unzählige Tänze, detailverliebte Kulissen, aufwendige Kostüme, die Handlungen zauberhaft. „Diese einfachen Dinge, die so zu Herzen gehen wie ein Märchen, können den Menschen, ob groß oder klein, immer noch Freude bereiten", ist Helga Hemala-Fischer überzeugt. 2015 hatte sie mit „Dornröschen" das 38. Märchen seit 1965 auf die Bühne gebracht und damit das letzte am Theater an der Rott.

Inzwischen organisiert Helga Hemala-Fischer mit ihrer Ballettschule eigene Veranstaltungen. Seit einigen Jahren finden beispielsweise Aufführungen im großen Kursaal von Bad Füssing sowie im Artrium im nahegelegenen Bad Birnbach statt. Doch ist es über die Jahre nicht einfacher geworden, mit Kindern und Jugendlichen solche Produktionen zu erarbeiten. Die Freizeitmöglichkeiten sind auch auf dem Land zahlreicher geworden, die schulischen Verpflichtungen intensiver. Um choreographieren zu können, braucht Helga ihre Schüler mehrmals die Woche für Proben. Ohne die gesamte Gruppe vor sich zu haben, wird es schwierig, etwas auf die Beine zu stellen. „Es ist, als würde man einen Kuchen backen. Alle Zutaten müssen vorhanden sein, sonst kommt nichts Ordentliches dabei heraus."

Als ihr Mann noch lebte, war das Haus der Fischers stets für jeden offen. So manches Ensemblemitglied verbrachte beispielsweise Weihnachten bei der Familie. Die Generalprobe für die Operette hatte immer am 22. Dezember stattgefunden, am 24. Dezember wurde dann nachmittags noch ein Märchen gespielt. Da blieb für auswärtige Kollegen keine Zeit mehr, abends nach Hause zu fahren. Jeder, der alleine war, wurde herzlich aufgenommen. „Da war richtig Leben hier", erinnert sich Helga Hemala-Fischer.

Heute sind die Begegnungen im Ballettsaal ihr Lebensmittelpunkt. Das Zuhause ist ein Rückzugsort geworden. Die Zimmerbrunnen plätschern leise. Helga Hemala-Fischer besitzt viele Bücher, sammelt leidenschaftlich Mineralien, Steine und Steinfiguren und genießt das Vogelgezwitscher, die Blumen und den Seerosenteich in ihrem Garten.

Das Lampenfieber spielte immer mit

Der kleine Teddybär sitzt auf dem Schminktisch, Chalcedon und Rhodonit, die Steine der Redner, stecken in einer Tasche ihres Kostüms. Dennoch: Frei von Lampenfieber und Selbstzweifeln war Helga Hemala-Fischer auch nach über tausend Vorstellungen nicht. Einen größeren Kritiker als sich selbst vermochte sie kaum zu finden – allenfalls ihren Mann. „Er hat in all den Jahren nur ganz selten gesagt, dass ich etwas gut mache. Aber er hat dennoch nie einen Zweifel daran gelassen, dass er mir jede Rolle, die ich annahm, zutraute. Dass er auf seine Familie stolz war, haben wir eher über andere erfahren, es direkt zu sagen, fiel ihm immer schwer." So ist Helga Hemala-Fischer auf der Bühne gewachsen und gereift, hat den Wandel von der Rolle des süßen Mädchens hin zur Charakterdarstellerin geschafft, spielte in Stücken wie Carl Zuckmayers „Katharina Knie" oder Ephraim Kishons „Es war die Lerche" die Hauptrollen. Mit derart großen Charakterdarstellungen wie beispielsweise der Claire Zachanassian in Friedrich Dürrenmatts „Besuch der alten Dame" befasste sie sich monatelang, bevor das Stück auf die Bühne kam. In Bezug auf die „Alte Dame" meint sie: „Ich wollte das nicht einfach nur spielen. Ich wollte diese alte Dame sein."

2013 stand Helga Hemala-Fischer als Maria Callas in Terrence McNallys „Meisterklasse" auf der Bühne. Es war eine ihrer großen Produktionen am Theater an der Rott. Die Rolle der „Grande Dame", wie Helga Hemala-Fischer in den Kritiken immer wieder genannt wurde, war ihr auf den Leib geschrieben. Die Handlung dieses Stücks hat der Autor dem Leben der berühmten Maria Callas nachempfunden, die nach dem Ende der eigenen Karriere an einer Eliteschule Gesangsunterricht gab. In den Textpassagen werden dabei sämtliche Höhen und Tiefen eines Berufs beschrieben, der wunderschön und schmerzhaft zugleich sein kann. Für Helga Hemala-Fischer eine Traumrolle.

„Niemand kann mir nehmen, was ich getanzt habe"

Mit zu den einschneidenden Momenten ihres Lebens zählt der 20. Februar 2014. An diesem Tag starb ihr Mann. Ein Jahr zuvor waren die beiden noch gemeinsam, bei einem Gastspiel in der Schweiz, im Märchen „König Drosselbart" auf der Bühne gestanden. König und Königin waren Helga und Adi Fischer. Das Foto, welches damals entstand, zeigt das „gütige Herrscherpaar" würdevoll nebeneinander sitzend. Anlässlich der traurigen Nachricht vom 20. Februar erschien es in der Zeitung, zum Abschied an den „Rottaler Theaterkönig", wie das Feuilleton damals schrieb.

Zwei Monate nach dem Tod ihres Mannes ging es Helga Hemala-Fischer zunehmend schlechter. Beide Herzklappen waren in Mitleidenschaft gezogen. Sie musste in die Klinik nach München und wurde am 22. April 2014 operiert. Der von Komplikationen begleitete Eingriff dauerte viele Stunden, war aber letztlich erfolgreich. Trotz des guten Ausgangs hat Helga Hemala-Fischer noch im Krankenhaus begonnen, alles in Frage zu stellen. Sie wollte aufgeben, sah keinen Sinn mehr in ihrem Leben. Da wurde ihr ein kleines, hölzernes Kästchen gebracht. Auf dem Deckel der Truhe waren die Worte eingraviert „Niemand kann mir nehmen, was ich getanzt habe". Im Inneren befanden sich Briefe ihrer Schüler. Auch von Ehemaligen. Jeder Brief beinhaltete ein ganz persönliches Erlebnis. Ein Erlebnis aus dem Ballettsaal. Als Helga Hemala-Fischer die Briefe las, hatte sie Tränen in den Augen. In diesem Augenblick wusste sie wieder, wofür sie lebte.

Helga Hemala-Fischer steht immer noch in ihrem Ballettsaal und blickt zugleich zurück auf ein erfülltes, buntes Leben, mit all seinen Höhen und Tiefen. Und sie ist dankbar: „Es war ein herrliches Leben. Ein Leben voller Begegnungen, voller wertvoller Freundschaften. Ein Leben für die Bühne und den Tanz und ein Leben für meine Familie. Ein Mädchentraum, der wahr wurde."

Ein Leben für die Wiesn

Das ganz persönliche
Volksfestglück der
Dr. Gabriele Weishäupl

Wie viele Dirndlkleider sie hat?
Diese Frage ist Gabi Weishäupl von
Journalisten aus aller Welt immer
wieder gestellt worden. Geantwortet
hat sie einmal klipp und klar:
Sie sei als Festleiterin im Einsatz,
nicht als Dirndlkönigin.

Es gibt Orte und Ereignisse, da ist Bayern noch schöner, als es jede Tourismusbroschüre anzudeuten vermag. An einem sonnigen Sonntag, Ende September, am Fuße der Bavaria, vereint sich alles, was man typisch bayerisch nennen kann, zu einem großen Bild. Gut 400 Musikanten, traditionell gewandet, bringen sich in Stellung. Im glänzenden Blech ihrer Instrumente spiegeln sich Gamsbärte und Filzhüte. Über den Häuptern grüßt ein überdimensionales Plakat die Gäste im Namen der Wiesn-Wirte. Zahlreiche Menschen strömen zur vorgelagerten Bühne, multikulturell und doch – so glaubt man auf den ersten Blick – sind alle in Lederhosen und Dirndlkleidern gekommen. Als i-Tüpfelchen überdacht der weißblaue Himmel die Szenerie. Da kann einem nur das Herz aufgehen. Was für ein Gefühl muss es erst sein, mitten drin zu stehen.

Jetzt, genau jetzt, richten sich alle Blicke auf sie. Dr. Gabriele Weishäupl hat den Taktstock gehoben. Sind es auch die Musikanten, die in den nächsten Minuten den Kaiserjäger-Marsch gen Theresienwiese erschallen lassen – die Augen tausender Zuschauer, die Augen der Weltpresse liegen in diesem Moment auf der Frau, die inmitten der Bühne alle anderen überstrahlt. Sie trägt ein dunkelgrünes Dirndlkleid, das goldbraune Haar über der Stirn hoch auftoupiert, am Hinterkopf mit einer grünen Schleife zusammengefasst, eine vierreihige Perlenkette um den Hals und eine rote Rose im Mieder. Während die rechte Hand den Dirigentenstock schwingt, geht die linke rhythmisch mit. Federleicht vollzieht Gabriele Weishäupl nun eine Drehung auf hohen Sohlen gen Publikum, schenkt der bunten Masse wie bereits den Musikern ein sonniges Lächeln, begleitet von einer ermunternden Geste zu kollektiver Fröhlichkeit. Niemand ahnt, dass die glücklich Strahlende nur wenige Minuten später in gleicher Kulisse mit den Tränen kämpfen wird. Sie wird die Szene noch Jahre später als schmerzhaften Abschied einer langen, außergewöhnlichen Berufslaufbahn im Gedächtnis haben. Mehr noch: Als das symbolische Ende eines Weges, der ohne Herzblut nicht möglich gewesen wäre.

Es ist das Platzkonzert zum Oktoberfest 2011, bei dem Dr. Gabriele Weishäupl zum letzten Mal den Taktstock schwingt. 27 Jahre, seit der Jubiläumswiesn 1985, hat die gebürtige Passauerin als Fremdenverkehrs- und später Tourismusdirektorin der Landeshauptstadt München auch die Festleitung des Oktoberfests übernommen. Weder vor ihr noch nach ihr gab es jemals eine Frau in vergleichbarer Position. Dass sie bei ihrem Amtsantritt als Fremdenverkehrsdirektorin einst betonte, ihr Augenmerk auf ihre Kernkompetenzen, das internationale Marketing und Public Relations legen zu wollen, wurde von manchem Wiesn-Urgestein von Anfang an argwöhnisch belächelt. „Wart nur, bis du mit dabei bist", schien es erfahrenen Zeitgenossen auf der Zunge zu liegen.

Wer einmal vom Wiesnfieber gepackt wurde, wird sein Leben lang das Kribbeln spüren, wenn die Landeshauptstadt zum größten Volksfest der Welt rüstet. Dass Gabriele Weishäupl München auf nahezu allen Kontinenten beworben hat, wird manchmal eher beiläufig erwähnt. Ihr Amt war facettenreich, keine Facette aber erlangte von außen so viel Aufmerksamkeit wie das Amt als Wiesn-Chefin.

Ganz erkannt fühlt sich Gabriele Weishäupl nicht, sieht man „nur" die Wiesn-Chefin in ihr. War doch der Slogan „Munich is more" (than Octoberfest) ein wesentlicher Ankerpunkt ihrer Werbestrategie. Jahrzehnte später weiß sie ganz genau, dass es die Rolle der Wiesn-Chefin, der Frau in

Beim Platzkonzert zum Oktoberfest 2011 schwingt Dr. Gabriele Weishäupl zum letzten Mal den Taktstock.

dieser Position, war, die das öffentliche und vor allem das mediale Interesse an ihrer Person begründete. Es war die Rolle, die ihre Stimme so gefragt macht, auch noch Jahre nach dem Ausscheiden aus dem Amt. Als die legendäre Pralinenmanufaktur Elly Seidl Pralinen mit den Gesichtern bekannter Münchner herausbringt, ist auch Weishäupls Porträt auf einer kleinen Köstlichkeit aus Kakaobutter und Nougat abgebildet. Natürlich mit der obligatorischen Hochsteckfrisur und dem angedeuteten Dekolleté über einer Dirndlbluse. Dr. Gabriele Weishäupl, in den Medien meist kurzerhand Gabi Weishäupl genannt, gibt gerne zu: „Die Wiesn war ein Teil meines Lebens."

Als Toni Roiderer, Sprecher der Wiesn-Wirte, der scheidenden Festleiterin nach dem letzten Dirigat den Ehrenpreis der Wiesn-Wirte überreicht, scheint die Welt am Fuße der Bavaria stillzustehen. Ein Musikant spielt „s'ist Feierabend" auf der Trompete. Gabi Weishäupl hält den so eben an sie überreichten Preis, eine in Bronze gegossene Bavaria, tapfer aufrecht in der linken Hand. Mit der rechten drückt sie den großen Blumenstrauß fest an sich. Dass in ihrem Inneren tausend Gefühle arbeiten, eine Enge im Herzen ihr die Kehle zuschnürt – der Betrachter kann es angesichts ihrer um Fassung bemühten Mimik nur erahnen. Als sie die Tränen nicht mehr zurückhalten kann, schwenkt die Fernsehkamera taktvoll ab. Gabi Weishäupl spricht auch Jahre später noch von diesem Moment mit einem kleinen Beben in der Stimme.

Es ist die symbolische letzte Klappe, aber wahrlich nicht das Ende des Films.

Das „Blumen-Gaberl" aus dem Bayerwald

Gabi Weishäupls Leben begann weder in Reichweite der Theresienwiese, noch hatte in irgendeiner Hinsicht einen Bezug zur Landeshauptstadt oder gar dem Oktoberfest. Sie wurde am 28. Februar 1947 in Passau geboren. Ihr Zuhause lag gut 20 Kilometer nordwestlich der Dreiflüssestadt. Der kleine Ort Aicha vorm Wald hat heute 2460 Einwohner, zu Weishäupls Kindheit war er noch kleiner. Sie selbst hat in einem Schulaufsatz einst ihrem Heimatdorf 500 Einwohner zugeschrieben. In dieser Umgebung wuchs das Mädchen als Tochter des Landarztes Dr. Engelmar Weishäupl und dessen Frau Josefa, geborene Vogl, auf.

Die Vogl-Villa fällt dem Betrachter noch heute direkt ins Auge. Das Gebäude im Jugendstil gehört zu den prominenten und geschichtsträchtigen Häusern des Orts, die rosafarbene Fassade leuchtet dem Besucher beim Passieren der Hofmarkstraße entgegen. Nicht nur da übrigens. Gabi

Weishäupl erkennt ihr Elternhaus – das auch das Haus der Großeltern und Urgroßeltern war – bereits, wenn sie von München kommend ins Ohetal einbiegt. Die Vogl-Villa mit ihrem prägnanten Äußeren ragt zwischen den anderen Dächern hervor, als möchte sie die weit gereiste Tochter begrüßen. Gabi Weishäupl wird noch im fortgeschrittenen Alter auf dem Heimweg nach Aicha jedes Mal den Moment herbeisehnen, da sie das Licht im Fenster der Eltern erblickt.

Die geschichtsträchtige Villa Vogl in Aicha ist das Heimathaus von Gabriele Weishäupl.

„Mittlerweile sind beide verstorben. Beim Blick ins Ohetal ist das Haus dunkel." Der Abschied von den Eltern, die Endgültigkeit des Todes zu akzeptieren, fällt Gabi Weishäupl, zum Zeitpunkt dieses Gesprächs 71-jährig, nicht leicht. Wenn sie im Salon des Jugendstilhauses sitzt, bei Kerzenlicht Schwarztee trinkt und die Gedanken schweifen lässt, merkt man, dass hier die Erinnerungen kommen – und sei es nur beim Blick auf den Heizkörper, der unter der mit Fresken bemalten Wand fast exotisch wirkt. „Früher gab es hier keine Zentralheizung und es war bitterkalt. Die Leute haben mich immer das Blumen-Gaberl genannt – weil ich beim ersten Sonnenstrahl im Frühling herumgelaufen bin und Gänseblümchen und Buschwindröschen gepflückt habe."

Man spürt, dass vor ihrem inneren Auge Kindheit und Jugend lebendig werden, die Gabi Weishäupl mit bunten Farben nachzeichnen kann. Die Vogl-Villa war Ort vieler Begegnungen.

Die kleine Gabi ist zwischen Erwachsenen mit unterschiedlichen Schicksalen und Lebensvorstellungen aufgewachsen. In der Nachkriegszeit waren stets einige Zimmer an Flüchtlinge vergeben. Liesl, genannt Li, die Tochter des benachbarten Gastwirts, und Lo (Lotte), die Tochter der Köchin, wurden zu Kindheitsfreundinnen von Gabi Weishäupl. Im Obergeschoss lebten zwei Großtanten, die das Kind häufig unter ihre Fittiche nahmen.

Von ihrem Vater schwärmt Gabi Weishäupl heute noch. Engelmar Weishäupl war ein Landarzt vom alten Schlag, zu jeder Tages- und Nachtzeit für die Sorgen der Menschen da. Dennoch legte er auch Wert darauf, seinem Kind Zeit zu widmen. Er zeigte dem Mädchen die Sterne, machte Ausflüge mit seiner einzigen Tochter in den Wald, brachte ihr in der eisig kalten Ohe das Schwimmen bei und übte im Winter bei Mondschein mit Gabi auf dem vor Kälte krachenden Eis Schlittschuhlaufen. Körperliche Betätigung schrieb er groß. Im Kinderzimmer montierte er für Gabi Turnringe, ein Reck und eine Schaukel. „Sei ned zimperlich", verlangte er, wenn sie bei Streifzügen in der Natur Schlangen beobachteten und streichelten.

Dass er seine Tochter niemals in eine Richtung gedrängt hat, beschreibt sie später als Privileg. Ob Engelmar Weishäupl auf ihre Intuition für den richtigen Weg vertraute oder schlichtweg vor ihrem starken Willen kapitulierte? Gabi Weishäupl lacht heute noch über die lapidare Beschreibung, mit der ihr Vater sie einmal charakterisiert hat: „Die Gabi macht immer, was sie will." Der Satz beschrieb nicht nur das Wesen der Tochter, sondern in seiner Klarheit auch die Tatsache, dass der Vater Gabis Willen niemals zu brechen versucht hätte.

Das Verhältnis zur Mutter sollte hingegen stets ein ambivalentes bleiben. Gabi Weishäupl spricht mit wechselnder Emotion von ihr. „Manche Taktlosigkeit habe ich ihr erst nach ihrem Tod verziehen." Versöhnlicher und auch ein wenig nach Dankbarkeit klingt die Formulierung, dass die Beziehung ihr früh half, Resilienz zu entwickeln. Psychologen bezeichnen damit eine besondere Widerstandskraft, die Fähigkeit, schwierige Lebenssituationen zu überdauern, ohne daran zu Grunde zu gehen. Gabi Weishäupl hat einige davon erlebt.
Das Interesse von Josefa Weishäupl, die mit 27 Jahren Mutter wurde, schien an einem kleinen Kind zunächst nicht sonderlich ausgeprägt zu sein. „Sie hatte einfach andere Vorlieben", meint Gabi Weishäupl heute: „Sie fuhr gern zum Einkaufen nach Passau und so was. Ist ins Kino gegangen oder zum Friseur. Im Bayerischen Wald versauern, ein Kind bekochen – das war nicht ihr Ding." Gabi Weishäupl macht eine wegwischende Handbewegung, lacht dazu – tempi passati. Viele Dinge erzählt sie jetzt, Jahrzehnte später, als wäre es das Normalste der Welt gewesen. Ihre Mutter sei stets von einem Kreis Bewunderer und etlichen Verehrern umschwärmt gewesen. Mit manchem habe die Mama Mokka trinkend im Salon gesessen.
Gabi Weishäupl erinnert sich offen daran, dass es manchmal schwierig war, als Tochter mit den Lebensvorstellungen der Mutter überfrachtet zu werden. Als Gabi den Kinderschuhen entwuchs, zeigte Josefa Weishäupl mehr Begeis-

terung an gemeinsamen Unternehmungen. Sie nahm ihre Tochter mit in die Dreiflüssestadt, ging mit ihr zum Friseur und in Boutiquen, staffierte Gabi aus. Legte Wert darauf, dass sie Ballett und Reiten lernte und Tennis spielte. „Es war ihr wichtig, mich für den Zugang zu höheren Gesellschaftsschichten vorzubereiten."

Dem hat die Tochter letztlich alle Ehre gemacht. „Es kann sein, dass ich lebte, was sie erträumt hat", sagt Gabi Weishäupl. In einem Film über ihre Lebensgeschichte erinnert sie sich daran, nach dem Tod der Mutter stapelweise Zeitungsausschnitte gefunden zu haben. Augenscheinlich hat sie akribisch gesammelt und aufbewahrt, was über ihre Tochter, die prominente Wiesn-Chefin, geschrieben wurde. „Das sagt mir was", betont Gabriele Weishäupl. Mit einem bekräftigenden, ausgesöhnten Kopfnicken: „Das sagt mir was."

Die Klosterschule – ein Ort zum Wachsen

Es mag außergewöhnlich klingen, dass Gabi Weishäupl – Inbegriff der starken, selbstbewussten Persönlichkeit, für das Rampenlicht geboren – sich rückblickend als schüchternes, zurückhaltendes Kind beschreibt. Noch erstaunlicher: Es war ausgerechnet die Gymnasialzeit an der Klosterschule, die sie als Phase der Wendung empfand. Sie besuchte das Internat der Englischen Fräulein im Kloster Niedernburg in Passau, machte dort 1966 Abitur. Entgegen jeglichen Klischees empfand sie das Leben unter der Aufsicht der Nonnen weder einengend noch konservativ, sondern hat einen liberalen Geist in Erinnerung. Dass Bildung, sowohl intellektuell als auch die Herzensbildung betreffend, wesentlich dazu beiträgt, als Frau selbstbewusst und eigenständig das

Leben meistern zu können – mit dieser Philosophie haben ihr die Englischen Fräulein den Weg geebnet.

„Ich habe endlich meine Talente in voller Hinsicht erkannt und durfte sie ausleben. Ich wurde dazu ermuntert und gefördert." Das hat ihr Selbstvertrauen gegeben.

Bereits in der Grundschule in Aicha bekam die Schülerin für ihre Deutscharbeiten ausschließlich Note Eins. Dass sie in der Freizeit so ziemlich alles las, was die reiche Bibliothek der Vogl-Villa hergab, ließ früh einen großen Sprachschatz und die Liebe zum geschriebenen Wort in ihr heranreifen. Bereits als Leseanfängerin vertiefte sie sich mit Begeisterung in anspruchsvolle Lektüren wie beispielsweise die schönsten Sagen des klassischen Altertums von Gustav Schwab. Sie begann früh, Tagebuch zu schreiben.

In Niedernburg krönte sie ihre Schreibleidenschaft schließlich. Sie schrieb für die Schülerzeitung und war Chefredakteurin der Abi-Zeitschrift. Die Schulleiterin, die Druckerzeugnisse dieser Art sonst immer gegengelesen hat, war völlig ohne Argwohn: „Ich vertraue dir da, Gabi."

Nicht minder haben die Auftritte vor Publikum dazu beigetragen, dass das Selbstbewusstsein der jungen Gabi erblühte. Noch heute schwärmt sie vom Szenenapplaus, den sie als Zehnjährige in der Rolle der Lilie Ahnungslos im Stück „Der Fischer und seine Frau" bekommen hat. Oder davon, im Kirchenchor als Solistin mit Gounods Ave Maria geglänzt zu haben. Eine große Musikalität ist ihr immer erhalten geblieben, sie spielt Klavier, Akkordeon und Gitarre. Dass sie mit Darbietungen dieser Art vor allem ihre Eltern in Staunen und Anerkennung versetzt hat, scheint fast der schönste Erfolg gewesen zu sein: „Ich sehe ihre Blicke noch heute vor mir."

Gabi Weishäupl entwickelte nach und nach die Fähigkeit, Räume beim Betreten zu erobern. Das junge Mädchen war

hübsch, begabt und charismatisch. Kein Wunder, dass sich in der Passauer Internatszeit auch bald die Verehrer einstellten. Das erste Verliebtsein ordnet sie heute als Teil der Umstände ein, die zur Persönlichkeitsbildung beigetragen haben.
Größeres Interesse an Liebschaften hat die junge Frau aber in dieser Zeit nicht gezeigt. Eine Bindung mit dauerhafter Verpflichtung erschien ihr wenig verlockend, ließ sich nicht mit ihren Vorstellungen von Beruf und Karriere vereinbaren. Sie schickte jeden Verehrer weg: „Es gab einige davon. Aber ich war nicht auf Heirat aus."
Noch eine andere Begegnung machte die im Bayerwald Aufgewachsene in Passau, allerdings bereits vor der Schulzeit. Es war eine zukunftsweisende Begegnung, auch wenn niemand davon ahnte. Auf der Maidult spendierten die Eltern dem vierjährigen Gaberl einst eine Fahrt auf dem Pemperlprater. Das legendäre Holzkarussell wurde 1830 vom Schuhmachermeister Engelbert Zirnkilton in Passau gebaut. Es kam auf der Dult zum Einsatz und hatte in der volksfestfreien Zeit lange Jahre an der Innpromenade seine Heimstatt. Heute gilt es als ältestes Karussell der Welt mit Ringelstechen. Als Vierjährige ahnte Gabi Weishäupl noch nicht, dass sie ausgerechnet diesem besonderen Fahrgeschäft Jahrzehnte später einen Platz auf der Theresienwiese geben würde. Mittlerweile hat sich sogar ein Pemperlprater-Verein gegründet, dessen Mitglied sie ist.

Als die Kleine auf eines der Holzpferde gehoben wurde, die Musik erklang, sich das Karussell zu drehen begann, erlebte sie Minuten der Seligkeit. Dass man auf dem Pemperlprater mit einer Ahle in der Hand auch Ringelstechen konnte, verstand sie zu dieser Zeit noch nicht. Sie hob den Arm wie einen Flügel in die Luft und empfand vielleicht bei der Fahrt ein Gefühl, als würde sie sanft schweben. Später nennt sie es ihr „erstes, persönliches Volksfestglück".

Die frankophile Studentin der 68er

Ihre Premiere als Oktoberfestbesucherin hatte sie erst als Studentin. Nicht im Dirndlkleid, sondern ganz praktisch in Jeans. So wie es zu jener Zeit üblich war. Es begannen die wilden 68er, als Gabi Weishäupl vom Bayerwald in die Welt hinauszog – oder besser: in die Landeshauptstadt. München sollte von da an das Zentrum ihres Lebens werden und immer bleiben.
Frei nach des Vaters Ausspruch „Die Gabi macht immer, was sie will" durfte sie ihre Studienrichtung entsprechend der persönlichen Neigungen und Lebensträume wählen. Im Herbst 1966 begann sie ein Studium der Kommunikationswissenschaft, der Bayerischen Geschichte und der Politischen Wissenschaft an der Ludwig-Maximilians-Universität. Sie spielte mit dem Gedanken, später für das Feuilleton einer Zeitung zu schreiben. Ein wenig machte die Mutter ihren Einfluss auch hier geltend: Dr. Hans Kapfinger, Gründer der Passauer Neuen Presse, legte der jungen Gabi Weishäupl den Gang nach München ans Herz. Erst 1963 war der bekannte Publizist und Kommunikationswissenschaftler Professor Dr. Otto Bernhard Roegele auf den neugegründeten Lehrstuhl für Zeitungswissenschaften berufen worden, damit einher ging die Leitung des Instituts für Zeitungswissenschaften. Roegele, späterer Doktorvater von Gabi Weishäupl, war ein Freund Kapfingers und Kapfinger wiederum ein guter Bekannter von Josefa Weishäupl. Auf Geheiß der Mutter hatte die Tochter bereits als kleines Mädchen für „Onkel Hans" Ballett vorgetanzt.

In München war der Einfluss der Mutter zum ersten Mal weit weg. Gabi Weishäupl entdeckte die Freiheit für sich. Gemeinsam mit einer Freundin bezog sie eine WG, eine „Wohlstands-WG", sagt sie später darüber lachend. Ihre Kommilitonin stammte wie sie aus einem wohlhabenden Elternhaus, es mangelte daher nicht an Mitteln, sich das Leben in Schwabing so schön wie möglich zu gestalten. Allabendlich war die WG das Domizil debattierfreudiger Studenten. Stets herrschten Plauderei und fröhliches Feiern. Gabi Weishäupl, die sich rückblickend eine „frankophile Studentin der 68er" nennt, frönte dabei gerne einem Gläschen Rotwein und einer Gauloise, genoss gute Gespräche und die bewundernde Zuneigung von so manchem Verehrer.

Das gesellschaftliche Klima jener Zeit wurde zunehmend aufgeheizter. Obwohl interessiert an Zeitgeschichte, empfand Gabi Weishäupl die linken Unruhen, die sich auf den Gängen der Universität zusammenbrauten, als belastend. Sie war Studentin einer ganz besonderen Zeit – fühlte sich aber nicht zugehörig zur 68er-Bewegung, grenzte sich ab von den Rufen nach Sit-ins und Teach-ins und damit auch von Kommilitonen wie Brigitte Mohnhaupt, späteres RAF-Mitglied, und anderen bekannten Figuren der linken Szene. Von ihr und vielen anderen berichtet sie heute noch mit spürbarer Abneigung. „Anfangs haben wir nicht begriffen, was da passiert. Wir fanden es amüsant, wenn die Leute mit Palästinenser-Tuch in den Hörsaal stürzten und Ho-Ho-Ho-Chi-Minh riefen. Wir waren aber irgendwann genervt, ständig über Habermas und andere Zeitgenossen zu diskutieren." Als indoktrinierend beschreibt Gabi Weishäupl das Verhalten eingefleischter 68er-Studenten: „Ständig kam die Forderung: Wir müssen endlich die Väter stellen. Wofür hätte ich meinen Vater denn stellen sollen?" Angewidert zeigt sie sich noch heute von den Aktionen der Protestler, die vor Kriminalität und Gewalt nicht zurückscheuen. Einer habe sogar auf den Schreibtisch von Otto Roegele uriniert. Gabi Weishäupl kann damals wie heute nur den Kopf darüber schütteln.

Die Studentin suchte Kontakt zu anderen Kreisen. Das hatte auch mit ihrem beruflichen Ehrgeiz zu tun. Deswegen nahm sie neben der Theorie schon bald Tuchfühlung mit dem beruflichen Alltag einer Journalistin auf. Gabi Weishäupl absolvierte mit 23 Jahren ein Volontariat beim Bayerischen Rundfunk als Radioreporterin. Als jüngstes Redaktionsmitglied kam sie alsbald mit einem Thema in Berührung, das sie später regelmäßig begleitet hat: der Bierpreis auf dem Oktoberfest. Bei einer Pressekonferenz im Bayerischen Hof hielt sie anno 1970 dem damaligen Münchner Oberbürgermeister Hans-Jochen Vogel das Mikrofon entgegen und fragte, wie viel die Maß dieses Jahr kosten würde. Die Eltern daheim in Aicha lauschten gespannt dem ersten großen Interview ihrer Tochter, das in der Bayernchronik gesendet wurde.

Kennzeichnend für die junge Gabi Weishäupl: Sie sagte selten Nein. Brauchte jemand Unterstützung, bot jemand eine interessante Tätigkeit an – sie war dabei. „Fürchte dich nicht. Vor keiner Herausforderung", hat sie sich immer wieder gesagt. Aus einem globalen Interesse heraus und der steten Überzeugung, etwas zu lernen.
So etwa als Hostess bei den Olympischen Spielen 1972. Hier machte sie nicht nur die erste Bekanntschaft mit einem Dirndlgewand als Dienstkleidung, sondern erfuhr auch hautnah ein Thema, das ihr später als Wiesn-Chefin schlaflose Nächte bereitet hat: Wie schafft man auf einer

internationalen Großveranstaltung so viel Sicherheit wie nur irgendwie möglich, ohne das Gefühl der Freiheit einzuschränken? Was für die damals 25-Jährige als schönes, buntes Abenteuer begann, endete durch das Olympia-Attentat in einem Blutbad. Zu diesem Zeitpunkt ahnte sie noch nicht, wie sehr das Thema Sicherheit ihren beruflichen Alltag später noch bestimmen würde. Angesichts der Ereignisse um den 11. September 2001 denkt sie zurück an Olympia. 2001 ist das Jahr mit der weit abgeschlagenen geringsten Besucherzahl der Wiesn in Weishäupls Karriere. Dass das Oktoberfest trotz der lähmenden Angst vor einem Anschlag nicht abgesagt wird, empfindet sie als richtig. Genauso wie man damals die Olympischen Spiele nicht der Einschränkung durch den Terrorismus hingegeben hat.

Sie wird Reporterin – und Mutter

Nach dem Volontariat beim Bayerischen Rundfunk wurde die junge Journalistin Lokalreporterin bei der Bildzeitung. In der Redaktion traf sie auf einen Mann, der Einfluss auf ihr weiteres Leben haben sollte. Gabi Weishäupl verliebte sich in den Redaktionsleiter, begann eine Beziehung mit ihm. Einen Gedanken an Heirat verschwendete sie nicht, arbeitete hingegen fieberhaft an ihrer Karriere.
Auf einem Termin knüpfte sie einen Kontakt zur Münchner Messe- und Ausstellungsgesellschaft. Sie wurde angesprochen, ob sie sich vorstellen könne, dort die Pressearbeit zu übernehmen. Sie konnte. Bereits mit 25 Jahren arbeitete Gabriele Weishäupl in einer gehobenen Position, hatte eine eigene Sekretärin. Sie entdeckte ihre Vorliebe für internationales Parkett, reiste von Messe zu Messe und übernahm mit Begeisterung jede neue Aufgabe.

Bis sie merkte, dass sie schwanger war. Ein Kind war, zumindest zu diesem Zeitpunkt, nicht Bestandteil ihrer Planung. Dennoch beschloss Gabriele Weishäupl vom ersten Moment an, dieses Kind zu bekommen. „Die Schwangerschaft und ein Baby haben in meine Lebensphase nicht gepasst. Dennoch war ich mir bewusst, welchen Wert das Geschenk des Lebens hat", sagt sie rückblickend. Zumal sie damals an ihre Eltern dachte, an deren Bestreben, dem Einzelkind Gabi noch ein Geschwisterchen zu schenken. Ein vergeblicher Wunsch.
Mit ihrem Entschluss, das Kind zu bekommen, ging einher, den Vater zu heiraten. 1974 wurde Verena geboren. Eine alleinerziehende Mutter zu sein, war für Gabi Weishäupl keine Option. Zum einen, weil die gesellschaftliche Akzeptanz zum damaligen Zeitpunkt kaum zu erwarten war, zum anderen, weil sie schlicht Unterstützung im Alltag brauchte. Gabriele Weishäupl erinnert sich daran, was sie damals in einem Erziehungsratgeber gelesen hat: „Es hieß zu der Zeit immer, dass der Vater besonders in den ersten drei Jahren wichtig für das Kind ist."

Noch wichtiger wurden die Eltern des Mannes, bei denen Verena einen Großteil ihrer Kindheit verbrachte. Von ihrer Schwiegermutter Lilo spricht Gabi Weishäupl mit herzlicher Erinnerung. Sie war der berufstätigen Mutter eine große Stütze und für Verena eine wichtige Bezugsperson. Gabi Weishäupl engagierte auch französische Au-Pair-Mädchen. Letztlich schaffte sie es, ihrem Beruf weiterhin nachzugehen. Eine Entscheidung zwischen Kind und Karriere zu treffen, lehnte sie von Anfang an kategorisch ab. Sie war überzeugt davon, beides vereinen zu können. Vorwürfe, eine schlechte Mutter zu sein, ignorierte sie konsequent, ließ sich kein schlechtes Gewissen einreden.

„Manchmal ist es gelungen, manchmal nicht", sagt sie über das Vereinbaren von Familie und Beruf im Nachhinein. Ein wenig scheint sich in der Ambivalenz der Gefühle zwischen Mutter und Tochter das Verhältnis zu Gabi Weishäupls eigener Mutter widerzuspiegeln. Heute ist Tochter Verena selbst alleinerziehende Mutter von zwei Mädchen. Gabi Weishäupl, die mit den Enkeltöchtern gerne Zeit verbringt, betont, letztlich nichts zu bereuen: „Ich bin mir sicher, meine Tochter weiß ganz genau, dass sie jederzeit zu mir kommen könnte, wenn sie mich braucht."

Was sie an Wärme und Zeit Verena als junge Mutter nur eingeschränkt geben konnte, hat sie Jahre später als verhältnismäßig reife, alleinerziehende Mutter mit Sohn Emanuel nachgeholt.

Ihre erste Ehe hielt, wenig überraschend, nicht lange. Dass diese Liebe nichts mit der Dimension der Liebe gemeinsam hat, die sie im Anschluss erlebte, ist im Rückblick leicht zu erkennen. Als der BR mit Gabi Weishäupl 2018 die „Lebenslinien" dreht, wird letztlich von drei wichtigen Männern die Rede sein. Einer ist der Vater ihrer Tochter, einer der Vater ihres Sohnes – beide wird sie nicht namentlich nennen. Die Liebe dazwischen aber wird als eine große Liebe charakterisiert und der Mann, auch aufgrund seiner Prominenz, benannt.

Dr. Karl-Dieter Demisch, Geschäftsführer der Messe München, vor allem bekannt als Chef der Mode-Woche München, erregte ihre Aufmerksamkeit, als sie um die 30 Jahre alt war. Er war elf Jahre älter, schlank, groß, gutaussehend, ein in sich ruhender Mann. Das gefiel Gabi Weishäupl, die stets betonte, keine Schwätzer zu mögen. Und sie gefiel ihm. Dass zu diesem Zeitpunkt beide noch verheiratet waren, änderte nichts daran, dass sich eine Leidenschaft und in der Folge ein heimliches Verhältnis zwischen den beiden entwickelte. Gabi Weishäupl war schnell entschlossen. „Ich habe ihn gesehen und mich für ihn entschieden." So einfach beschreibt sie das später.

Anfangs traf sich das Paar auf der Stemmer-Wiese, ging händchenhaltend dort spazieren. Der alte Bauernhof war günstig gelegen, vom Messegelände aus gut erreichbar, aber geschützt vor Blicken. Obgleich Gabi Weishäupl kein schlechtes Gewissen angesichts der geheimen Verbindung spürte, wollte sie die Liebschaft vor den Kollegen zunächst nicht offenbart wissen. Ein Jahr lang trafen sich die beiden, während die Ehen weiterliefen. Gabi Weishäupl zog als Erste einen Schlussstrich unter ihre Ehe. Ob angesichts der Liebe ihr Karrierebewusstsein in den Hintergrund getreten ist? Mitnichten.

Insgesamt drei akademische Titel hat sie sich erarbeitet. Nachdem sie ihr Studium bereits 1977 mit Diplom und Magister Artium abgeschlossen hatte, beendete sie 1980 ihre Doktorarbeit. Thema: „Die Messe als Kommunikationsmedium – Öffentlichkeitsarbeit und Werbung einer Messegesellschaft". Sie arbeitete nach Dienstschluss daran, wurde gerne als „ewiges Licht" bezeichnet – weil in ihrem Büro noch Licht brannte, wenn andere längst Feierabend hatten. Sämtliche Freiräume nutzte sie zum Schreiben. Einmal tourte sie zur Weihnachtszeit mit Schreibmaschine und Jeep durch Israel, ein anderes Mal setzte sie sich für einen Trip nach Havanna ab, als Karl-Dieter wieder einmal ein Ultimatum ihrerseits missachtet hatte.

In München blieb keine Zeit zum Verschnaufen. Gabi Weishäupl hatte nicht nur eine Führungsposition als Leiterin der Stabsabteilung Öffentlichkeitsarbeit und Protokoll bei der Messe-Gesellschaft, sondern nahm dazu auch einen Lehrauftrag an der LMU an.

Wieder einmal gab eins das andere. 1985 war das Jahr, das alles veränderte. Zwei Jahre vorher sorgte Dozentin Dr. Weishäupl für Aufsehen, als sie im Rahmen einer praxisbezogenen Veranstaltungsreihe über Public Relations den damaligen Wiesn-Chef Heinz Strobl als Redner in den Hörsaal holte. „Wirbt München nur mit Bier?" lautete das Thema – damals so exotisch, dass kaum ein Platz frei blieb. Eigentlich trug sich Gabi Weishäupl zu diesem Zeitpunkt mit dem Gedanken, sich zu habilitieren – bis das Schicksal ihr einen Wink gab. Heinz Strobl vertraute ihr an, dass die Nachfolgersuche ihm Kopfzerbrechen bereite. Es sei schwierig, eine passende Persönlichkeit für sein Amt zu finden. Dass er damit einen Mann meinte, dürfte außer Frage stehen. Gabi Weishäupl hatte in diesem Moment einen Geistesblitz. Es wäre untypisch für sie gewesen, die Sache nicht weiter zu verfolgen. Als ihr Entschluss stand, verbrachte sie viel Zeit mit Recherchieren.

Mit dem roten Wecker beginnt eine neue Zeitrechnung

Im Münchner Rathaus regierte eine große Koalition. Als Parteilose würde der Kampf kein Leichtes werden, als Frau obendrein nicht. Exakt 40 Männer waren es, die sich neben Gabi Weishäupl auf die Leitung des Fremdenverkehrsamtes und damit auch auf die Festleitung von Oktoberfest, Christkindlmärkten und allen anderen Volksfesten der Stadt München bewarben. Von der Anzahl ihrer Konkurrenten hat Gabriele Weishäupl erst erfahren, als nach ihrem Sieg die Bildzeitung titelte: „Die kluge Gabi stellte 40 Männer kalt." Die Zahl war keine Rundung, es waren exakt 40 Konkurrenten.

Als sie an einem Sommertag 1984 zum Auswahlgespräch im großen Rathaussaal vor den Wirtschafts- und Personalausschuss der Landeshauptstadt trat, war sie nervös. Mag sein, dass sie ihr dennoch souveränes Auftreten auch dem zu verdanken hatte, was sie sich über die Jahre – mangels weiblicher Vorbilder – von männlichen Führungskräften abgeschaut hatte. Sich in die Brust werfen, mit lauter Stimme sprechen, sollte man auch nichts zu sagen haben. Sie hatte etwas zu sagen. Hatte sich akribisch vorbereitet und genau konzipiert, welche Ideen sie zur Förderung des Münchner Fremdenverkehrs und über die städtischen Feste vorbringen würde. Der rote Wecker, mit dem der Oberbürgermeister der Bewerberin genau zehn Minuten Redezeit einräumte, wirkte anfangs bedrohlich. Als Gabi Weishäupl zu sprechen begann, sich ihr Herzschlag verlangsamte, das Selbstbewusstsein Oberhand gewann, war der rote Teufel ganz schnell gebannt. Als sie sich dem magischen Limit näherte, legt Oberbürgermeister Georg Kronawitter die Hand auf den Wecker. Kommentarlos stellte er ihn aus. Für Gabriele Weishäupl, die so lange sprechen durfte, wie sie wollte, begann damit eine neue Zeitrechnung.

Ab 1985 wurde sie Fremdenverkehrsdirektorin und Chefin des weltgrößten Volksfests. Die erste und bis heute einzige Frau auf diesem Posten hat sich gegen 40 Männer durchgesetzt. Von nun an stand die gelernte Journalistin plötzlich auf der anderen Seite – bereits am Tag nach ihrer Bestellung, dem 26. Juli 1984, musste sie ihr erstes Interview geben. Am Fuße der Bavaria. Dass medial und hinter ihrem Rücken im Rathaus gehörig getratscht wurde, ihre Stelle bei der Messegesellschaft gleichzeitig neu ausgeschrieben wurde – künftig in zwei Positionen geteilt, für die man ganz gezielt zwei Männer suchte – hat sie ignoriert. Auch, dass sie zum Zeitpunkt ihrer Bewerbung noch nicht wieder verhei-

ratet war, sondern quasi in wilder Ehe lebte, sorgte für Gemunkel. Gabi Weishäupl kümmerte sich nicht darum. „Ich war immer der festen Überzeugung, dass ich niemandem Rechenschaft schuldig bin."
Zudem kamen bessere Zeiten, in denen das Happy End in Sachen Liebe endlich erreicht schien: Gabi Weishäupl und Karl-Dieter Demisch heirateten, nachdem die Scheidungen endlich vollzogen waren. Die Hochzeit feierten sie auf dem Quellenhof Passbrunn im Landkreis Dingolfing-Landau. Das Paar hatte sich dort für die Wochenenden einen Bauernhof gekauft, um fernab der beiden Karrieren Zweisamkeit und so etwas wie familiäre Nähe zu genießen. Auch Tochter Verena holte Gabi Weishäupl in dieser Zeit sehr oft zu sich. Es waren kurze Ausnahmezustände in einem sehr betriebsamen, von zwei Karrieren geprägten Eheleben.
Ihre erste Wiesn war die Jubiläumswiesn zum 175-jährigen Bestehen des Fests 1985. Vorgänger Heinz Strobl bestimmte die Geschicke via Ein-Jahres-Vertrag noch mit, weil er sich das ausdrücklich so gewünscht hatte. Für Gabi Weishäupl begann einmal mehr der Kampf, sich in einem sehr männlich dominierten Feld zu behaupten.
Das galt nicht nur für die eine Sparte ihrer neuen Tätigkeit als Festleiterin. Als Fremdenverkehrsdirektorin traf sie fast ausschließlich auf Männer. Das galt im Inland ebenso wie bei internationalen PR-Terminen. Meistens war Gabi Weishäupl nahezu ausschließlich von Männern umringt, besonders in den Anfangsjahren, sah schuldbewusste Blicke der Gastgeber, wenn als einzige Willkommensgeschenke Krawatten bereit lagen. Gelegentlich kam sie dem mit einer Prise Humor entgegen: „Manchmal trage ich auch Krawatte", sagte sie dann.

Dirndlkleid ja, Rollenklischees nein

Genauso wie Gabi Weishäupl kategorisch ablehnte, einfach „nur" die Wiesn-Chefin zu sein, wehrte sie sich gegen ein Denken in Geschlechterkategorien. Das Dirndlkleid machte sie zu ihrem Markenzeichen, weil sie auf Terminen in aller Welt in dem „traditional costume" die Blicke auf sich zog. Wenn Gabi Weishäupl als Vertreterin für München vorgestellt wurde – sei es in Asien oder Amerika – brandete fröhlich-zustimmender Beifall auf. Selbst wenn es für andere Teilnehmer der Runde nur ein höflich-distanziertes Kopfnicken gab. Gabi Weishäupl lernte daraus und akzeptierte das Traditionsgewand als beste aller Dienstkleidungen. Die Frage, wie viele Dirndlkleider sie eigentlich besitzt, musste sie sich im Laufe der Jahre von Journalisten weltweit immer wieder stellen lassen. Nach einer Weile lehnte sie es ab, eine Antwort zu geben: „Einen Mann würde wohl auch niemand nach der Anzahl seiner Anzüge fragen." Einem Reporter antwortete sie auf die obligatorische Frage einmal klipp und klar, sie sei als Festleiterin im Einsatz, nicht als Dirndlkönigin. Dass sie heute als Mitbegründerin der Trachtenrenaissance gesehen wird, macht sie dennoch ein wenig stolz. Dass auf den Volksfesten mittlerweile wieder sämtliche Altersgruppen Dirndl tragen, schreibt man der berühmten Münchner Wiesn-Chefin zu.
Gabi Weishäupl erfüllte auch pflichtbewusst eine andere Erwartungshaltung: Auf Terminen in aller Welt wurde sie getreu ihrer Rolle natürlich gerne gebeten, das Anzapfen zu übernehmen. Um diese Königsdisziplin zu erlernen, begab sie sich in die Kaderschmiede, die bereits zahlreiche Münchner Oberbürgermeister vor ihr aufgesucht hatten: den Bierkeller des Nockherbergs. Das erste Fass war mit

Luft gefüllt, das zweite mit Wasser, das dritte mit Bier. Gabi Weishäupl bestand nicht nur den Lehrgang, sondern auch ihre Premiere vor Publikum auf der Tourismusmesse ITB in Berlin 1985 mit Bravour.

Obgleich das Suchen oder Bestätigen weiblicher Klischees ihre Sache nicht war, setzte Gabi Weishäupl Akzente, die Außenstehende klar ihrer „weiblichen Hand" zuordneten. Wiesn-Wirt Peter Schottenhamel sagt in einem Interview, Gabi Weishäupl habe einem sehr harten Geschäft eine „zarte weibliche" Nuance gegeben. Zu ihrem Amtsantritt habe man eine sehr hübsche, sehr kompetente Frau erlebt – „die uns dann schon gelernt hat, wo's lang ging".

Als Gabi Weishäupl 1985 im alten Behördenhof – so nannte sich damals das Servicezentrum des Oktoberfests – ihr Arbeitsquartier bezog, zogen mit ihr einige Besonderheiten ein. So hat es in einer vor Blicken geschützten Ecke ihres Interimsbüros einen Schminktisch gegeben. Die Hausschuhe, die sie abseits der öffentlichen Bühne gerne statt der Pumps trug, standen allzeit bereit. Im Kühlschrank war stets eine Flasche Cola light. Es war über die Jahre hinweg zu einer typischen Schlagzeile geworden, dass die Wiesn-Chefin selbst während des Oktoberfests kaum einen Schluck Bier trinkt. Lediglich beim Anstich nippte sie an der Maß. Wenn der Höhepunkt des Berufsjahres sich dem Ende neigte, gönnte sie sich alljährlich gen Ende der Wiesnzeit ein Gläschen Wein. Während sich große Abordnungen, denen sie als Gastgeberin diente, Hendl und Brezen schmecken ließen, zog sich Gabi Weishäupl meist nach der ersten Begrüßung und wenigen Bissen an den Schreibtisch zurück. Für große Mahlzeiten stand sie in dem zwei Wochen andauernden Ausnahmezustand zu sehr unter Strom.

Ein Händchen für Ästhetik und Nostalgie zeigte Gabi Weishäupl in ihrer Tätigkeit als Festleiterin. Es mag ein Rückgriff auf die Kindheit in der Jugendstilvilla gewesen sein, die sie als erwachsene Frau auch als geschmacksprägend bezeichnet. Alljährlich ließ sie es sich nicht nehmen, den Ministerpräsidenten beim Anstich mit einem Rosenanstecker in den Stadtfarben zu schmücken.

Ihr Markenzeichen wurde eine alte Schaustellerorgel, die sie mit größter Leidenschaft drehte, um Gästen aus aller Welt damit ein Willkommensständchen zu spielen. Sie sorgte damit auch für die musikalische Unterhaltung beim alljährlichen Wiesn-Kehraus, den sie bereits zu Beginn ihrer Amtszeit initiierte und zur festen Einrichtung machte. Er war ein Dankeschön für all jene, die hinter den Kulissen wichtige Dienste tun, BRK, Polizei, Sicherheitspersonal. Sie wurden von der Wiesn-Chefin mit einer Feierstunde und einem üppigen Büfett belohnt, im Betreiber des legendären Käferzelts und später mit dessen Sohn fand Weishäupl dafür einen Geber. Schönste Ausprägung von Weishäupls nostalgischer Ader dürfte die Oide Wiesn gewesen sein, die 2010 zum ersten Mal stattfand. Historische Fahrgeschäfte zu familienfreundlichen Preisen machten sie zu einem solch großen Erfolg, dass via Unterschriftenaktion eine Wiederholung gefordert wurde. Die Festleiterin selbst liebte die Fahrt mit der Krinoline.

Sogar dem geliebten Pemperlprater verschaffte Gabi Weishäupl bereits 2008 einen Platz auf der Wiesn. Das Intermezzo währte nicht lange, da nicht alle Schausteller die Begeisterung für das nostalgische Fahrgeschäft teilten, das die Aufmerksamkeit sämtlicher Medienvertreter auf sich zog.

Die Veränderungen bauten stetig aufeinander auf. In Gabriele Weishäupls Kopf begannen die Überlegungen bereits beim ersten dienstlichen Gang über die Theresienwiese. Sie ließ der Gedanke nicht mehr los, aus diesem Fest etwas zu machen, das ihrem Charakter entsprach, das sie mit Au-

thentizität vermarkten konnte. Gabi Weishäupl fiel früh auf, dass die meisten Besucher – wie Wiesn-Wirte und Schausteller – männlich waren. Rauer Ton schlug ihr entgegen. Raufereien fielen ihr in den Blick. Die Musik in den Zelten erschien ihr zu laut, die Lichter zu grell. Allerorten irritierten sie Männer, die jeden beliebigen Winkel zwischen Fahrgeschäften und Bierzelten zum wilden Bieseln nutzten.
Wie gibt man solch einem Fest eine Handschrift, die es auch für sensiblere Zeitgenossen, für Frauen, Kinder, Familien, Senioren attraktiv macht? Wie gestaltet man ein Fest, damit es den Ur-Münchnern genauso ein Gefühl von Heimat gibt wie den Zuagroasten? Gegen den Strich ging Gabi Weishäupl außerdem von Anfang an der jährliche Hype um den Bierpreis. Eine ihrer ersten Amtshandlungen bestand darin, eine sozio-ökonomische Befragung zu starten. Dass solch ein groß angelegter Wirtschaftsbetrieb nicht der Markt- und Meinungsforschung unterworfen war, konnte Gabriele Weishäupl nicht verstehen. Die frischgebackene Chefin musste sich nicht nur an dieser Stelle gegen Zweifel und manche Anfeindung altgedienter Figuren aus dem Gewerbe durchsetzen. Als Rüstzeug dagegen diente ihr ein dickes Fell, kombiniert mit einem steten Lächeln bei innerer Wehrhaftigkeit. Sie hielt bewusst eine schützende Distanz ein, ließ sich auch von den Beschickern nicht von der ersten Sekunde an duzen.

Im Laufe der Zeit avancierte vieles zum Erfolg, was anfangs noch argwöhnisch belächelt wurde. So ist es Gabriele Weishäupl zu verdanken, dass das wilde Bieseln – förmlich genannt das Urinieren außerhalb der dafür vorgesehenen Anlagen – per Oktoberfestverordnung verboten wurde. Damit einher ging, dass mehr Toilettenanlagen eingerichtet und die bestehenden modernisiert wurden. Das Konzept einer sanften Wiesn beinhaltete Familienangebote oder das Wiesnbarometer, das anzeigt, wie groß die Besucherstärke gerade ist. Auch das alkoholfreie Bier lässt sich durchaus mit der Wiesntradition vereinen.

Dass beim Anzapfritual nicht mehr Hinz und Kunz in der Anzapfbox stehen können, ist nur ein weiteres Beispiel für die Weishäuplsche Hand. Nachdem sie im ersten Jahr entsetzt war über das Gedränge, das sich im großen Moment um das 200-Liter-Fassl entwickelte, legte Gabriele Weishäupl in den kommenden Jahren fest, wer den ohnehin sehr knappen Platz in der Anzapfbox einnehmen darf. Das Ergebnis war weniger Gedränge, bessere Fotos für die Medienvertreter aus aller Welt. Ein kleines Stückchen mehr Platz für den anzapfenden Oberbürgermeister – Weishäupl hat in ihrer Amtszeit zwei davon erlebt, Georg Kronawitter und später Christian Ude. Dafür waren es gleich fünf Ministerpräsidenten, die sich während Weishäupls Regentschaft die Ehre gaben: Franz Josef Strauß, Max Streibl, Edmund Stoiber, Günther Beckstein und Horst Seehofer.

Ein Sohn und das Ende einer Liebe

Während Gabi Weishäupl das Oktoberfest mehr und mehr zu ihrer Herzensangelegenheit machte, das restliche Jahr über für München in aller Welt Werbung machte, darüber hinaus weitere Volksfeste und Märkte begleitete, ging im Privaten Stück für Stück verloren, was so romantisch begonnen hatte. Karl-Dieter war eine große Liebe, aber das Paar ergänzte sich immer weniger. „Unsere Karrieren sind synchron gelaufen", sagt Gabriele Weishäupl heute darüber. Beide Partner waren erfolgreich und auch darauf bedacht, es weiterhin zu bleiben. Die ersten Risse zeigten sich.

Gegenseitige Vorwürfe blieben nicht aus. Bekanntschaften mit anderen Männern stellten sich ein.

Im September 1990 bekam Gabi Weishäupl ein zweites Kind: Sohn Emanuel. Sie war zu diesem Zeitpunkt 43 Jahre alt. Es wurde ein Wiesn-Baby. Die Festleiterin verpasste wegen der Entbindung den Anstich – das einzige Mal seit Beginn ihrer Amtszeit. Sobald es ihr Zustand zuließ, nahm sie den Kleinen stolz mit auf die Theresienwiese. Das Wiesn-Personal hatte der Chefin bereits einen Kindsbaum, mit Stramplern und Schnullern behängt, im Büro aufgebaut. Was in der Rückschau nach heiler Welt klingt, war einmal mehr mit vielen Stürmen verbunden.

Emanuel ist nicht das Kind von Karl-Dieter Demisch. Gabriele Weishäupl verschweigt den Vater, sowohl den Medien als auch dem nächsten Umfeld gegenüber. Der Gang zu Bürgermeister Georg Kronawitter war mit Aufregung verbunden, das mediale Gewitter über den Skandal kündigte sich bereits an. Im Nachhinein empfindet Gabi Weishäupl große Erleichterung und Dankbarkeit. Als sie ihrem Chef erklärte, dass sie schwanger war, das Kind nicht von ihrem Mann stammte und sie sich scheiden lassen würde, reagierte der Oberbürgermeister unaufgeregt. Für ihn zählte nur eine Frage: „Machen Sie trotzdem weiter, Frau Weishäupl?" Ja, sie machte weiter. Der Gedanke ans Aufhören wäre nie eine Option gewesen.

Von nun an hatte die Tourismus- und Wiesn-Chefin noch einen dritten Vollzeit-Job: Mutter. Alleinerziehende Mutter. Zum Vater ihres Sohnes unterhielt sie keine weitere Beziehung, die Ehe mit Karl-Dieter war abgeschlossen. Gabi Weishäupl schenkte alle Aufmerksamkeit ihrem Sohn, überschüttete ihn mit Zuneigung. Sie holte emotional nach, was sie bei der Tochter versäumt hatte. Um Kind und Karriere unter einen Hut zu bekommen, griff sie auf die Hilfe von Kinderfrauen zurück. Die Beziehung zu Emanuel blieb über die Jahre eng. An Weihnachten fuhren die beiden traditionell nach Niederbayern zu Weishäupls Eltern. Engelmar Weishäupl kümmerte sich liebevoll um seinen Enkel, vermittelte ihm ähnliche Dinge wie früher seiner Tochter. Emanuel spürte früh, dass seiner Mutter ihre Arbeit wichtig ist. Er sei in einem karrierebewussten Haus aufgewachsen, sagt er später in einem Fernsehinterview. Es klingt nicht wie ein Vorwurf, eher verständnisvoll. Seine Mutter habe ihn immer beschützt, sich wie eine Löwenmutter vor ihn gestellt.

Obgleich sie das Mutter-Sein als erfüllend entdeckte, ist Gabriele Weishäupl nie häuslich geworden. Klassische Haushaltstätigkeiten wie das Kochen entlocken ihr noch heute keine gesteigerte Begeisterung. Ohne berufliche Verwirklichung wollte sie nicht existieren. Das Oktoberfest und alle Menschen, die daran arbeiteten, begriff sie als Familie. Alljährlich ließ sie sich gerne erfassen von einem Geist, den sie mit den Worten „We are family" umschreibt. Meist beginnend Mitte August, anhaltend, bis das Fest Anfang Oktober gut ausgeklungen war. Gabi Weishäupl war zwar auch für alle anderen Volksfeste in der Stadt zuständig, kein anderes aber wuchs ihr so ans Herz wie das Oktoberfest. Sie fieberte Fixterminen wie dem Rundgang mit den Schaustellern entgegen, bereitete sich akribisch auf Pressekonferenzen vor und empfand jedes Mal ein eigenartiges Gefühl von Leere, wenn nach der zweiwöchigen Weltveranstaltung ganz plötzlich Stille auf der Theresienwiese einkehrte.

Jahrelanger Abschiedsschmerz von ihrer Wiesn

Die Wiesn-Macher nennen den ersten Tag nach dem Fest den Blue Monday. Wenn man an solch einem Blue Monday durch die Schaustellerstraße geht, wähnt man sich wie in einer Geisterstadt. Alles scheint vollkommen menschenleer zu sein. Über allem liegt Endzeitstimmung. Nur manchmal hört man ab und zu ein Hämmern oder Sägen von den Abbauarbeiten. Der Blue Monday hat Gabi Weishäupl jedes Jahr aufs Neue zu schaffen gemacht.
Zum familiären Gefühl hat beigetragen, dass sie nach und nach das Vertrauen alteingesessener Wiesn-Wirte erobert hat. Sie bekam Rückhalt, wenn sich in den politischen Reihen des Rathauses wiedermal ein Sturm gegen die Parteilose zusammenbraute. So beispielsweise, als anlässlich ihres 50. Geburtstags acht Verbände der Wirtschaft zu einem Empfang im alten Rathaus einluden. Darunter war auch die Vereinigung der Wiesn-Wirte. Die Wiesn-Wirte wollten das Büfett stiften. Das war Wasser auf die Mühlen der Stadtrats-CSU, die die Frage aufwarf, ob man es hier mit einer Korruptionsaffäre zu tun habe. Weishäupl machte kurzen Prozess, gab bekannt, die Feier selbst zu bezahlen. Sie gab eine schlichte Graupensuppe in Auftrag, der Chor des Fremdenverkehrsamtes sang in verschiedenen Sprachen. Die Wiesn-Wirte überreichten ihrer Chefin ein großes Paket. Es war nichts drin – außer das grenzenlose Vertrauen, wie Wiesn-Wirt Wiggerl Hagn bestätigte. Ein schöneres Geschenk hätte sie wohl auch nicht bekommen können.
Dass ihre Verdienste auch von ganz hoher Stelle gewürdigt wurden, zeigt ein Blick auf die Liste ihrer Auszeichnungen. Im Laufe der Jahre erhielt sie eine ganze Reihe von Ehren-

titeln, unter anderem den Bayerischen Verdienstorden und das Bundesverdienstkreuz am Bande.
All das machte ihr zum Oktoberfest 2011 das Herz schwer. Es war ihr letztes Oktoberfest. Dass sie noch einmal die Oide Wiesn organisieren durfte, empfand sie als ein schönes Abschiedsgeschenk. Eigentlich hätte Gabi Weishäupl gerne weitergearbeitet. Der damalige Wirtschaftsreferent und spätere Oberbürgermeister Dieter Reiter fand die Idee, sie könnte nach Erreichen der Pensionsgrenze weiter tätig sein, allerdings nicht überzeugend. Nach ihrem Ausscheiden machte er die Festleitung zu seiner Aufgabe. Gabi Weishäupls Amt als Tourismus-Chefin und zugleich Wiesn-Festleiterin wird einmalig in der Geschichte bleiben. Nach ihrem Ausscheiden aus dem Dienst 2012 – sie war dienstälteste Tourismus-Chefin Deutschlands – wurde das Tourismusamt aufgelöst. Heute ist München Tourismus eine Abteilung des Referats für Arbeit und Wirtschaft. Tourismusamt und Wiesn-Festleitung sind getrennte Posten.
Als sie nach dem Dirigieren beim letzten Standkonzert 2011 das Büro der Festleitung aufsuchte – mittlerweile ist der alte Behördenhof ein modernes Servicezentrum geworden – hatte sich Gabriele Weishäupl für den Moment wieder beruhigt. The show must go on. Die Leute konnten keine weinende Wiesn-Chefin gebrauchen. Bewusst war ihr in diesem Moment aber auch: Der Blue Monday würde dieses Mal länger als nur einen Tag andauern.
Nachdem Gabriele Weishäupl im April 2012 in den Ruhestand eintrat, verspürte sie einen Schmerz in ihrem Herzen, der die Dimension anderer Abschiede in ihrem Leben übertraf. Er dauerte lange an. Hinzu kam, dass Emanuel bald darauf Abitur machte und danach für ein Studium nach Wien ging. Die Wiesn-Wirte haben Gabi Weishäupl zum Abschied neben der bronzenen Miniaturbavaria noch ein

Geschenk gemacht, das sie später als schönstes bezeichnen wird, das sie je erhalten hat: ein Gemälde des Malers Bernhard Prinz, das Gabriele Weishäupl in Gestalt der Bavaria zeigt.

Im Ruhestand fühlte sich die ehemalige Wiesn-Chefin einsam in ihrer Penthouse-Wohnung im Stadtteil Solln. Sobald es Richtung September ging, versuchte sie sich am Riemen zu reißen. Versuchte, ihre Gedanken nicht abschweifen zu lassen in Richtung Fest. Appellierte an sich selbst mit Vernunft, indem sie sich vor Augen hielt, welche Anstrengungen ihr dieses Jahr und in Zukunft erspart bleiben würden. Die Traurigkeit hat sie dennoch jedes Jahr aufs Neue überrollt. 2012, im Jahr nach dem Abschied, waren die Erinnerungen besonders intensiv. Sie hat beinahe jeden Tag auf der Wiesn verbracht, weil ein Filmemacher dort den Streifen „Meine Wiesn" drehte – Gabi Weishäupl spielte quasi die Hauptrolle darin.

2013 fand sie kurzzeitig Ablenkung, indem sie eine andere Rolle einnahm. Nach einem Gespräch mit Martin Zeil, damaliger Wirtschaftsminister und stellvertretender Ministerpräsident, beschloss sie, für die FDP als Landtagskandidatin ins Rennen zu gehen. Sie gab ihrem liberalen Geist eine politische Heimat. Als Bedingung gab sie vor, auf einem Listenplatz unter Zehn antreten zu wollen. Sie ging schließlich für den Stimmkreis 102 (Bogenhausen, Berg am Laim, Au/Haidhausen) ins Rennen. Das prominente Gesicht zeigte Wirkung. Weishäupl wurde von Platz Neun auf Platz Drei nach vorne gewählt. Dennoch scheiterte ein Einzug im Landtag an der Tatsache, dass die FDP die Fünf-Prozent-Hürde nicht knacken konnte. Die Kandidatur scheint rückblickend auch ein wenig Hommage an die Mutter gewesen zu sein: Gabriele Weishäupl erinnert sich daran, dass die Mama einmal die Vision geäußert habe, sie wäre gern Landtagsabgeordnete geworden.

Der „Max" wird ihre Therapie

Das politische Intermezzo hatte ihr also nur kurze Zerstreuung verschafft. In den Jahren darauf griff sie zu einem Mittel zurück, das ihr schon früher geholfen hat: Schreiben. „Ich habe schon als Kind Tagebuch geschrieben", sagt Gabriele Weishäupl. „Das ist wie eine Art Loslösung. Man kann sich von Dingen befreien, indem man sie niederschreibt." 2014 erscheint Gabi Weishäupls Buch „I bin der Max – Die schönsten Geschichten der Wiesn-Chefin". Sie hat es innerhalb weniger Monate zu Papier gebracht. Es war wie eine Therapie.
Auf dem Titelbild ist sie im roten Dirndlkleid mit dem Taktstock am Fuße der Bavaria zu sehen. Auf der Rückseite des Buchs unter dem Klappentext ist die Begründung für den Titel abgebildet: Eine bayerische Spielkarte mit dem Konterfei von Gabriele Weishäupl. Es ist der Herzkönig, der höchste Trumpf beim Watten. Er wird im Volksmund Max genannt. Diese Ehre hat der zu diesem Zeitpunkt bereits verstorbene Wiesn-Wirtesprecher Willy Heide der Chefin zukommen lassen. Er hat sie im Wiesn-Kartenspiel zum Max gemacht. Er selbst war der Eichel-Ober, höchstes Blatt beim Schafkopf. Gabi Weishäupl machte dem Verlag einige Vorschläge für einen Buchtitel, darunter auch sehr treffend: „Meine Wiesn, mein Leben". Dem Verlag gefiel der Max am besten. Der Schmerz ist im Laufe der Jahre ganz langsam ein Stück geschmolzen. Freilich nicht die liebgewordene Aufregung, die sie jedes Jahr bereits im August erfasst. Dann werden die Dirndlschürzen gebügelt in Erwartung des Festauftakts.

Nachdem der Schmerz viele Jahre angedauert hat, geht Gabi Weishäupl heute wieder ein wenig gelöster über die Wiesn. Dabei achtet sie immer noch unwillkürlich darauf, ob sie irgendwo einen Verstoß gegen die Oktoberfestverordnung entdeckt. Langweilig wird Gabi Weishäupl auch das restliche Jahr über nicht, dafür hat sie zu viele Ehrenämter. Der Vorsitz im Oktoberfestverein ist nur eines von vielen. An der Europa-Akademie hält sie Vorlesungen.
Wenn sie eine Verschnaufpause braucht, fährt sie nach Aicha. Emanuel arbeitet nach Abschluss seines Studiums der Volkswirtschaft unter anderem in Mailand und in Berlin, zuletzt wieder in München. An Weihnachten zieht es Mutter und Sohn traditionell in den Bayerischen Wald, auch wenn die Großeltern mittlerweile nicht mehr leben. Ein Teil der Vogl-Villa ist vermietet. Im Rest findet Gabriele Weishäupl noch immer viele Kindheitserinnerungen und Ruhe. Im Moment lebt sie allein. Eine Liebe, die an die früheren heranreichen hätte können, hat sie nicht mehr erlebt. „Es gab noch jede Menge Möglichkeiten und vielleicht die eine oder andere kurze Geschichte", verrät sie. „Aber es gab nichts mehr, was mir existenziell nahe kam."
Den Wiesn-Auftakt 2012 hat sie ganz bewusst anders gestaltet als früher. Sie wollte den Umstand, nicht mehr Mittelpunkt des Getümmels sein zu können, als Chance begreifen und sich etwas ansehen, das sie all die Jahre nur hören konnte. Die Böllerschüsse, die traditionell nach dem Ruf „O zapft is" erklingen. Auf der Feuerwerkswiese im alten Messepark hinter der Bavaria beobachtete sie das Spektakel. Unter einem roten München-Schirm, während der Regen auf sie herabströmte. In diesem Moment sind auch der Bavaria Tränen übers Gesicht gelaufen. Aus Wehmut – aber auch aus Freude und Dankbarkeit für eine unvergessliche Zeit.

Ich wollte einfach nur auf der Bühne überleben

Hanns Meilhamer,
der Mann hinter
Herbert Haberkorn

Hanns Meilhamer verkörpert viele Rollen. Als junger Mann hat er sich vorgenommen: "Ich möchte einfach nur auf der Bühne überleben können." Es ist ihm meisterlich gelungen.

Heiligabend bei den Haberkorns: Lichterglanz, Tannenduft und freudige Erwartung liegen in der Luft. Mutter Schnipsi bimmelt mit einem Glöckchen und flötet „Das Christkind war da!". Die Wohnzimmertür trifft sie mit voller Wucht am Kopf, als der kleine Pauli, gefolgt von Papa Herbert, in die Stube stürmt. Da stehen sie, Vater und Sohn, im Festtagsgewand, geblendet von zwei üppigen Geschenkbergen. Die Päckchen in weiß-blauer 1860er-Optik gehören Löwenfan Herbert. Und die roten Packerl sind für Pauli, der seinem FC Bayern auch an Weihnachten die Stange hält. Für Papas Löwen-Fahne samt Schal und Mütze hat der Bub nur ein Kopfschütteln übrig. „Furchtbar Papa, so dad i fei ned ausm Haus geh, mit dem 60er-Klump!" Nein, das kann und will sich Herbert nicht gefallen lassen. Dass ihm der Saubub auch noch an Heiligabend seinen Verein beleidigt! Schon ist die Weihnachtsstimmung gekippt. Da hilft es auch nicht, dass Schnipsi wutentbrannt „Süßer die Glocken" in die Tasten der Heimorgel hämmert...

„Die Fans": Ein Klassiker ist der Sketch, in dem Vater und Sohn auch unterm Christbaum ihre Fußballleidenschaft nicht zügeln können.

Szenen wie aus dem Leben: Über 400 000 Aufrufe hat der Sketch „Die Fans" auf Youtube, er zählt zu den Videos von Herbert und Schnipsi mit den meisten Klicks. Im Zentrum steht Hanns Meilhamer als Papa Herbert. Neben ihm seine Frau Claudia Schlenger in der Rolle der Schnipsi und Sohn Simon als Pauli. Gedreht in den 90er Jahren, sind die Sketche heute längst Kult. Hanns Meilhamer hat Herbert Haberkorn viel zu verdanken. Nicht nur, dass Passanten auf der Straße innehalten, wenn sie ihn sehen. „Irgendwoher kennen wir Sie... Sie sind doch der Dings, äh der Schnipsi..." oder „Bist du ned der Herbert?" heißt es dann. „Ich bin mir des großen Glücks bewusst", sagt Hanns Meilhamer. Einst zog der niederbayerische Kreative, der schon als Bub ein Faible für Gedichte, selbstgebastelte Instrumente und handgemachte Musik hatte, mit einem ganz bescheidenen Wunsch aus: „Ich wollte einfach nur auf der Bühne überleben." Das tut er seit mittlerweile über drei Jahrzehnten – und ist ganz nebenbei noch prominent geworden.

Zwischen Pleite, Isolation und musikalischer Frühförderung

Eigentlich hat er schon als Kind den steten Drang verspürt, sich schöpferisch auszudrücken. Die schönste Kindheitserinnerung hat mit dem Geschichtenerzählen zu tun. Hanns Meilhamer hört noch im Geiste die Stimme seiner Oma vor sich. Den warmen Klang, mit dem sie den Enkelsohn in die Welt der Märchen entführte. Damals war Hanns Meilhamer gerade einmal vier Jahre alt. Er erinnert sich auch mit über 60 Jahren noch daran.

Hanns Meilhamer ist im niederbayerischen Pocking aufgewachsen, er wurde am 19. November 1951 in Passau als zweites Kind von Sophie und Hans Meilhamer geboren. Schwester Antonie, als Kind genannt „Stutzi", später Tonie, war zweieinhalb Jahre älter als er. Die Schreibweise seines Namens „Hanns Meilhamer" hat er erst in Jugendjahren eingeführt, vergeblich, denn: „Mein Vater hat trotz des zweiten ‚n' meine Briefe auch weiterhin geöffnet." Ein Vorwurf ist das nicht, eher eine liebevolle Erinnerung.

Hanns Meilhamer hat nie das Gefühl verspürt, von seinen Eltern in eine Richtung gedrängt zu werden. Vater Hans Meilhamer hat in Pocking ein Holzgeschäft betrieben, Mutter Sophie, eine gelernte Säuglingsschwester, hatte in Passau eine Massagepraxis. Den kleinen Hanns hat es nicht in die Fußstapfen der Eltern gezogen, hingegen war er fasziniert von freigeistig anmutenden Geschichten – etwa über seine wilde Tante Anni. Die war nach Amerika ausgewandert, hat gemalt, Gedichte geschrieben, ihre Geschichte klingt ein wenig wie die einer zweiten Emerenz Meier. Und dann war da noch eine weitere Tante in der Nachbarschaft, die ein Klavier besaß und dem Hansi den Flohwalzer beibrachte…

Zum prägenden Ereignis seiner Kindheit wurde es, als die Eltern beide zugleich mit ihren jeweiligen Geschäften die Pleite verbuchen mussten. Hans Meilhamer konnte seinen Holzbetrieb wieder aufbauen und Sophie Meilhamer begann in Bad Füssing als erste selbstständige Masseurin des damals erst aufblühenden Kurorts. Die Eltern legten infolge der negativen Erfahrungen Wert auf einen sparsamen Lebensstil. Große Urlaube waren nie drin, lediglich in den Schwarzwald oder an den Wörthersee ist die Familie

Schon als kleiner Bub hatte Hanns Meilhamer, damals „Hansi" genannt, eine Leidenschaft für Auftritte. Mit Schwester Tonie hat er Kasperltheater gespielt.

gelegentlich für ein paar Tage gefahren. Der Metallbaukasten, mit dem Hanns in der Kindheit so gerne hantiert hat, war ein Geschenk von Verwandten.

Hanns und seiner Schwester Tonie wurde von den Eltern vermittelt, Abstand von den Nachbarn zu halten, damit niemand sie über die finanziellen Verhältnisse der Familie ausfragen konnte. Das verstärkte bei Hanns Meilhamer noch mehr die Isolation, die er ohnehin schon spürte. „Ich war in der Schule immer ein wenig außen vor, eine Art Sonderling, gerne für mich", erinnert er sich. Weil er als Bub schweres Asthma hatte, fehlte er oft, schaffte es aber dennoch mühelos zum Klassenbesten. Obwohl noch Grundschüler, durfte er ab der dritten Klasse mit Tonie am Pockinger Gymnasium Klavierunterricht nehmen. Hanns offenbarte dabei mehr Ausdauer als die große Schwester: „Wir haben immer die gleichen Lieder gelernt und ich bin als Jüngerer dabei natürlich stets ein bisschen mehr gelobt worden. Da ist ihr verständlicherweise die Lust vergangen."

Neben dem Klavier zeigte Hanns Meilhamer auch Interesse an anderen Instrumenten, am liebsten waren ihm handgemachte. Der Trend der Skiffle-Musik faszinierte ihn. So baute er sich unter anderem eine Gitarre und ein Banjo, beide Instrumente besitzt er heute noch. Die Mutter unterstützte den Sohn dabei, wo es ging. Nicht selten trieb sie Bastelanleitungen für Instrumente auf und gab Hanns Tipps, was er als Nächstes ausprobieren könnte. Sein Drang zu künstlerischem Schaffen erstreckte sich aber nicht nur auf Musik. In einem kleinen Taschenkalender hat er als Bub mit Bleistift einen Text mit dem Titel „Kasperles Abenteuer" notiert, ein erstes eigenes Kasperltheater. In der Grundschule hat er begonnen, Gedichte in ein kleines Büchlein zu schreiben. Dieses sollte ihn über die Jahre begleiten und Werk um Werk wachsen. Schon an der Handschrift erkennt man beim Durchblättern, dass Hanns Meilhamer das Gedichteschreiben über viele Jahre fortgesetzt hat. Von der Schreibschrift des Drittklässlers bis zur Feder eines jungen Erwachsenen.

Hanns Meilhamer war nicht nur Mitglied verschiedener Schülerbands – die Stile reichten von Skiffle, Internationaler Folklore bis hin zum Rock – er absolvierte auch bereits erste Einzelauftritte mit der Liedermacherei und seinen

Mundart-Gedichten. Helmut Degenhart, Journalisten-Urgestein und damals bereits bekannt als Kulturmäzen der Gegend, brachte ihm diverse Engagements zu. Dass die Auftritte zum Beruf werden könnten, hat Hanns Meilhamer damals aber noch nicht geahnt.

„Wild und chaotisch – das faszinierte mich"

Es war 1970, als Hanns Meilhamer seine Schwester Tonie in München besuchte und mit ihr zu einer weihnachtlichen Studentenparty gehen durfte. Tonie studierte zu diesem Zeitpunkt bereits seit zwei Jahren an der Kunstakademie. Dieses Umfeld begeisterte Hanns Meilhamer augenblicklich. Der Funke sprang im ersten Moment über. Geruch von Gras hing in der Luft, Lebkuchen in „obszönen Formen" wurden gereicht, den Professoren hatten die 68er-Studenten symbolisch Särge aufgestellt. Wild und chaotisch war das, aber auf keinen Fall abschreckend für Hanns Meilhamer. Ihm war mit einem Mal völlig klar, was er nach dem Abitur machen wollte.

1971 folgte er Tonie an die Münchner Kunstakademie, begann wie seine Schwester ein Studium, das ihn zum Kunsterzieher befähigen sollte. „Völlig verkehrt", schüttelt er heute den Kopf darüber. „Ich bin da gelandet, obwohl ich nie richtig zeichnen konnte." Das Basteln kreativer Objekte war stets sein Fall gewesen. Darum hatte er den Kunstunterricht in der Schule gemocht. An der Akademie waren andere Dinge gefragt. Wie schon zu Schulzeiten wurde das Studium für Hanns Meilhamer bald eine Art lästige Pflicht, die Kür spielte sich hingegen in seinen Auftritten ab. Schon bald zeigte er auf Studentenbühnen seine Liedermacherei

Hanns Meilhamer als Jugendlicher mit einem handgemachten Banjo: Es war nicht das einzige Mal, dass er sich selbst ein Instrument bastelte.

und seine selbstgeschriebene Poesie. Immer öfter widmete er sich dabei der Mundart. „Bayerische Lieder und Gedichte – dazwischen gaudihalber welche aus meiner Kindheit – kamen damals gut an beim Publikum." Auch gelang es ihm, ein Heft mit bayerischen Gedichten über einen Mundart-Verlag zu veröffentlichen.

Mittlerweile war er Mitglied der damals aktiven Studentenbühne Kekk (Kabarett und engagierte Kleinkunst). Im Ensemble war auch ein Mann vertreten, der eines Abends seine Freundin mitbrachte. „Da ist einer aus Niederbayern, der ist so komisch, den musst du sehen", hatte er ihr gesagt. Die Frau hieß Claudia Schlenger. Sie war 26 Jahre alt, Hanns Meilhamer 22 Jahre. Mit Frauen hatte er bislang wenig Erfahrungen gemacht, erfolglos „hinterhergehechelt" sei er manchen, wie er rückblickend mit einem Lachen erzählt. Als er an diesem Abend Claudia Schlenger traf, empfand er augenblicklich Sympathie. In Worte fassen konnte er diese kaum. Hanns Meilhamer stand der Frau gebannt gegenüber – und schwieg. „Mir hat die Übung gefehlt. Ich wusste einfach nicht, was man in so einer Situation sagt." Immer wieder ist den beiden später die Frage gestellt worden, wie die erste Begegnung ablief. Claudia Schlenger erzählt dabei meistens, dass sie vom ersten Moment an die „großen Augen" mochte, mit denen Hanns Meilhamer ins Publikum blickte. So als sei er sich gar nicht bewusst gewesen, weswegen er den Applaus überhaupt verdiente. Und dass er, als sie ihm vorgestellt wurde, kaum gesprochen hat. Auch das ist ihr in Erinnerung geblieben, allerdings nicht negativ. Eigentlich habe sie von Anfang an gespürt, dass dieser Mann irgendwie zu ihr gehört.

Dennoch haben sich die beiden trotz wiederkehrender Begegnungen fürs Erste aus den Augen verloren. Hanns Meilhamer lernte kurze Zeit später eine andere Frau kennen, deren Herz er tatsächlich erobern konnte. Eine Italienerin, mit der er gut eineinhalb Jahre liiert war und die seine Liebe zu Rom wecken sollte. Jahrzehnte später fährt Hanns Meilhamer gelegentlich immer noch in die italienische Hauptstadt, wenn ihm danach zumute ist, ein paar Tage nur für sich zu verbringen.

Beruflich zeichnete sich indes keine richtige Perspektive ab. Die Chancen, als Kunstlehrer eine Anstellung zu be-

Bayerisches Liedgut, dazwischen gaudihalber Gedichte aus der Kindheit, kam gut an.

kommen, waren gering. Einen Spitzenschnitt hätte es gebraucht: „Den würde ich nicht erreichen, so viel war klar." Hinzu kam, dass Hanns Meilhamer, je mehr es gen Ende des Studiums ging, seine Abneigung gegen Schulen immer bewusster wurde. Einen Graus habe er verspürt, als er für ein Praktikum Jahre nach dem Abitur wieder ein Schulgebäude betrat. Die Enge irritierte ihn, den freiheitsliebenden Künstler.

Er fasste einen Entschluss, ging an der Kunstakademie zu einem Dozenten und stellte ohne Umschweife die Frage: „Wie komme ich einfach nur durch?" Im Grunde seines Herzens wolle er gar kein Kunstlehrer werden, sondern

Hanns Meilhamer war 22 Jahre alt, als er Claudia Schlenger begegnete. Es dauerte fast zwei Jahre, bis aus den beiden ein Paar wurde. Hier ein Bild aus den Berliner Jahren, etwa 1978.

viel mehr auf der Bühne sein Geld verdienen. Am Abschluss war ihm dennoch gelegen, die Zeit an der Akademie sollte keine vergeudete gewesen sein. Tatsächlich fand er in dem Dozenten, dem er sich anvertraut hatte, einen wohlgesinnten Ratgeber. Der empfahl Hanns Meilhamer, zu allererst eine Kunstgeschichte für Kinder zu lesen, um einen Zugang zur Materie zu finden. Das Buch wurde sein Leitwerk – im zwölften Semester. Die BAföG-Zahlungen waren bereits ausgelaufen. Hanns Meilhamer kämpfte sich mit dem durch, was er auf Studentenbühnen verdiente. Mehr schlecht als recht.

Auch in der Liebe lief es nicht besonders gut. Seine Beziehung zu der italienischen Freundin ging nach eineinhalb

Jahren auseinander. Just als die Verbindung sich aufgelöst hatte, begegnete er in seinem Stammlokal erneut Claudia Schlenger. Mittlerweile war auch sie ohne Partner unterwegs. Sie lud Hanns zu einem WG-Fest ein – dort kamen sich die beiden näher. Es entwickelte sich eine zarte Liebesbeziehung, die der Herausforderung ausgesetzt war, dass beide Partner beruflich noch keine Heimat gefunden hatten. Claudia Schlenger arbeitete zwar als Medizinisch-Technische-Assistentin, träumte aber von einem Studium. Nach einer Episode an der Münchner Hochschule für Politik – dort konnte man mit Mittlerer Reife studieren – beschloss sie, am Berlin-Kolleg das Abitur nachzuholen. Die Entfernung machte dem Paar schwer zu schaffen. „Auseinanderdividiert" habe man sich, so formuliert es Hanns Meilhamer heute. Aber nur für eine gewisse Zeit. Irgendwann haben die beiden über den Abstand hinweg wieder Verbindung zueinander aufgenommen. Man hat sich gegenseitig unterstützt – Claudia tippte Hanns Zulassungsarbeit – und dabei gemerkt, dass es beiden zu zweit besser geht.

Zwei Jahre Berlin – am Tiefpunkt angelangt

Nach Abschluss des Examens zog Hanns Meilhamer zu Claudia Schlenger nach Berlin. Die zwei Jahre, die er dort verbracht hat, markierten einen Tiefpunkt. Rückblickend den schlimmsten seines Lebens. Die wenigen Bühnenauftritte, die er ergattern konnte, waren kaum besucht – lediglich ein paar „Exilbayern" fanden den schrägen Hanns in Berlin unterhaltsam. Folgeauftritte waren damit meistens ausgeschlossen. Im damals noch geteilten Berlin waren die Fahrten zu Auftritten überdies mit zahlreichen Komplikationen verbunden. Manche Engagements schieden daher von vornherein aus.

Die berufliche Perspektive ging gen Null. Um sich irgendwie über Wasser zu halten, schrieb sich Hanns Meilhamer erneut an einer Universität ein, nur um besser an Studentenjobs zu kommen. Aber weder das Lieferwagenfahren lag ihm, noch das Abpacken von Frischwaren in einer Metzgerei. Seine fleischsaftverkrusteten Finger ekelten ihn so sehr, dass er den Job nach wenigen Tagen an den Nagel hing, und sich stattdessen erneut mit dem Branchenbuch für Bühnen und Veranstaltungsagenturen ans Telefon klemmte. In Zeiten ohne Internet waren die Wege noch ganz andere – überschaubarer in jedem Fall, was einerseits gut, andererseits schlecht war.

Claudia Schlenger hatte mittlerweile das Abitur gemacht. Genau wie ihren Hanns zog es sie Richtung Bühne, vor allem Theater reizte sie. Besonders die Schauspielmethode von Lee Strasberg erlangte zu dieser Zeit Popularität. Claudia Schlenger fand einen Schauspiellehrer, der nach der Strasberg-Methode unterrichtete. Sie konnte auch Hanns dazu animieren. Die beiden fuhren zu Kursen nach Paris, Wien und Madrid.

Wieder zurück, war Hanns Meilhamer an einem Punkt des völligen Überdrusses angelangt. Zwar hatte er ein mehrwöchiges Solo-Gastspiel im Theater im Fraunhofer – diese Möglichkeit gab es damals in München: „Aber es gelang mir nicht, genügend Zuschauer anzuziehen. Es gab ein paar gut gefüllte Wochenenden, aber viele Auftritte fielen aus oder fanden vor sieben Zuschauern statt." Einziger Trost: Der mittlerweile verstorbene Schauspieler und Kabarettist Jörg Hube kam damals in die Vorstellungen. Über ihn hat Hanns Meilhamer dann Gerhard Polt kennengelernt – was später Folgen haben sollte. Der Erfolg seines Soloprogramms blieb allerdings aus.

Im Gespräch mit Claudia entstand die Idee, dass es am besten wäre, er würde es mit einem Bühnenpartner oder einer Partnerin erneut versuchen. Kurzerhand war es Claudia Schlenger selbst, die sich zur Verfügung stellte. Der erste gemeinsame Auftritt sollte im Rahmen einer Friedensveranstaltung stattfinden – und endete für das Paar vorzeitig in einem riesengroßen Streit. Die Vorstellungen, wie sich so ein gemeinsamer Auftritt gestalten könnte, waren groß – und unterschiedlich. Trotzdem: So schnell wollten die beiden nicht aufgeben. Hanns Meilhamer hatte zwei erste Lieder für das Duo geschrieben. „Der Lodenmantelreißer" und ein Lied, das sie inzwischen, nach 35 Jahren, für ihr Best-of auch wieder ausgepackt haben: „Muatter, i bin a Guckuck". Auf eine Griechenlandreise nahmen sie die Gitarre mit und übten am Lagerfeuer. Dann unternahmen sie einen neuen Versuch zu einem gemeinsamen Auftritt.

Im Frühjahr 1982 fand der erste Auftritt als Künstler-Duo auf der Liederbühne Robinson statt. Als Meilhamer und Schlenger standen die beiden mit Liedern, Gedichten und kurzen Zwischenreden auf der Bühne. Der Auftritt wurde ein Erfolg. Hanns Meilhamers Eltern waren extra aus Pocking angereist. Das bedeutet Hanns Meilhamer heute noch viel. „Sie hatten all die Jahre Zutrauen in mich und meine künstlerische Arbeit, obwohl ich mich anfangs nur gerade so über Wasser halten konnte." Es war der erste und zugleich letzte Auftritt des neuen Duos, den der Vater sehen sollte, der noch im selben Jahr starb.

Es sollten Namen
für ein Durchschnittspaar sein

Dem ersten Auftritt auf der Münchner Kleinkunstbühne folgten weitere. In der Regel waren es Kurzauftritte. Für einen ganzen Abend hätte das Programm in diesem Stadium noch nicht gereicht. Zugute kam dem Künstlerpaar, dass in den 80er Jahren das Bühnenspiel in einer Stadt wie München noch ganz andere Möglichkeiten für den Nachwuchs bot. Zu den Liedern kam szenisches Spiel hinzu. Claudia Schlenger brachte ihre Leidenschaft fürs Theater mit ein. Es entstanden Dialoge und Lieder aus den Kuriositäten und Alltagsproblemen, wie sie wohl jedes Paar einmal erlebt hat. In dieser Zeit wurde der Wunsch nach einem Alter Ego, einem Namen für die Figuren, in die die beiden schlüpften, wach. Es sollten Namen für ein Durchschnittspaar sein. „Herbert", sagte Claudia Schlenger treffsicher beim Anblick ihres Hanns. Der musste wiederum nicht lange überlegen. „Schnipsi" sollte Claudia Schlenger künftig als Bühnenfigur heißen. Hanns Meilhamer lächelt wie ein Schelm. Zum einen hat er sich schon immer gewundert über die Vielzahl von Frauen, die auch im Erwachsenenalter noch mit Kinderspitznamen betitelt werden. Und zum anderen gebärdete sich seine Frau auf der Bühne gerne als die Schnippische.

Dann kam ein wertvoller Impuls von außen. Gerhard Polt, der noch nichts von der Zusammenarbeit der beiden wusste, schlug Hanns Meilhamer für den Kabarettpreis „Salzburger Stier" vor. „Aber Gerhard, i spui inzwischen mit meiner Freundin zu zwoat", erwiderte Hanns. Polt meinte nur: „Macht nix, bringst'as halt mit."

Die Juroren zögerten nicht lange. Nach der Auszeichnung folgte mit einem Mal, was sich Hanns Meilhamer niemals zu träumen gewagt hätte. Herbert und Schnipsi waren gefragt – so gefragt, dass sich innerhalb kürzester Zeit zahlreiche Foren für weitere Auftritte auftaten. Das war gar nicht so einfach, hatten die beiden doch bis dahin lediglich Kurzauftritte bestritten. Als Träger des Kabarettpreises hatten sie nun eine Radiosendung zu bestreiten, die in Bayern, Österreich und der Schweiz ausgestrahlt wurde: „Eine Dreiviertelstunde Sendezeit in einer Phase, wo wir eigentlich noch gar kein Programm hatten. Das war schon eine riesige Herausforderung."

Hanns Meilhamer streute zwischen die Szenen mit seiner Frau weiterhin Nummern seiner früheren Soloauftritte ein, griff zurück auf die Schätze aus seinem früheren Gedichtbuch. Die Mühen waren für das Publikum nicht spürbar. Das bunte Sammelsurium, das Herbert und Schnipsi darboten, begeisterte die Zuschauer durch die Bank. Das Hinterhoftheater wurde den beiden für Jahre zur Heimat. Fünf Programme liefen dort jeweils monatelang. Noch im selben Jahr bekamen die beiden den Nachwuchspreis des Deutschen Kabarettpreises verliehen. Für sein Motto „Ich möchte auf der Bühne überleben können" hatte Claudia ihren Hanns von Anfang an gescholten. Wie man nur seine Ziele so gering ansetzen kann, hatte sie sich gewundert.

Nun stellte sich heraus, dass sie immer Recht gehabt hatte: Es steckte so viel mehr in ihnen. Der Bayerische Rundfunk wurde aufmerksam. Die Fernsehsendung „Kanal fatal" war in der Planungsphase, eine Mischung aus Sketchen und kürzeren Sequenzen mit unterschiedlichen Kabarettisten und Spaßmachern. Das war letztlich der große Durchbruch für Herbert und Schnipsi. Parallel dazu traten sie noch für rund ein Jahr in einer Hörfunkreihe für den WDR auf – hier unter den Pseudonymen Hilde und Alfons. Beim BR kristallisierte sich bald schon eine Zusammenarbeit mit Regisseur Helmut Milz heraus, der über Jahrzehnte hinweg beim Bayerischen Fernsehen der erste Ansprechpartner für Hanns Meilhamer und seine Frau werden sollte. Auch der Hörfunk des BR produzierte jahrelang Radiosketche mit Meilhamer und Schlenger, dort unter der Regie von Eva Demmelhuber. Sie ist bis heute eng mit dem Duo verbunden und machte auch Regie bei CD-Aufnahmen und vielen Bühnenprogrammen der beiden.

Hinter den Kulissen war es nicht immer lustig

Je größer die Medienpräsenz wurde, umso größer fiel der Zulauf zu den Bühnenprogrammen aus. „Ich bin mir des großen Glücks bewusst", sagt Hanns Meilhamer. „Ich hätte mir ja nie denken können, dass wir auf einmal einen Prominentenstatus haben." Um Bühnenauftritte kämpfen musste er von da ab nie wieder. Die große Herausforderung bestand nun darin, stetig neuen Stoff zu liefern. Dabei war die Zusammenarbeit hinter den Kulissen nicht immer von so viel Lockerheit und Humor geprägt wie das Endprodukt. Zwei Künstler versuchten, ihre Vorstellungen von Kreativität unter einen Hut zu bekommen. „Das war nicht immer einfach." Vor allem, weil neben dem Leben als Künstler ein Leben als Paar stand. „Wichtig ist eine grundsätzliche Art von Respekt zu haben für das, was der andere geschaffen hat. Sich darauf einlassen, auch wenn es einen im ersten Moment selbst nicht vom Hocker reißt." Auch einmal Dinge mitmachen, die der oder die andere vorschlägt, damit am Ende jeder letztlich mit seinen Ideen zum Zug kommt. So formuliert Hanns Meilhamer heute den Weg, der zu einer guten Zusammenarbeit im Einklang mit der Beziehung geführt hat. Natürlich musste dieser Weg erst gefunden werden. Wenn sie einmal ein wenig Abstand brauchten, haben die beiden auf Tourneen auch mal Einzelzimmer in den Hotels gebucht.

Mit der Zeit hat sich überdies eine Art Arbeitsteilung zwischen Hanns Meilhamer und Claudia Schlenger eingestellt. „Sie ist die passionierte Drehbuchschreiberin, die Geschichtenerzählerin", sagt er. „Ich bin kein flüssiger Erzähler, mir liegen andere Dinge. Ich bin eher der Tüftler." Sei es beim Durcharbeiten von Verträgen, beim Komponieren von Liedern, beim Basteln von Instrumenten oder beim

Der Sketch „Der Witz" mit Rainer Basedow wurde Mitte der 80er Jahre gedreht.

Kochen. Hanns Meilhamer ist die Ruhe selbst, wenn er in Töpfen rührt, einen Salat abschmeckt und dann nach Gefühl Salz oder ein paar Spritzer Essig zugibt. Da wirkt er regelrecht entspannt. „Mich würde es nervös machen, wenn ich gleichzeitig auf sämtliche Töpfe schauen müsste", hat seine Frau hingegen einmal in einem Fernsehinterview erzählt.

In einem Pressetext wurden die beiden Jahre nach den Anfängen mit dem Vergleich „wie Baldrian und Ecstasy" umschrieben. Hanns Meilhamer ist privat ein ruhiger Mensch. Er erzählt ganz besonnen, auch wenn es gelegentlich scheint, als ob ihm die Sätze schwer über die Lippen wollen. Man merkt, er überlegt genau, um die Dinge in der richtigen Reihenfolge und einer verständlichen Formulierung zu präsentieren. Claudia hingegen schüttelt die Anekdoten aus dem Ärmel, meistens mit Pointen gewürzt, so als hätte sie das große Publikum vor sich, nicht

Hanns Meilhamers Faible für handgemachte Instrumente sorgt auch nach über 30 Jahren Bühnenkarriere noch für einen kuriosen Anblick.

einen einzelnen Zuhörer. „Ich geh' lieber, sonst red' ich dir immer drunter", sagt sie zu ihrem Mann, als dieser für das vorliegende Buch über sein Leben berichten soll.

Seit 1984 ist Hanns Meilhamer mit Claudia Schlenger verheiratet. Seit 1989 leben die beiden im niederbayerischen Simbach am Inn, seit 2005 auf einem Bauernhof außerhalb der Stadt. Das rustikale Holzhaus liegt in einem ehemaligen Hofensemble, das auf mehrere Wohneinheiten aufgeteilt wurde. Um dorthin zu gelangen, ist eine gute Wegbeschreibung erforderlich. Es handelt sich um einen Weiler, abgeschieden, man erreicht ihn durch ein Waldstück. Im Heizungsraum seines Hauses findet Hanns Meilhamer regelmäßig Siebenschläfer, die er sorgsam einfängt und dann weit entfernt wieder in die Freiheit entlässt.

Ein Lokalreporter hat einst in einem Artikel für das Radwegenetz der Region geworben: Dort oben stünden Herbert und Schnipsi jederzeit für einen netten Plausch bereit. Auch der BR hat das Haus schon des Öfteren in Produktionen gezeigt. Obgleich der Ort ihrer Behausung kein Geheimnis darstellt, ist er ein Platz für den Rückzug und weitgehend unangetastet geblieben. Hanns Meilhamer schätzt die Ruhe. Im Wohnzimmer gibt es eine große, geordnete Plattensammlung, ein Klavier, im Gebäude nebenan hat er sich ein kleines Tonstudio eingerichtet. Wenn er im Garten eine neue Pflanze aufgehen sieht, erfüllt das sein Gemüt mit fast kindlicher Freude. „Gestern hab ich erst eine Königskerze entdeckt." Lächeln. Ein passionierter Gärtner ist weder er noch seine Frau. Was hat die beiden nach Niederbayern geführt? Es war der Sohn. Am 28. August 1986 wurde Simon Meilhamer geboren.

Ein Sohn für Herbert und Schnipsi

„Als Vater braucht man schon viel Geduld. Und Selbstlosigkeit. Und Reife." Mit dieser weisen Erkenntnis endet der Sketch „Das Schiff". Der Bub spielt darin eine zentrale Rolle, ohne auf der Bühne gebraucht zu werden. Herbert Haberkorn, braver Familienvater, Marke Finanzbeamter, kommt des Abends nach Hause zu seiner lieben Ehefrau – der Sohn schläft schon, hat dem Papa im Kindergarten aber ein ganz besonderes Geschenk gebastelt. Ein Schifferl. Selbstgefaltet und so klein, dass es auf die Handfläche passt. Das Exemplar für Mama Schnipsi hingegen fällt so riesig aus, dass sie es als Hut aufsetzen könnte. „Hat der Pauli was gsagt, warum des deins is und des meins?", fragt Herbert und der Zuschauer ahnt den aufkeimenden Konflikt… Im Folgenden überbieten sich Papa und Mama mit Begründungen, warum eigentlich beide ein riesengroßes Schiff verdient hätten. Es ist nicht nur einmal, dass das Elternsein sich in den Sketchen von Herbert und Schnipsi widerspiegelt.

Sohn Simon war ein Überraschungsbaby. Die Nachricht von der Schwangerschaft fiel in die Phase, in der Hanns Meilhamer und Claudia Schlenger den großen Durchbruch erlebten. Drehtermin an Drehtermin, Radiosendungen und Bühnenauftritte reihten sich aneinander. Wie sollten sie sich da um ein kleines Baby kümmern? Sie erinnerten sich an ein peruanisches Kindermädchen aus dem Freundeskreis früherer Münchner WG-Zeiten. Nach einem Anruf war alles klar: Nancy würde Claudia mit dem Nachwuchs unterstützen. „Simon hat natürlich alles verändert", bekundet Hanns Meilhamer. Die Vereinbarkeit von Familie und Beruf war im Hause Meilhamer-Schlenger nicht nur ein reines Frauenproblem. „Wenn wir arbeiten mussten, dann waren wir zwangsläufig gemeinsam weg. Wir konnten uns ja nicht aufteilen." Bereits als Kleinkind hatte Simon ein feines Gespür dafür, wann seine Eltern zu einem Termin aufbrechen mussten. Hanns Meilhamer erinnert sich an einen der unzähligen Momente, wo er und seine Frau auf dem Sprung zu einer Sendung waren – und Simon mit Tränen in den Augen beim Kindermädchen zurückblieb. In solchen Augenblicken musste Hanns Meilhamer auch schwer schlucken: „Man geht dann irgendwie mit einem schlechten Gefühl, auch wenn man weiß, dass das Kind gut versorgt ist." Umso mehr achteten die beiden darauf, Simon in ihrer freien Zeit die ganze Aufmerksamkeit zu schenken.

Wann immer es möglich war, begleitete Simon künftig seine Eltern. Das Geschehen auf der Bühne ließ den Kleinen nicht ungerührt – zumal Simon noch nicht zwischen Spiel und Realität zu unterscheiden wusste. „Mama weint", hat er einmal aufgeregt gebrabbelt, während Schnipsi einen Heulkrampf mimte. „Das hat ihn ziemlich aufgeregt. Wir haben erkannt, dass wir ihm ganz schnell den Unterschied zwischen Realität und Spiel beibringen müssen." Und das klappte erstaunlich gut: Der kleine Simon hatte großen Spaß daran, abwechselnd mit Mama und Papa nur so zu tun, als ob man weinen würde. Mit einem Mal war die Idee geboren, dass der Sohn doch tatsächlich mal mitspielen könnte…In der Folgezeit stand Simon Meilhamer von früher Kindheit bis ins junge Erwachsenenalter immer wieder mit seinen Eltern vor der Fernsehkamera. Meistens hieß er dabei Pauli Haberkorn.

Simon war auch der ausschlaggebende Grund, warum Hanns Meilhamer und seine Frau immer öfter darüber nachdachten, München gegen ländlichere Gefilde zu tauschen. „Unser Sohn sollte in einer kindgerechteren Umgebung aufwachsen", sagt Hanns Meilhamer rückblickend. Die Enge der Großstadt, die dauernde Verpflichtung, das Kind zu Spielkameraden bringen und wieder abholen zu müssen, widerstrebten dem Paar. „München war schon damals kein Pflaster mehr, wo man das Kind zumindest alleine mal zum Spielplatz hätte gehen lassen können." Als die Familie dann 1989 in einer Simbacher Neubausiedlung ein Haus besichtigte, erschien alles einfacher. Schon bei diesem ersten Treffen schloss Simon Freundschaft mit einem gleichaltrigen Nachbarssohn. Fortan brauchte er nur über den Zaun zu klettern und konnte andere Kinder treffen. Das gefiel Hanns Meilhamer und Claudia Schlenger. Die Siedlung wurde ihre neue Heimat, 15 Jahre später bauten sie selbst ein Haus außerhalb der Stadt auf dem ehemaligen Bauernhof. Eigentlich hatten sie sich überlegt, spätestens mit Ablauf von Simons Grundschulzeit nach München zurückzukehren. Doch der wollte nicht mehr weg aus Simbach, sprach mittlerweile astreines Niederbayerisch. Also blieben sie. Eine Wohnung in München gibt es immer noch, als Basis für die Arbeit dort.

Beim Hausbau bewährte sich erneut die Arbeitsteilung zwischen Hanns und Claudia: War sie die treibende Kraft, die mit sprühendem Eifer das Projekt anstieß, musste Hanns Meilhamer übernehmen, als sich die Tücken zeigten. Ausdauer und Geduld, auch über die erste Begeisterung hinaus – das sind seine Stärken.

Den Umzug nach Niederbayern haben beide nie bereut. Insbesondere Simons wegen. „Ich hatte immer eine gewisse Angst, ob wir den Anforderungen an seine Erziehung

Familie Meilhamer-Schlenger vereint bei den Dreharbeiten: Sohn Simon hat seine Eltern, wann immer es ging, begleitet und auch des Öfteren selbst mitgespielt.

gerecht werden", gesteht Hanns Meilhamer rückblickend. „Wir wollten, dass er ganz normal aufwächst, ohne das Gefühl, einen Sonderstatus zu haben, weil seine Eltern prominent sind. Hinzu kam, dass er ein ganz begeisterter Fußballer war und – wie viele andere kleine Buben – davon überzeugt, er könnte Profi werden. Ich hatte Angst, dass er die Erdung verlieren könnte." Unbegründete Sorgen – das weiß er mittlerweile längst. Auch der Umzug nach Niederbayern hat seinen Teil dazu beigetragen. „Unsere Nachbarn haben Simon quasi miterzogen. Er ist immer ganz normal behandelt worden und dadurch am Boden geblieben." Die Kindheit im Hause Meilhamer-Schlenger könne man sich vorstellen wie in einem typi-

Die Bühne ist nach über 30 Jahren Herbert und Schnipsi der „Hauptboden" für Auftritte, vereinzelt gibt es auch noch Fernsehgastspiele.

schen „Künstlerhaushalt", sagte Simon Meilhamer 2014 in der BR-Sendung zum 30-jährigen Fernsehjubiläum seiner Eltern. „Turbulent, aber sympathisch."

Die BR-Sendungen mit Herbert und Schnipsi waren über die Jahre hinweg in diversen Ausprägungen ein Erfolg. Die Sketche wurden zunächst in der Sendung „Kanal fatal" gezeigt, bald folgten eigene Sendungen unter den Titeln „Alles was recht ist" und „Sketche mit Herbert und Schnipsi". Später kamen Episoden hinzu, die eine komplette Sendung füllten. Als Kulisse diente eine klassische Siedlungs-Doppelhaushälfte in Claudia Schlengers Heimatort Bad Tölz. Herbert Haberkorn arbeitete im ortsansässigen

Möbelgeschäft seines Freundes Willi Brauchle, gespielt von Bruno Hetzendorfer, Schnipsi als Friseuse im Salon ihrer Freundin Berta, dargestellt von Saskia Vester. Vom benachbarten Grundstück aus lugte stets die neugierige Nachbarin aus dem Fenster, herrlich gemimt von Monika Manz. Und bei Haberkorns gab es einiges zu sehen: Sei es das Pferd, das Herbert auf einer Trabrennbahn gewinnt und auf wenigen Quadratmetern Vorgarten einquartiert, oder der mit Zeitschaltuhr betriebene Rasensprenger, der just in dem Moment für Beregnung sorgt, als Herbert und Schnipsi die Grillwürstel verzehren wollen...

„Die Bühne ist unser Hauptboden"

Die Sendungen werden noch heute des Öfteren im BR wiederholt. Gedreht werden Streifen dieser Art im Moment nicht mehr. „Die Produktionsbedingungen beim Fernsehen haben sich mit der Zeit doch sehr verändert." Hanns Meilhamer sagt das ganz wertneutral, aber ein wenig nachdenklich. Sendungen wie die damaligen, bei denen man sich für jede Einstellung Zeit lassen konnte, bis alles zur Perfektion eingespielt war, sind dem Zeitgeist einer schnelleren und effizienteren Produktion zum Opfer gefallen. Und letztlich auch anderen Sendeformaten. Eine Weile lang hat der BR versucht, nach dem Muster von „Grünwalds Freitagscomedy" oder „Die Komiker" Studioabende mit Herbert und Schnipsi vor Publikum aufzuzeichnen. „Irgendwann haben wir da selbst die Bremse gezogen, weil dieses Abliefern unter Zeitdruck nicht mehr dem entsprochen hat, wo wir uns gesehen haben." Herbert und Schnipsi sind an den Ort zurückgekehrt, den sie heute noch als ihr Hauptbetätigungsfeld ansehen: die Bühne.

Auch da folgte der Phase des unvorstellbaren Erfolgs, in der das Paar zehn Mal mit demselben Programm im ausverkauften Krone-Bau gespielt hat, eine Zeit, in der es ruhiger werden sollte. „Dieser Boom, bei dem wir laufend Tausender-Hallen füllten, war natürlich als Dauerzustand schwer zu halten. Der Veranstalter, mit dem wir damals gearbeitet haben, hatte aber weiter für uns große Hallen gebucht." Ein Publikum von 600 Leuten ist nicht wenig – in einer Halle, die für 1000 Leute angedacht ist, fallen dann aber doch viele leere Plätze auf... Hanns Meilhamer und Claudia Schlenger kehrten ab diesem Zeitpunkt zurück auf die mittelgroßen Bühnen. Wenn sie heute eine Großveranstaltung wie im Prinzregententheater spielen, ist das die Ausnahme und daher wieder umso gefragter.

Eine gewisse Ernüchterung musste Hanns Meilhamer auch hinnehmen, als er 2002 neben Herbert und Schnipsi noch einmal den Versuch eines eigenen Projekts startete. Er gründete eine Band, die sich „Herbert und die Pfuscher" nannte. Aufgeführt wurde eine Mischung aus bayerischem Liedgut, eine Art Musikkabarett, bayerisch-humorige Adaptionen auf bekannte Melodien und Eigenkompositionen. Lieder, die Hanns Meilhamer bei Herbert und Schnipsi nicht unterbringen konnte. Dabei blitzte wieder seine Ader für selbstgebastelte Instrumente durch. Es scheint, als könnte er auf jedem beliebigen Alltagsgegenstand Musik machen. Besonders gerne auf dem Waschbrett. 13 Jahre lang traten „Herbert und die Pfuscher" auf. Die Besucherzahlen waren nicht mit Herbert und Schnipsi zu vergleichen. Darüber hat sich Hanns Meilhamer anfangs schon ein wenig gegrämt, gibt er zu. „Ich hatte natürlich die Erwartungshaltung, dass sämtliche Fans neugierig sind auf das, was Herbert nun alleine macht."

Dass er sich auf weniger Resonanz einstellen musste, war ihm spätestens nach dem ersten größeren Auftritt bewusst. Damals spielten „Herbert und die Pfuscher" als Schlussband auf dem Bad Reichenhaller Sternenzelt-Fest. Ideal, dachte sich Hanns Meilhamer erfreut, den Schlussakzent auf so einer besonderen Veranstaltung setzen zu dürfen. Den Höhepunkt des Abends zu bilden! Das Ergebnis war enttäuschend. Die in der Region sehr bekannte und populäre Vorband kam hervorragend an. Ebenso die darauffolgende Lesung. Dann kam die Umbaupause – als „Herbert und die Pfuscher" danach auf die Bühne traten, hatte sich das Zelt schon halb geleert. „Nach unseren ersten Nummern standen Zuschauer auf und gingen. Wir waren noch nicht gut eingespielt und hatten es einfach nicht drauf, die Leu-

„Herbert und die Pfuscher": Mit dieser Band hat Hanns Meilhamer von 2002 bis 2015 ein Projekt ohne seine Frau realisiert.
Der Erfolg war gut, aber mit Herbert und Schnipsi nicht vergleichbar.

te zu halten", erinnert sich Hanns Meilhamer. „Wenn ihr jetzt keine Lust mehr habt – ich nehm's euch nicht übel", sagte er damals nach dem Auftritt zu seinen Musikern. Die gaben allerdings nicht auf. Daraus wurde immerhin eine Zusammenarbeit von über einem Jahrzehnt, natürlich immer als zweite Schiene neben Herbert und Schnipsi. Die Frage, wo er seine Frau denn gelassen habe, wurde Hanns Meilhamer allerdings bei nahezu jedem Auftritt mit den Pfuschern gestellt. 2015 hat sich die Band aufgelöst, weil zwei der Mitglieder wieder anderen Projekten nachgehen wollten.

Heute macht Hanns Meilhamer gemeinsam mit seiner Frau meist zwischen Oktober und April Bühnenauftritte. Es hat sich gezeigt, dass das die beste Zeit ist. Sohn Simon ist auch wieder mit an Bord. Nach seinem Kulturwirtschafts-Studium in Passau hat er angefangen, die Eltern zu managen. Überdies betreibt Simon Meilhamer mittlerweile eine Veranstaltungsagentur. Eines Tages hat er seine Eltern damit überrascht, als er das Firmenschild für „Oskar Konzerte" vor dem Haus montiert hat. Er pendelt zwischen München und Niederbayern hin und her.

Wenn es gerade keine Tourneeauftritte von Herbert und Schnipsi gibt, wird zu Hause gearbeitet – an neuen Geschichten. Durch die digitalen Medien haben sich auch die Anforderungen an die Öffentlichkeitsarbeit verändert. Im heimatlichen Studio werden nun Kurzvideos für die Facebook-Präsenz gedreht.

Zwischendurch ist Fanpost zu bearbeiten. Des Öfteren kommen Briefe mit Autogrammanfragen. Während noch regelmäßig neue Sketchfolgen im BR liefen, sind auch gelegentlich VHS-Kassetten gekommen, auf denen Kinder die Sketche nachspielten. Häufig sind Vorschläge vom Publikum für neue Geschichten eingegangen. Tatsächlich verwertbare Resultate sind selten dabei gewesen. Hanns Meilhamer wäre aber nicht Hanns Meilhamer, wenn er sich um derartige Post einfach nicht gekümmert hätte. Wenn es seine Zeit zuließ, tippte er dem Schreiber einen Brief, sagte ihm, was er besser machen könnte, falls er seine Texte tatsächlich einmal einer Unterhaltungsredaktion anbieten würde.

Die Frage „Gibt's wieder ein neues Programm?" ist bei Hanns Meilhamer und Claudia Schlenger eigentlich mehr eine rhetorische. Bislang hätten sie niemals mit „Nein" geantwortet. Schwieriger ist zu beantworten, womit man ein neues Programm füllt. Nach so vielen Jahren waren viele Ideen schon da. Ein „Best-of" kommt bei den Zuschauern natürlich immer an. Neben Herbert und Schnipsi hat Hanns Meilhamer begonnen, sich auch wieder stärker der Musik zu widmen. Mit einem langjährigen Freund, dem Schauspieler Ralph Schicha, spielt er ein Programm namens „Forever Young – Songs fürs Leben". Lieder der 50er und 60er Jahre, Bob Dylan und Elvis Presley beispielsweise, kommen da auf die Bühne. Manch Englischsprachiges wird zum Teil ins Bayerische übertragen. Musik zählt zu den wenigen Dingen, bei denen er den Altersunterschied zu seiner Frau spürt: „Die vier Jahre, die sie älter ist, wirken sich im Grunde gar nicht aus. Nur bei den Jugendhits: Da liegen wir ein bisserl auseinander."

Trotz der musikalischen Bühnenexkurse ohne seine Frau: „Herbert würde es ohne Schnipsi nicht geben", ist Hanns Meilhamer überzeugt. Seine künstlerische

Existenz verdankt er dem Zusammenspiel mit seiner Frau – wie vieles andere auch. Es zählt zu den Tiefschlägen in Hanns Meilhamers Leben, als er seine Frau durch eine schwere Krankheit begleiten musste. 2005 wurde bei Claudia Schlenger in Folge eines Zeckenbisses eine Gehirnentzündung in Verbindung mit einer Borreliose diagnostiziert. Es dauerte über ein Jahr, bis sie sich davon erholt hatte. Ihr Zustand war kritisch. Die Hirnentzündung brachte starke Einschränkungen mit sich, kurzzeitig waren Motorik und Sprachfertigkeit beeinträchtigt. Es war auch nicht abzusehen, ob sich tatsächlich eine vollständige Genesung einstellen würde. Noch dazu entwickelte sich eine schwere Depression bei Claudia Schlenger ob ihres aussichtslos wirkenden Zustands. Hanns Meilhamer war für seine Frau in dieser Zeit die wichtigste Stütze. Er habe an dem Glauben festgehalten, dass sich irgendwo tief in ihrem Inneren ein gesunder Kern befinde, an den die Krankheit nicht heranreicht. Das hat er ihr immer wieder gesagt. Jahre nach ihrer Genesung erzählte Claudia Schlenger in der Sendung „Gipfeltreffen" mit Werner Schmidbauer, dass sie vor allem in der Zeit ihrer Krankheit erst richtig registriert habe, was tatsächlich zählt – und wie viel Hanns ihr bedeutet. Er habe die Fähigkeit bewiesen, sie ohne Ungeduld ganz anzunehmen, wie es die Situation erforderte. Sie habe sich beschützt gefühlt. Alle drei Bände „Herr der Ringe" hat er ihr vorgelesen, ist mit Claudia spazieren gegangen und hat unendlich viel mit ihr geredet. Dass sie diese Phase gemeinsam überstanden haben, hat die Beziehung ein weiteres Mal gestärkt.

2006 musste Hanns Meilhamer Abschied nehmen von seiner Schwester Tonie. Sie hatte den Kampf gegen eine Krebserkrankung nicht gewonnen. Über die Jahre hat

Hanns Meilhamer je nach Lebensphase eine besondere Beziehung zu seiner Schwester gehabt. „Wir haben zum Beispiel zur selben Zeit Nachwuchs bekommen. Das hat uns natürlich verbunden." Tonie hat als bildende Künstlerin gearbeitet. Auch das Sterben der Schwester hat Hanns Meilhamer begleitet. „Es macht schon einen großen Unterschied im Leben, dass man eine Schwester hatte."

Das Leben ist nach den turbulenten 80er und 90er Jahren in ruhigere Bahnen gekehrt. „Und ich mag mein Leben jetzt auch sehr gern", sagt Hanns Meilhamer überzeugt. In welche Richtung sich Herbert und Schnipsi noch entwickeln werden? Auf alle Fälle wird es ein gemeinsames Entwickeln sein. „Ohne Schnipsi gibt es Herbert nicht." Es ist wohl wie in einem ihrer Lieder: „I bleib bei dir, du bleibst bei mir". Und das gilt in jeder Tonlage.

Von einem, der immer genau wusste, was er nicht will

Die ideale Weltsicht
von Fredl Fesl

Es zählte zu den Ritualen von Fredl Fesl, dass er seine Auftritte mit einem Handstand auf dem Stuhl beendete.

Winter in Häuslaign: Ab Lichtmess werden die Tage spürbar länger, sagt der Volksmund. Ob diese christkatholische Weisheit hier im Landkreis Altötting ganz besonders gilt? Erst vor wenigen Tagen ist der Februar angebrochen. Zuletzt hat es immer wieder geschneit. Trotzdem ist die Sonne an diesem Nachmittag nahezu frühlingskräftig. Der Feldweg, der zur Heimstatt der Fesls führt, ist von zwei tiefen, plattgefahrenen Furchen und einem Schneeranken in der Mitte gezeichnet. Von ringsherum schmiegen sich die Wiesen mit dickem Weiß überzogen in den Blick. Jetzt geht es geradewegs auf einen alten Hof zu. Mit einem kräftigen Schwung nimmt das Auto die letzte Steigung. Vor dem Auge tut sich ein Postkartenmotiv auf. Ein Haus mit roten Fensterläden, eine Scheune, ein schwanzwedelnder Hund und eine getigerte Katze wirken wie mit dem Pinsel in die Kulisse gesetzt. Rundherum nur eingeschneite Wiesen und Felder, den Nachbarn hat man bereits hinter der Kuppel an der Feldstraße zurückgelassen. Häuslaign ist ein Paradies – für denjenigen, der vom Leben in Alleinlage träumt. Hierher kommt nur, wer diesen Ort ganz bewusst gesucht oder sich schlichtweg heillos verfahren hat. Fredl Fesl hat Häuslaign 1990 zu seiner Heimat gemacht und es nie bereut. Häuslaign war ihm Kraft- und Rückzugsort in Jahren voller Rampenlicht – und ist es umso mehr geworden, seit er das Rampenlicht hinter sich gelassen hat.

Wie man Fredl Fesl bezeichnen soll, ist nicht ganz einfach. Musiker? Musikkabarettist? Humorist? Bayerischer Liedermacher? Ganz falsch ist nichts, hinreichend zutreffend allerdings auch nicht. Dabei genügt eigentlich schon der Name Fredl Fesl und Alte wie Junge haben gleichermaßen sofort ein Bild vor Augen. Eine Definition für die Person

Fredl Fesl aufstellen zu wollen, ist so schwierig wie hinfällig. Würde man Fredl Fesl nicht kennen, wäre das eine ähnliche Lücke im Allgemeinwissen, wie noch nie im Leben vom Oktoberfest, dem Schiefen Turm von Pisa oder den sieben Weltwundern gehört zu haben. Diese Beschreibung würde Fredl Fesl von sich selbst so niemals abgeben. Zwar hat der im Jahr 1947 Geborene bereits mit 17 erkannt: „Wenn ich nicht so bescheiden wäre, wäre ich vielleicht sogar ein bisschen stolz auf mich." Worte, die er auch im fortgeschrittenen Alter noch mit Süffisanz zelebrierte. Dennoch hat er auf jegliche Art von Applaus immer ganz unaufgeregt reagiert.

Als Fredl Fesl 1990 in der Superlachparade von Mike Krüger seinen „Preissn-Jodler" zum Besten gab, hat das Publikum noch während seiner Vorrede lautstark Beifall gespendet. Fredl Fesl genoss es mit stillem Lächeln, wischte aber jeden Anflug von Überschwang beiseite: „Jetzt hört's doch auf, sonst werd ma ja nie fertig." Der bescheidene Triumph großer Momente.

An diesem Winternachmittag sitzt Fredl Fesl in der Wohnküche in Häuslaign. Auf den ersten Blick scheint er auch ein wenig zu lächeln. Das Gesicht rahmt der obligatorische Bart, die Haare sind etwas dünner geworden als zu Bühnenzeiten. Der Körper wirkt schmäler. Unter dem rechten Augenlid schimmert die Haut violett, das Überbleibsel eines Sturzes. Unwillkürlich hat man das schwer einzuordnende Gefühl, in diesem Moment Zeuge von der Zerbrechlichkeit eines starken Menschen zu werden. Die Haustür hat Fesls Frau Monika geöffnet. Seit dem Herbst 2018 hat die Parkinson-Erkrankung ihres Mannes einen intensiven Schub gemacht. Die Diagnose liegt zu diesem

Zeitpunkt fast 22 Jahre zurück. Fredl Fesl soll an diesem Tag etwas über sein Leben erzählen. Da ist die Parkinson-Erkrankung einer von vielen Mosaiksteinen, die sich zum bunten Gesamtbild fügen. Und auch wenn man die Krankheit zu diesem Zeitpunkt nicht mehr übersehen kann, ist sie wahrlich nicht das, was im Vordergrund stehen sollte.

Denn für Fesls Publikum war sie zwar nicht verschwiegen, aber lange Zeit kaum sichtbar. In den 70er Jahren bekannt geworden in der Münchner Kleinkunstszene, ist Fredl Fesl bald überregional zu einer Bekanntheit avanciert. Seine „bayerischen und melankomischen Lieder", wie er seinen Stil später beschreibt, haben sich über eine Million Mal auf Platten, Kassetten und CDs verkauft. In einer eigenen Sendung hat Fredl Fesl anderen Künstlern eine Plattform geboten. Er hat an die 180 Lieder geschrieben, der berühmte „Königsjodler" ist bei Weitem nicht alles. Fast ebenso berühmt sind die dazugehörigen „Vorreden", mit denen er die Lieder mit scheinbar größter Umständlichkeit und unschlagbarem Witz vor dem Singen erklärt hat. Seine Parkinson-Diagnose hat den Künstler anfangs nicht gebremst. Er hat fast weitere zehn Jahre seine Konzerte gespielt. Die Krankheit hat er in einer Talkshow selbst publik gemacht. Seitdem ist er in Interviews und Porträts anlässlich runder Geburtstage – oder auch ohne jeglichen Anlass – stetig dazu befragt worden. Als er 2015 nach seinem Karriere-Ende ein Buch herausbrachte, hat er den Umgang mit der Krankheit selbst folgendermaßen wiedergegeben: „Nachdem ich wusste, dass man ja eh nichts machen konnte, nahm ich mir vor, mein restliches Leben so zu leben wie bisher."

Das Buch trägt den Titel „Ohne Gaudi is ois nix". Fredl Fesl hat es für das Gespräch extra bereit gelegt. Es ist ein Exemplar, das er für sich selbst aufgehoben und daher eigens gekennzeichnet hat, wie er erklärt. Sein Konterfei auf dem Titel hat er mit schwarzem Filzstift verziert. Was Fredl Fesl in die Hand bekommt, wird kreativ bearbeitet. In Häuslaign finden sich viele Zeugnisse dieser Art. Die berühmteste Kuriosität dürfte das Krokodil im Schuppen sein, vor dem der Besucher sogar per Schild gewarnt wird. Es bewacht den Grillplatz. Fordert man es heraus, klappt das kleine Warntaferl nach außen und aus der Wand schießt eine grünbemalte Krokodilattrappe hervor und reißt das Maul auf. Nahezu jeder Filmemacher, der Fesl besuchte, hat dem Tierchen eine Einstellung gewidmet. Nicht umsonst hat Fredl Fesl seinen Hof einmal als Abenteuerspielplatz für Über-18-Jährige bezeichnet. Dieses Zitat stammt aus den Jahren, als er mit seinem Bagger riesige Löcher auf dem fünf Hektar großen Grundstück ausgehoben hat. Eine Zeit lang hat Kollege Ottfried Fischer bei jedem Besuch Fesls in seiner „Schlachthof"-Sendung die Frage nach dem Bagger gestellt. Fredl Fesl schüttelte jedes Mal mit Leichtigkeit eine andere Antwort aus dem Ärmel: „Ich hab zuletzt wieder ein großes Loch ausgehoben. Bald hab ich einen See am Hof. Dann kommt der Seehofer."

Was macht der zu diesem Zeitpunkt 72-Jährige heute, wenn er alleine zuhause in seinem Reich ist? Während seine Frau Monika in der benachbarten Kreisstadt Mühldorf – sie arbeitet im Bürgerservice und in der Öffentlichkeitsarbeit – weilt? Fredl Fesl erwidert unumwunden: „Schlafen." Die Antwort hat keinen doppelten Boden, sondern ist ganz und gar nur ehrlich. Dass er in Häuslaign geschützt ist vor Blicken, sein Leben gestalten kann, wie es seinen Bedürfnissen am besten entspricht, hat auch ein bisschen mit Freiheit zu tun.

Der kleine Zauberer auf der Suche nach der Freiheit

Freiheit hatte schon immer einen hohen Stellenwert für Fredl Fesl. Blickt man zurück in seine Kindheit und Jugend, finden sich zuhauf Stationen, die sein Streben danach dokumentieren.

Geboren ist er am 7. Juli 1947 in Grafenau. Die Eltern Berta und Hans Fesl gaben ihm den Namen Alfred Raimund, genannt wurde er meist Fredl. Zu diesem Zeitpunkt hatte die Familie bereits einen Sohn, Fredl ist der Zweitgeborene. Dass seine Wiege im Bayerwald stand, hatte er der Herkunft des Vaters zu verdanken. Die Eltern haben sich in Kriegszeiten kennen und lieben gelernt. Hans Fesl war als Soldat im Flughafenrestaurant in Nürnberg zugegen und lernte dort Berta kennen, die als Köchin arbeitete. Der erste Sohn kündigte sich noch vor der Hochzeit an. Das Paar hat daraufhin geheiratet und ist in der Heimat des Vaters in Grafenau sesshaft geworden. Dort hat Hans Fesl Arbeit in der Zulassungsstelle gefunden. Sohn Hans – er ist vier Jahre älter als Fredl Fesl – wurde schnell in die Obhut der Großeltern mütterlicherseits in Greding genommen.

Fredl Fesl hat an die ersten Jahre seiner Kindheit in Grafenau wenig Erinnerung. Dass er einmal in der Arbeitsstelle des Vaters eingesperrt wurde, weil er es so bunt getrieben hat, hat er aber heute noch vor Augen. Dass es nichts genützt hat, er sich als Bub nicht hat bändigen lassen, weiß er noch genauso gut. „Da lach ich ja", war in solchen Situationen sein Wahlspruch. Eine Zeit lang verfolgte der Bub gar den Wunsch, Zauberer zu werden. Mit dem Wegzaubern verschiedener Dinge – etwa den Schlüsseln – klappte es auch ganz gut. Die Erwachsenen wussten seine Kunst freilich kaum zu schätzen und so hagelte es immer wieder kräftige Donnerwetter über den kleinen Zauberer.

Noch weniger Einigkeit rief das Thema Musik hervor. Fesls Vater spielte selbst leidenschaftlich Trompete, war Mitglied in diversen Kapellen. Er legte Wert darauf, seinem Sohn bereits im frühen Alter musikalische Erziehung angedeihen

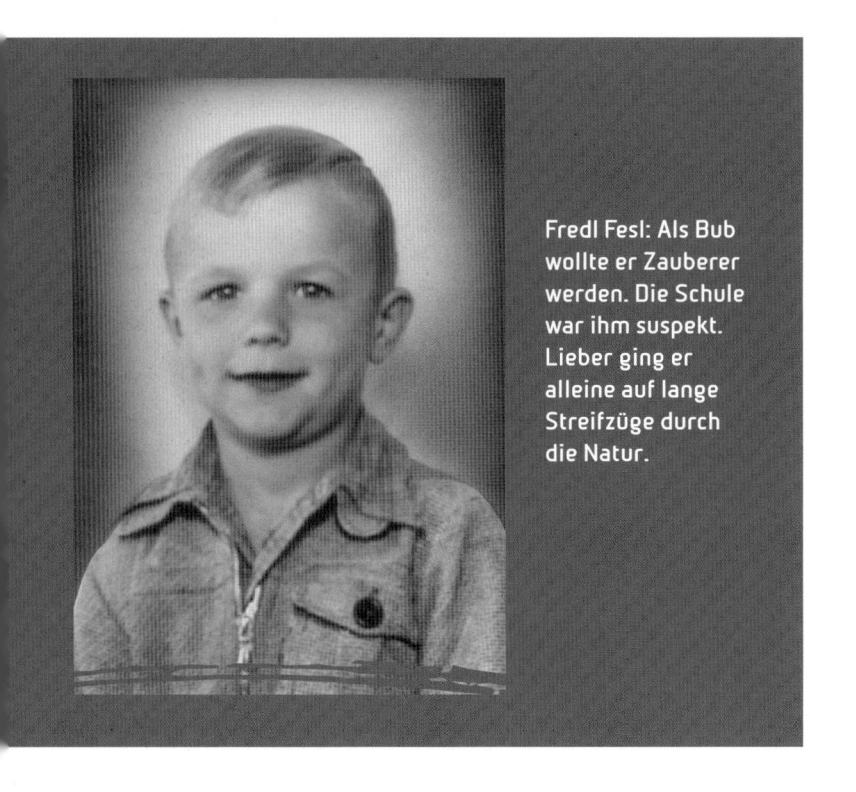

Fredl Fesl: Als Bub wollte er Zauberer werden. Die Schule war ihm suspekt. Lieber ging er alleine auf lange Streifzüge durch die Natur.

zu lassen. „Ich hatte Musik als Kind richtig dick", erinnert sich Fredl Fesl noch Jahre später daran. Das Üben war ihm ein Graus. An der Klarinette konnte er dem Anspruch des Vaters nicht gerecht werden, das Akkordeon auf seinen Schultern war so schwer und obendrein so groß, dass er darüber hinweg die Noten nicht mehr lesen konnte. Hans Fesl erwies sich als gestrenger Lehrer, sein Drill erzeugte bei Fredl hingegen noch mehr Abneigung.

Zwar war Fredl kein schüchternes Kind, aber ein überzeugter Einzelgänger. Mit dem Gefühl, als großer General voranzuschreiten, ein Heer von Menschen anzuführen, konnte er stundenlang allein durch die Gegend ziehen. An den Bacherln und Gräben hat er sich gerne herumgetrieben und dabei die Zeit jedes Mal völlig vergessen. Meist von der Dunkelheit überrascht, hat er die abenteuerlichen Streifzüge dann wieder gen Elternhaus gelenkt. Noch deutlichere Erinnerungen als an den Bayerwald hat er in dieser Hinsicht an das mittelfränkische Greding, die Heimat der Mutter. Schon früh hat Fredl Fesl jegliche Ferien dort verbracht und kann noch heute davon schwärmen, wie er als kleiner Bub mithilfe eines Ofenrohrs Fische aus dem Bach gezogen hat.

Als Fredl Fesl neun Jahre alt war, zog die Familie von Grafenau nach Greding. Neben dem großen Bruder Hans gab es mittlerweile auch Fredls zwei Jahre jüngeren Bruder Peter. Zum ersten Mal sollten tatsächlich alle zusammenwohnen, auch Hans, der bislang so viel Zeit bei den Großeltern verbracht hatte, war inbegriffen. „Meine Eltern haben mit einem Mal beschlossen, dass wir nun eine Familie sein wollen", erzählt Fredl Fesl rückblickend. Heraus kam genau das Gegenteil. Die Eltern übernahmen, von der Großmutter mütterlicherseits unterstützt, das Gasthaus „Zum Bayerischen" und hatten von da ab kaum mehr eine freie Minute für die Familie. Zwar führte die Großmutter streng das Regiment, für Berta und Hans Fesl blieb dennoch jede Menge Arbeit, harte Arbeit. „Der Heilige Abend war der einzige Abend im Jahr, der für uns Kinder reserviert war. Allerdings waren meine Eltern so erschöpft, dass sie jedes Mal nach der Bescherung sofort eingeschlafen sind."

Mit Betreuungs- und Bildungseinrichtungen stand der kleine Fredl früh auf Kriegsfuß. Es gehört zu seinen bekanntesten Anekdoten, dass er im Kindergarten kaum die ersten zwei Tage überdauert hat, um dann nach Hause geschickt zu werden. Er sei für diese Einrichtung gänzlich ungeeignet gewesen. Ähnliche Erfahrungen sollte er an Schulen machen. In einem späteren Fernsehinterview erinnerte sich Fesl einmal daran, dass ihm ein Lehrer prophezeit hat: „Du kannst in der Schule jetzt gerne rumblödeln, aber glaub ja nicht, dass man damit später Geld verdienen kann."

Die Grundschule besuchte Fredl zuerst in Grafenau, dann in Greding. Der wirkliche Ernst des Lebens begann spätestens nach der fünften Klasse mit dem Eintritt in die Oberrealschule Ingolstadt. Das Canisiuskonvikt, ein streng katholisches Jungeninternat – von den Burschen damals scherzhaft „Die Kistn" genannt – zwang dem kreativen Einzelgänger Fredl Strukturen auf, die ihm zutiefst zuwider waren. Sei es der zwangsweise auferlegte Chorunterricht, eigentlich ein Neigungsfach, das Spaziergehen, das nur in Gruppen erlaubt war, oder die Studierzeiten in Silentium. „Mich hat nie jemand geschlagen oder sich an mir vergriffen, wie es von manchen katholischen Internaten mittlerweile ans Licht gekommen ist", blickt Fredl Fesl heute zurück. „Ob solche Dinge in diesem Institut passiert sind, kann ich weder bestätigen, noch könnte ich sie ausschließen." Der erwachsene Fredl Fesl hat der Kirche irgendwann den Rücken gekehrt. Der liebe Gott sei schon in Ordnung, das Bodenpersonal hingegen der kritischen Hinterfragung wert, erzählte er einmal in einer Fernsehbiographie.

Zuhause wuchs die Familie während Fredls Internatszeit. Er bekam noch ein Geschwisterchen. Es gibt eine Fotografie, auf der Fredl das kleine Luiserl im Arm hält. Er hat seine Rolle als großer Bruder vom ersten Moment an genossen. Er kümmerte sich liebevoll um die kleine Schwester und empfand schnell Beschützerinstinkt. Das Glück währte aber nicht lange. Das Schwesterchen starb mit nur einem halben Jahr infolge einer Hirnhautentzündung. Für die Familie war es ein traumatisches Ereignis, vor allem für den jungen Fredl Fesl.

Der Schicksalsschlag hat ihn lange Zeit danach noch beschäftigt. Seine Frau Monika erinnert sich daran, dass bereits Jahre der Beziehung hinter dem Paar lagen, als ihr Fredl das erste Mal von dem verstorbenen Schwesterchen erzählt hat. Es war bereits nach Fesls Parkinson-Diagnose, als er in einer Therapieeinheit im Rahmen einer Familienanalyse die Geschichte um Luiserl unter Tränen preisgab.

Berta und Hans Fesl nahmen den Tod der Tochter damals als Zeichen des Schicksals. Sie beendeten die kräftezehrende Arbeit als Wirtspaar und brachen in Greding die Zelte ab. Die Landeshauptstadt München lockte als neues Domizil. Hans Fesl fand eine Stelle als Sachbearbeiter im Ausländeramt der Stadtverwaltung München und suchte für seine Familie eine Wohnung im östlichen Stadtteil Ramersdorf aus. Fredls Bruder Hans blieb der Ausbildung wegen in Greding. Bruder Peter und Fredl gingen mit den Eltern nach München. Dort wuchs die Familie noch, als Fredls zwölf Jahre jüngere Schwester Christa geboren wurde.

Für Fredl Fesl begann eine neue Zeitrechnung. München sollte das Pflaster werden, das maßgeblich zu seinem späteren Werdegang beitrug.

„Gehorsam als Beschneidung meiner Freiheit erlebt"

Hatte sich der jugendliche Fredl bereits am Internat mit seiner selbsterklärten Rolle des Klassen-Entertainers in Probleme manövriert, erreichte diese Krise in München mehrere Höhepunkte. „Ich habe mir immer was einfallen lassen, damit es im Unterricht nicht so langweilig war", sagt er im Nachhinein. War er als Unterhalter unschlagbar, so konnte er im Unterrichtsstoff nicht mithalten. Dass er in der neuen Heimat zuerst in die Maria-Theresia-Oberrealschule eingeschult wurde und später auf die Fridtjof-Nansen-Mittelschule wechselte, machte seine Probleme noch größer: „Ich musste mich wieder auf neue Lehrer einstellen und die Klasse stand mit dem Stoff an ganz anderer Stelle." Die Hoffnung des Vaters, seinem Sohn durch den Wechsel endlich die Schule mit der passenden Ausrichtung gegeben zu haben, zerschlug sich. Fredl Fesl konnte sich für Maschinenschreiben oder kaufmännisches Rechnen nicht begeistern: „Wozu braucht das ein freier Mensch?", fragt er heute noch.

Genau genommen endete es ähnlich wie im Kindergarten. Eines Tages wurde das „Verhältnis" gewissermaßen beendet. Fredl Fesl wäre nicht Fredl Fesl, hätte er nicht im Nachhinein eine humorige Umschreibung für seinen Rausschmiss parat: „Die Schule ist mir dermaßen auf den Geist gegangen, dass ich eines Tages gekündigt habe." Dem ging ein Schlagabtausch im wahrsten Wortsinn mit dem Lehrer voraus. Fredl Fesl erzählt diese Geschichte im Detail nach, so als würde er sie noch immer ein wenig auskosten. Es war an einem Schulnachmittag zu fortgeschrittener Stunde, als der alternde Mathelehrer – ein in den Schuldienst zurückgeholter Pensionist – auf die Idee kam, die Schüler in den letzten zehn Minuten noch einer Stegreifaufgabe zu unterziehen. Fredl ahnte, dass diese Zensur seinem Notendurchschnitt nicht unbedingt förderlich wäre. Er packte daraufhin seelenruhig den Ranzen. Dem Lehrer tischte er die Geschichte auf, er habe die Sondererlaubnis, eher zu gehen, um eine günstige Busverbindung zu nutzen. („Eigentlich war ich mit dem Radl da.") Der Lehrer hakte ungläubig nach. Fesl antwortete ihm, indem er den langgezogenen, schnippischen Tonfall des Lehrers nachäffte: „Jawohl, ich habe die Erlaubnis…"

Dass der Lehrer dem frechen Schüler daraufhin eine Ohrfeige verpasste, war zu der Zeit nichts Ungewöhnliches. Dass der Schüler umgehend zurückschlug, schon. Die Watschn war so kräftig, dass der Pädagoge hinter dem Pult auf dem Allerwertesten landete. Fredl wusste, dass das Ende seiner Schullaufbahn damit erreicht war. Er holte sich noch in dieser Stunde im Sekretariat seine Papiere – „ich kündige", erklärte er der Sekretärin. Gab sogar vor, das sei der Wille der Eltern. Die waren zwar nicht begeistert, hatten einen Ausgang wie diesen aber letztlich schon geahnt.

Dass er mit seiner Ohrfeige den Lehrer zu Boden geschickt hat, bereut Fredl Fesl im Nachhinein nur ein ganz klein wenig: „Der Mann hat uns in Mathematik unterrichtet. Er hätte doch berechnen können, wo ihn die Watschn trifft und wie sie sich auswirkt."

Die Auswirkung für Fredl Fesl selbst war klar: Er würde keinen Schulabschluss machen, sondern stattdessen ein Handwerk erlernen. Er begann in einer Münchner Werkstatt eine Lehre als Kunstschmied, galt dort aufgrund seines Beginns mitten unter dem Lehrjahr als Quereinsteiger. Die zweieinhalb Jahre Lehrzeit hat er allerdings durchge-

Mit der Trompete verbuchte Fredl Fesl in jungen Jahren gute Erfolge und war Mitglied in verschiedenen Blaskapellen. Die Liebe zur Gitarre entdeckte er erst später bei der Bundeswehr.

zogen. Sein Ansporn: Er konnte nun endlich schöpferisch mit den Händen arbeiten, seine Kreativität fand Ausdruck im Gegenständlichen. Jeden Abend war das Ergebnis des Tages sichtbar und greifbar. Zuhause gab sich der Vater Mühe, aus seinem Sohn nebenbei noch einen Trompeter zu machen, denn als Musiker könne man immer Geld verdienen, befand er.

Während der Vater seinen Sohn zur Mitgliedschaft als Trompeter in unterschiedlichen Gruppierungen animierte, entfachte bald eine andere Freizeitbeschäftigung noch mehr Begeisterung. Im Eisenbahnersportverein München Ost

Im Eisenbahnersportverein München Ost entdeckte Fredl Fesl in jungen Jahren seine Leidenschaft für die Abteilung Ringen und Gewichtheben.
Er zeigte großen Ehrgeiz im Training und wurde nach und nach zum Besten in seiner Altersgruppe.

entdeckte der 15-Jährige die Abteilung Ringen und Gewichtheben für sich. Er zeigte großen Ehrgeiz im Training und wurde nach und nach zum Besten in seiner Altersgruppe. 1966 und 1967 holte er den Titel Oberbayerischer Juniorenmeister im Gewichtheben. Die Wettkämpfe führten ihn auf so manche Reise. Als Gewichtheber blitzte bereits sein Geschick durch, das Publikum zu unterhalten. So gab es ein Turnier, bei dem Fredl Fesl in der Disziplin des Reißens anfangs zu scheitern drohte. Doch anstatt aufzugeben oder weitere Versuche zu unternehmen, ein gewisses Gewicht zu stemmen, verblüffte Fesl Trainer, Richter und Zuschauer mit der Ansage, es stattdessen mit noch höherem Gewicht zu versuchen. Er machte das unmöglich Scheinende möglich und war von da ab der Publikumsliebling der Szene.

Doch auch die neugewonnene Freiheit war nicht von ewiger Dauer. Die Bundeswehr-Zeit nahte. Betrachtet man rückblickend, wie Fredl Fesl die Wehrpflicht beschreibt und einordnet, wird klar, warum ihm auch die Schule nicht sonderlich lag. Der „Barras" habe ihm eineinhalb Jahre Zeit gestohlen, befindet Fredl Fesl: „Ich habe Gehorsam immer als Beschneidung meiner Freiheit gesehen."

Jegliche Versuche, ausgemustert zu werden, misslangen. So musste Fredl Fesl am 1. Juli 1967 in Landsberg am Lech einrücken, nach drei Monaten Grundausbildung ging es nach Mittenwald zu den Gebirgsjägern. Seine Hoffnung, heimatnah eingesetzt zu werden, war schnell vergebens. Besonders schmerzlich machte das Heimweh die Sehnsucht nach seiner ersten großen Liebe. Die junge Hildegard hatte er bereits während der Lehrzeit auf dem Oktoberfest kennengelernt und sich immer wieder gerne mit ihr zu Spaziergängen getroffen.

In der Kaserne litt Fredl Fesl schließlich unter großer Eifersucht, stellte sich vor, seine Hildegard könnte einem anderen begegnen, während er auf Geheiß der Vorgesetzten den Spind aufräumte oder durch das Gestrüpp robbte. Das Gefühl machte ihm so sehr zu schaffen, dass er die Beziehung letztlich beendete. Nur so hatte er den Eindruck, wieder einigermaßen Freiheit zurückgewinnen zu können. Mit seinem Sinn für Humor und seinem Talent zur Unterhaltung eckte er bei den Vorgesetzten in der Kaserne freilich noch mehr an als in der Schule. Bereits in Landsberg brachte Fredl Fesl es fertig, aus der Masse hervorzustechen. Beim Anziehen stieß er sich eines Morgens den kleinen Finger am Spind und schaffte es tatsächlich, dass ihm eine Verstauchung attestiert wurde. Diese zelebrierte er leidenschaftlich. Als „Der mitm Finger" war er bald schon bekannt wie ein bunter Hund.

Die erste Begegnung mit der Gitarre

In der Kaserne war an den Abenden wenig Freizeitbetätigung geboten. Die Burschen verstanden es allerdings, sich selbst prächtig zu unterhalten. Auf der Bude wurde getrunken, gesungen – und dazu Gitarre gespielt. Fredl Fesl entdeckte bereits aus der Beobachterposition eine erste Faszination für das Instrument mit den Saiten. Denn wer Gitarre spielt, kann dazu singen, wer hingegen die Trompete bläst, hat keine Stimme. Als die fröhliche Truppe sich eines Abends wiedermal in Sangeslaune wähnte, wurde der Kamerad mit der Gitarre von Fredl Fesl unterbrochen. „Du spielst falsch. Du wechselst die Harmonien nicht an der richtigen Stelle." Den Gitarristen machte die Kritik stutzig, kam sie doch von einem, der das Instrument selber noch nicht einmal beherrschte. Allerdings ließ er sich gerne eines Besseren belehren und machte mit dem Kritiker ein Geschäft. Der Kamerad lehrte Fredl Fesl die Griffe, die er auf der Gitarre beherrschte. Von da ab übernahm Fredl Fesl das Begleiten und wechselte mit unverkennbarer Sicherheit die Harmonien.

Dabei war es weniger die strenge musikalische Früherziehung durch den Vater, sondern schlichtweg Fesls Talent in Verbindung mit einer seltenen Gabe, die ihn hierfür prädestinierte: Dass sich seine Fähigkeit das absolute Gehör nennt, war ihm lange Zeit gar nicht bewusst. Auch heute noch relativiert der Musiker diese Fähigkeit lieber, als sie als etwas Besonderes sehen zu wollen. „Was hilft's einem?", fragt Fredl Fesl rhetorisch. Manchmal bringe ihm sein absolutes Gehör Schmerzen. Jeden schiefen Ton, und sei er noch so unauffällig, hört er aus jeglicher Art von Musik sofort und gnadenlos heraus.

Die Liebe zur Gitarre war dennoch von der Bundeswehrzeit an entfacht. So scheint es nicht weiter verwunderlich, dass Fredl Fesl sein Entlassungsgeld just in eben solch ein Instrument investieren wollte. Nach 18 Monaten Militärdienst war der Tag der Freiheit ein kostbares Geschenk. 112 Mark hatte Fredl Fesl in der Tasche, als er frei von aller Pflicht zurück in München aus dem Auto eines Kameraden stieg. Rat in Sachen Gitarre versprach er sich von einem alten Bekannten, dem Arthur Loibl. Der war zu diesem Zeitpunkt bereits ein Begriff in der Kleinkunstszene. Er machte Musik in den einschlägigen Kneipen, sang und begleitete sich dazu selbst mit der Gitarre. Er riet seinem Freund Fredl zu einer Suzuki Nr. 31, einem japanischen Modell. Die Instrumente seien erschwinglich und dabei von guter Qualität.

Fredl Fesl fuhr zum Kaufhaus Hertie am Hauptbahnhof, entdeckte das gewünschte Modell und sah, dass der Preis mit seinem Budget nach zweitägigem Feiern mit Arthur nicht mehr ganz kompatibel war. Man könnte es Schlitzohrigkeit nennen – oder schlichtweg Verhandlungsgeschick. Kaum hatte Fredl Fesl ganz zufällig mit seinem Schlüsselbund das Holz berührt, schon hatte die Gitarre einen Kratzer. Dass er für ein Instrument mit Makel nicht mehr 81 Mark bezahlen, sondern stattdessen eine Preisreduktion bekommen müsste, leuchtete sogar dem Verkäufer ein. Auch dass Fredl Fesl statt der zerkratzten keine der restlichen, unversehrten Gitarren nehmen konnte: „Ich habe genau diese mehrfach ausprobiert und die anderen spielen sich nicht so gut." Fredl Fesl bekam die Gitarre letztlich für 40 D-Mark.

Es war der Beginn seiner Karriere als Münchner Gitarrist. Gemeinsam mit Arthur Loibl und anderen befreundeten Musikern tat sich alsbald immer wieder ein anderes Engagement in Kneipen und Biergärten auf. Meist endeten die Abende feucht-fröhlich, denn das Publikum entlohnte die Künstler gerne mit einem Bier. Damit kann man sich zwar einige Abende um die Ohren schlagen, leben kann man davon aber nicht. Abermals war es der Rat von Arthur Loibl, der Fredl Fesl schließlich zu einer Arbeit verhalf. Er heuerte bei den Bavaria Filmstudios im Geiselgasteig an. War er anfangs Helfer, avancierte Fredl Fesl bald in die Truppe der Spezialeffektler. Sein Geschick, mit Fantasie und Kreativität Außergewöhnliches zu realisieren, in Verbindung mit den handwerklichen Kenntnissen der Schmiedeausbildung, half. Dazu war er in guter körperlicher Verfassung, seine Leistungen im Gewichtheben waren noch nicht vergessen. Obgleich ihm die Tätigkeit jede Menge Freude machte, sollte es keine Arbeit für die Ewigkeit werden. Als Fredl Fesl mit seinem Vorgesetzten in Zwist geriet, weil wegen des hohen Arbeitsaufkommens sein Urlaubsantrag nicht durchging, kündigte Fesl: „Ich muss mir den Urlaub nehmen, wenn ich ihn brauche, nicht wenn es der Firma passt." So begründet er das heute noch. Einen konkreten Alternativplan hatte er damals kaum. „Ich wusste immer ganz genau, was ich nicht wollte – und das hat mich automatisch auf den richtigen Weg geführt."

Zukunfts- oder Existenzängste waren Fredl Fesl fremd. Das lag auch daran, dass es in München zu jener Zeit an Arbeit schlichtweg nicht mangelte. Wollte man etwas tun, fand sich auch eine Option. Da brauchte man beispielsweise nur morgens an der Münchner Großmarkthalle aufzutauchen und zu fragen, ob es etwas zu tun gäbe. Fredl Fesl hatte überdies noch andere Möglichkeiten. Bei der Bundeswehr hatte er den Lkw-Führerschein gemacht, was ihn nun dazu befähigte, sich eine Weile als Bierfahrer seinen Unterhalt zu verdienen. Den Eintritt in seine Lieblingskneipen brauchte Fredl Fesl ohnehin nicht zu bezahlen. Nachdem er die Profis beobachtet hatte, ging er nie mehr ohne seine Gitarre in die Kneipen. Den Einlass passierte er stets mit den gleichen Worten. Er sei Musiker, daher die Gitarre. Ob er heute Abend spielen müsse, werde sich zeigen. Dann genoss Fesl entspannte Abende im Publikum, während andere auf der Bühne standen. Bis der Tag kam, an dem er wirklich spielen musste.

„Mach irgendwas, Hauptsache, es dauert möglichst lange."

Es war ein Abend, wie er ihn schon unzählige Male erlebt hatte. Fredl Fesl marschierte mit der Gitarre ins „Pan", wie die Kneipe „Song Parnass" in Kennerkreisen kurz genannt wurde. Das „Song Parnass" im Stadtteil Haidhausen war eine der ersten Kleinkunstbühnen Münchens und zählte zu Fredl Fesls liebsten Verweilorten. Mit seiner Gitarre kam er nicht nur kostenlos ins Lokal, sondern steuerte in der Regel auch direkt den Aufenthaltsraum der Musiker an. Auf dem Weg dorthin fragte er stets der Form halber beim Bühnenverantwortlichen Klaus Waschke nach, ob er an diesem Abend spielen müsse. Für einen Moment zweifelte Fredl Fesl an seinem Gehör, als Waschke tatsächlich eines Abends geradeheraus „Ja, heid scho!" antwortete. Das Lokal war voll, erwartungsvolle Zuschauer saßen dicht an dicht gedrängt bei Bier und Zigaretten und freuten sich auf die Musikgruppe. Die war allerdings zu diesem Zeitpunkt nicht in München, sondern hing aufgrund eines Motorschadens in Landsberg fest. „Mach irgendwas, Hauptsache, es dauert möglichst lange."

Fredl Fesl nahm sich die Anweisung von Klaus Waschke so gut es ging zu Herzen. Er ahnte in dieser Stunde noch nicht, dass er das, was er nun machte, in den kommenden Jahren perfektionieren und zur Erfolgsgeschichte ausbauen würde. Er ließ sich eine Maß Bier einschenken und bahnte sich damit einen Weg zur Bühne. In der einen Hand die Gitarre, in der anderen das Bier. Dann versetzte er das Publikum umgehend in Staunen. Ehe die Gitarre zum Einsatz kam, stellte sich Fredl Fesl vor und erklärte den

Umstand, der ihn auf die Bühne führte. Außerdem begann er mit einer ausführlichen Ankündigung dessen, was er nun zu Gehör bringen würde: „Ein paar niederbayerische Lieder aus meiner niederbayerischen Heimat Niederbayern." Fredl Fesl plauderte bei solchen Ankündigungen damals wie noch viele Jahre später in scheinbar komplett belanglosem Ton drauf los. Das Publikum war begeistert. Welch ein Glück, dass sich Klaus Waschke mit offensichtlich feinem Spürsinn weitere Auftritte von Fredl Fesl sicherte.

Das war kurz bevor Fredl Fesl die Kündigung bei den Bavaria Filmstudios einreichte. Beflügelt von seinem neuen Erfolg als Musiker, übte er weitere Lieder ein und gab sie stets mit heiteren Vorreden im „Song Parnass" zum Besten. Schnell erreichte sein Name dort Bekanntheit. Als die Kultkneipe wegen eines Brandes geschlossen wurde, wichen die Musiker auf ein anderes Lokal aus. Im alten Hackerhaus etablierten sie eine bald schon ebenso angesagte Ersatzbühne mit dem Namen „Musikalisches Unterholz", kurz „MUH". Es war eine eingeschworene Szene von Musikern, fast familiär. Die Bühnen glichen Kaderschmieden. Man konnte dort auch entdeckt werden. Schon bald bekam Fredl Fesl die ersten Anfragen von Fernseh- und Radiosendern sowie von Plattenfirmen. Zu diesem Zeitpunkt betrieb Fredl Fesl nebenher noch eine kleine Kunstschmiede in Freising, schon bald hängte er an die Ateliertür aber einen Zettel mit der Aufschrift „Wegen Reichtum geschlossen".

Seine musikalische Karriere verfolgte Fredl Fesl von Anfang an mit viel Leidenschaft, aber ohne Verbissenheit. Ausgestattet mit gesundem Selbstbewusstsein schlug er manch verlockendes Angebot aus, wenn es sich bei näherem Hinsehen als etwas entpuppte, das ihm widerstrebte. Waren die Bedingungen nicht nach seinen Vorstellungen, lehnte er ab. Meist insgeheim beruhigt von der Überzeugung: „Wenn die eine gscheide Sendung machen wollen, kommen sie an mir ohnehin nicht vorbei." So berichtet er es zumindest im Nachhinein.

1975 bekam Fredl Fesl das Angebot, eine LP aufzunehmen. Es stammte von der amerikanischen Plattenfirma CBS, die ihren Sitz in Frankfurt hatte und darüber hinaus mehrere Zweigstellen in Deutschland, auch in München, betrieb. Als die Firma auf ihn zukam, reagierte Fredl Fesl im ersten Moment zurückhaltend. Als er den Vertragsentwurf gelesen hatte, sagte er ab. Die Vorgaben schmeckten ihm ganz und gar nicht. Es dauerte nur wenige Tage, bis die Plattenfirma ihn wieder anschrieb – mit der Bitte, er möge doch den Vertrag ganz nach seinen Bedingungen formulieren. Fesls Treue sich selbst gegenüber zahlte sich aus. Just zu dieser Zeit ging er auch auf eine erste Tournee mit seinen Liedern, 30 Städte besuchte er in zwei Monaten. Die Aufnahme zu seiner Platte „Fredl Fesl" entstand bei Mitschnitten im Münchner Theater Fraunhofer im Herbst 1975 und kam im Frühjahr 1976 auf den Markt.

Zwischendurch steigerte er seinen Bekanntheitsgrad noch durch eine Episode als Artist. Mit dem Zirkus Atlas zog Fredl Fesl zwei Monate durch die Gegend. Seine Erfahrung als Gewichtheber kam ihm hier zugute. Gemeinsam mit einem Profi-Artisten namens Joschi studierte er eine Nummer ein. Fredl Fesl war dabei der „Untermann", der den kunstvoll turnenden Joschi in die Höhe stemmte. Ursprünglich war eigentlich nur vorgesehen, dass Fredl Fesl das Zelt in den vorstellungsfreien Zeiten für Konzerte mieten würde. Schon bald aber hatte er sich in die Zirkusfamilie eingebracht und beschlossen, dem damals bröckelnden Unternehmen mit neuem Schwung aus der Krise zu helfen. Eine Reminiszenz an seine artistische Ader zeigte Fredl Fesl noch Jahrzehnte später auf seinen Tourneen: Er beendete die Auftritte traditionell mit einem Handstand auf dem Stuhl.

In den Anfangsjahren seiner Karriere steigerte Fredl Fesl seinen Bekanntheitsgrad noch durch eine Episode als Artist. Mit dem Zirkus Atlas zog er zwei Monate durch die Gegend. Gemeinsam mit einem Profi-Artisten studierte er eine Nummer ein.

Einen Manager zu finden, der seine Belange in seinem Sinne führen würde, hielt Fredl Fesl anfangs für ganz und gar unmöglich und übernahm diese Aufgabe daher selbst. Erst Jahre später begegnete ihm Bernd Seelos, zweifelsohne ein Seelenverwandter und bis zu seinem Tod ein guter Freund von Fredl Fesl.

„Ich kann mehr als nur falsch jodeln"

Fesls Repertoire wuchs über die Jahre schnell, zu den niederbayerischen Liedern aus seiner niederbayerischen Heimat Niederbayern kamen Lieder aus seiner eigenen Feder. Das Fußball-Lied, das 1974 zur Fußball-Weltmeisterschaft entstand, wird offiziell gerne als ein Initialerlebnis seiner Liedermacher-Karriere angeführt. Natürlich gibt es dazu auch eine Geschichte. Der Fernsehsender WDR wollte die WM damals im Kleinen mit Schülermannschaften nachspielen. Was würde da besser passen als ein Fußball-Lied zur Auflockerung… Der Sender rief vormittags bei Fredl Fesl an und brachte sein Anliegen vor. Es war einigermaßen dringend, denn die Verantwortlichen stellten sich vor, dass das Lied schon nachmittags fertig sein würde. Als der Sender wenige Stunden später erneut in der Leitung war, gab Fredl Fesl das Lied bereits zum Besten: „44 Fußballbeine rasen hin und rasen her, denn das Spielfeld ist begrenzt und das macht's besonders schwer…"

Als wohl berühmtester Titel Fesls dürfte der „Königsjodler" gelten, der 1976 entstand. Wie bei wohl allen Künstlern, die solch einen Erfolg landen, war er Segen und zugleich auch ein wenig Fluch. Sorgte das Lied bei Fesl-Fans für grandiose Lacher, sahen es konservative Volksmusikgrößen anfangs als Nestbeschmutzung. Das markante Lied hatte es insbesondere den Fernsehleuten angetan, eine Zeit lang wurde bei sämtlichen Auftritten immer und immer wieder nur der „Königsjodler" verlangt. Fredl Fesl legte aber Wert darauf, nicht nur auf einen Titel reduziert zu werden. „Irgendwann fragen sich doch die Leut, ob der auch noch was anderes kann, als falsch zu jodeln." Er ließ sich nur noch auf Angebote ein, wenn er die Zusage erhielt, neben dem „Königsjodler" auch noch andere Lieder präsentieren zu dürfen.

Wenn er nicht gerade mit seiner Musik beschäftigt war, die mehr und mehr Zeit einnahm, war Fredl Fesl zwischen München und dem sonnigen Süden unterwegs. Er genoss das Dasein zwischen Gelegenheitsjobs, launigen Bühnenabenden, Trainingseinheiten im Eisenbahner-Sportverein und Reisen. Bevorzugt hat es Fredl Fesl schon immer Richtung Kanaren gezogen, gerne begleitet von seinen Freunden. Vor Ort hat er es nie gescheut, mit den Einheimischen in Kontakt zu treten. Dabei wurde oftmals auch gemeinsam musiziert.

Das Privatleben – manches davon schmerzt noch heute

Die Frage, was ihn in all den Jahren privat beschäftigt hat, bleibt natürlich nicht aus. Das ist ein Themenbereich, über den Fredl Fesl auch heute im fortgeschrittenen Alter nicht ganz offen sprechen will. Es gibt Dinge, die ihn belasten, Vergangenes, das nicht endgültig geklärt und aus der Welt geräumt worden ist. Es ist bekannt, dass Fredl Fesl Vater von zwei Töchtern ist. 1979 wurde Daniela geboren, 1984 kam Stefanie zur Welt. Seinen Lebensmittelpunkt hatte

Fredl Fesl damals bereits aus der Landeshauptstadt hinaus nach Oberornau bei Haag verlegt. Dort hatte er eine Gaststätte mit Wohnhaus und Nebengebäude gekauft. Einmal monatlich veranstaltete er Kleinkunstabende. Das „Fensterbrettl" wurde bald eine Schaubühne für etablierte Künstler und den Nachwuchs gleichermaßen.

Liiert war Fredl Fesl zu dieser Zeit mit Karin, der Mutter seiner Töchter. Die Beziehung ist allerdings zerbrochen. Über die Hintergründe hat Fredl Fesl bewusst nie etwas in die Öffentlichkeit getragen: „Die Yellow Press wäre gleich hinter mir her gewesen, wenn man das entsprechende Futter geliefert hätte." Der Kontakt zu seinen Töchtern besteht, allerdings mit wechselnder Intensität. Man spürt, es ist nicht ganz so, wie er sich das wünschen würde. Die Kleinen heranwachsen zu sehen, sei eine sehr glückliche Zeit gewesen, lässt er wissen und es klingt ein wenig nach Wehmut.

Seit 2005 ist Fredl Fesl nun mit seiner neun Jahre jüngeren Frau Monika verheiratet. Ob das Kennenlernen der beiden ausschlaggebend für das Ende der Beziehung zu Karin war, ist im Nachhinein schwer zu beurteilen. Allerdings sind sich die beiden zu einem Zeitpunkt über den Weg gelaufen, als Fredl Fesl noch als Familienvater und Partner gebunden war. Es war Mitte der 80er Jahre, als sie sich während eines Urlaubs auf La Gomera begegneten. Fredl Fesl war mit einer Gruppe von Freunden unterwegs, sie allein. Die deutschen Urlauber kamen zufällig ins Gespräch und ein weiterer Zufall führte dazu, dass Monika – damals hieß sie Fritzsche mit Nachnamen – sich sofort zu Fredl Fesl hingezogen fühlte: „Wir haben beim Plaudern eine Gemeinsamkeit entdeckt: Fredls Eltern haben zu der Zeit

Fredl Fesl mit seiner Frau Monika: 2005 haben die beiden in Thurmansbang geheiratet. (Foto: Dionys Asenkerschbaumer)

in Thurmansbang gelebt und meine Eltern waren ebenfalls dabei, sich in der Gegend anzusiedeln", erinnert sich Monika Fesl heute. „Das war kurios. Dass jemand den Ort Thurmansbang kannte, war in München so gut wie unmöglich. Und dann treffe ich ausgerechnet auf La Gomera jemanden, dem das was sagt." Ein weiterer Zufall: Monika Fritzsche war Münchnerin.

Es sollte nicht lange dauern, bis Fredl Fesl sie nach der Rückkehr aus dem Urlaub zuhause kontaktieren würde. Die beiden gingen gemeinsam essen. Daraus wurde bald mehr. Eine endgültige, offizielle Trennung von seiner Familie wollte Fredl Fesl zu diesem Zeitpunkt allerdings nicht ins Auge fassen. Seine Kinder waren noch Mädchen. Sie im Stich zu lassen, konnte er sich schwer vorstellen.

Dabei war die Verbindung zu Monika nicht unbedingt ein Geheimnis. Die Informatikerin begleitete ihn schon bald zu seinen Auftritten, unterstützte ihn dort, wo es ging. Den Menschen in Fesls künstlerischem Umfeld war sie wohlbekannt. „Die meisten haben gewusst, dass es da die Frau mit den Kindern auf dem Land gibt und die Frau aus der Stadt, die mit zu den Auftritten kommt", erinnert sich Monika Fesl heute. Ob sie das Doppelleben ihres Auserwählten nicht gestört hat? Monika Fesl wiegt den Kopf hin und her. Einfach war es wohl nicht. „Fredl hat mir aber eigentlich immer das Gefühl gegeben, schon die wichtige Frau für ihn zu sein."

Dass die endgültige Trennung kein schönes Ereignis war und kaum harmonisch über die Bühne gehen konnte, ist verständlich. Auch dass Fredl Fesl heute darüber nicht viel erzählen mag. Er möchte keine Privatheiten ans Licht zerren, die Außenstehende ohne die nötigen Hintergründe ohnehin nur schwer verstehen könnten. Zum Verhältnis zu seinen Töchtern merkt Monika Fesl für ihren Mann an: „So wie ich Fredl kenne, ist er mit der Absicht angetreten, der allerbeste Vater der Welt sein zu wollen. So etwas kann natürlich nicht immer klappen."

An ihrem Mann schätzt sie die stete Fähigkeit, in brenzligen Situationen Gelassenheit und Humor zu bewahren. Sie erinnert sich an einen Rückflug nach einem gemeinsamen Teneriffaurlaub, als die beiden bereits ein Paar waren. Es war an einem hochwinterlichen Tag, am Flughafen in München herrschte Schneechaos. Das Flugzeug kreiste über der vereisten Landebahn und wartete vergeblich auf eine Landeerlaubnis. Der Sprit drohte auszugehen. Außertourlich musste die Maschine nach Köln-Bonn fliegen, um

Multiinstrumental: Zuhause auf seinem Hof hat Fredl Fesl gerne experimentiert. Hier kombinierte er Blas- mit Tasteninstrument.

dort aufzutanken. „Wir waren alle fix und fertig", erinnert sich Monika Fesl heute mit einem Lachen: „Nur der Fredl saß munter und entspannt im Flugzeug und hat genüsslich Gedichte über Flugzeugabstürze rezitiert." „Es war ja schließlich nicht mein Flugzeug", begründet er seine damals entspannte Haltung. Als die beiden dann nach rund acht Stunden in der Luft endlich am Münchner Flughafen in ein Taxi stiegen, war Monika und Fredl immer noch keine Ruhe vergönnt. Der Taxifahrer war sofort begeistert von dem prominenten Fahrgast, der seiner Zunft mit dem berühmten Taxifahrer-Lied ein Denkmal gesetzt hatte.

„Er hat uns gleich erzählt, dass ihn das Lied anfangs furchtbar gewurmt hat. Später war er davon so begeistert, dass er sofort seine Kollegen über Funk informiert hat, wenn es gespielt wurde."

Bei allem Humor weiß Monika Fesl aber auch die andere Seite ihres Mannes zu schätzen. Dass es ihm bei all seinem künstlerischen Tun niemals nur um Klamauk, Gaudi oder Rampenlicht ging, sondern dahinter immer der Drang steckte, sich künstlerisch auszuleben. Dazu gehört nicht nur die Musik, sondern auch alles andere, was er so erfindet, bastelt und selbst umsetzt. Als Monika zu ihrem Fredl gezogen ist, hat er bereits den Alleinlagehof in Häuslaign bei Pleiskirchen im Landkreis Altötting bewohnt. Es hat sie einigermaßen Überwindung gekostet, diesen besonderen Wohnort nach 45 Jahren im Zentrum von München anzunehmen. Heute möchte sie Häuslaign nicht mehr missen. Ein Muss war, dass ihre Eulensammlung „mitfliegen" durfte. Monika Fesl besitzt die Tiere in diversen Größen, Farben und Materialien. Mit der Zeit ist eine „Unterkategorie" in der Sammlung mit Fredl-Fesl-Eulen entstanden, die der kreativen Ader ihres Mannes entwachsen sind. Auch wenn er sie anfangs ein klein wenig hat zappeln lassen, bis er die über 1000 Sammelstücke akzeptierte. Eines Tages überreichte er ihr dann ein kleines Päckchen. Endlich, die erste Eule – dachte Monika. Und packte ein kleines Nilpferd aus. Typischer Fesl-Humor.

Seine Frau kennt aber auch die tiefgründigen Seiten, die Momente, in denen sich ihr Mann im Tunnel befindet. Wenn alles dunkel ist und das nächste Fenster mit Lichteinfall nicht greifbar scheint.

Zwei Jahre Fragen
und dann eine erschütternde Antwort

Am 29. Juli 1997 erfuhr Fredl Fesl eine Wahrheit, die von da ab sein Leben verändern, irgendwann sogar bestimmen würde. Die Diagnose war letztlich eine Antwort, die endlich Gewissheit brachte. Die Fragen hatten schon lange vorher begonnen.

Üblicherweise nutzte Fredl Fesl die Zeit vor Konzerten hinter der Bühne, um sich und sein Instrument ein klein wenig warmzuspielen. Bei einem Auftritt im Herbst 1995 passierte ihm dabei etwas Merkwürdiges. Seine Finger versagten ihm den Dienst. Fredl Fesl schüttelte den Arm, startete einen zweiten Versuch. Wieder gehorchten ihm die Finger nicht so recht. Das Erlebnis war der Auftakt zu einer zwei Jahre andauernden Odyssee. Fredl Fesl suchte einen Hausarzt auf, der keine erhellende Auskunft parat hatte. Stattdessen wurden seine Ausfallerscheinungen mit einer Menge von Mutmaßungen kommentiert. Dies sollte sich bei weiteren Arztbesuchen wiederholen. Häufig wurde der Verdacht geäußert, es könne sich nur um eine psychosomatische Erkrankung handeln. „Vielleicht möchten Sie eigentlich gar nicht Musik machen?", wurde Fredl Fesl des Öfteren gefragt. Auf eine Vielzahl von Erklärungsversuchen folgte eine Vielzahl von Behandlungsversuchen. Einmal sollte er mit der Gitarre den Korridor im Krankenhaus Großhadern entlangspazieren und während des Gehens spielen – um zu mehr Lockerheit zurückzufinden. Die Ärzte hatten den Verdacht eines „musician's cramp" geäußert, eine Muskelstörung, die bei Musikern in Verbindung mit ihrem Instrument auftritt.

Eines Tages sah Fredl Fesl zufällig im Fernsehen einen Beitrag über die Krankheit Morbus Parkinson in einem Gesundheitsmagazin. Die Geschichte war am Beispiel des Boxweltmeisters Muhammad Ali erzählt. Fredl Fesl saß vor dem Fernseher und verspürte die leise Ahnung, gerade hinter eine bittere Wahrheit zu kommen. „Ich habe sehr viele Parallelen zwischen seinen und meinen Symptomen entdeckt." Der damals 50-Jährige suchte daraufhin in München eine Spezialpraxis auf. Nach eingehenden Untersuchungen bestätigte ihm der Arzt geradeheraus seinen Verdacht: „Ja, Sie haben Parkinson."

Das war nicht die Auskunft, die sich Fredl Fesl gewünscht hatte. Aber es war eine Auskunft und damit endlich eine Antwort. Niemand, vor allem er selbst, würde ab diesem Zeitpunkt mehr unterstellen, Fredl Fesl könnte ein Hypochonder sein. Ein psychisch Ermüdeter, der eigentlich genug von seinem Dasein als Musiker hatte.

„Nachdem ich wusste, dass man ja eh nichts machen konnte, nahm ich mir vor, mein restliches Leben so zu leben wie bisher." Diese Reaktion auf seine Diagnose – Fredl Fesl widmet ihr in seiner Autobiografie nur wenige Seiten – lässt sich über 20 Jahre danach leicht niederschreiben. Natürlich war es ein Prozess, bis Fredl Fesl so denken konnte. Parkinson wird auch die Krankheit mit den 100 Gesichtern genannt – der Verlauf ist bei jedem Erkrankten ein anderer und daher kaum vorhersehbar.

„Niemand konnte damals voraussehen, welchen Krankheitsverlauf Fredl haben würde", blickt seine Frau heute zurück. „Es gibt Parkinson-Kranke, die innerhalb von zwei, drei Jahren zum Pflegefall werden. Wir hatten das Glück, dass Fredl lange Jahre dank seiner Medikamente noch auftreten konnte. Er hat rückblickend einen günstigen Verlauf. 2005 haben sie und Fredl in Thurmansbang, dem Wohnort der Eltern, standesamtlich geheiratet. Monika Fesl sollte bei Arztbesuchen und wichtigen Entscheidungen auskunftsberechtigt und weisungsbefugt sein.

Bis 2006 hat Fredl Fesl trotz Parkinson weiterhin seine Tourneen gemacht, die er schon seit jeher als Frühjahrs- und Herbst-Abschiedstourneen betitelt hat. Das Publikum wusste von seiner Erkrankung. In einer Talkshow sah Fredl Fesl den richtigen Moment, die Sache an die Öffentlichkeit zu bringen. Mitleid wollte er nie. Aber es war ihm wichtig, seine Fans zu informieren und damit Spekulationen endgültig ein Ende zu bereiten. Teilweise war sogar gemutmaßt worden, ob der berühmte Fesl nun ein Alkoholproblem habe.

Nach seiner Diagnose bekam Fredl Fesl endlich Hilfe, die Parkinson-Symptome zu lindern. Mit der richtigen Medikamentierung gelang es ihm lange Zeit, dem Körper einen Ausgleich für das lebenswichtige Dopamin zuzuführen. Bei Parkinson-Erkrankten sterben die Nervenzellen, die das Dopamin produzieren, das für sämtliche Bewegungsabläufe erforderlich ist. Fredl Fesl hatte bald Übung darin, auf Geheiß eines Weckers alle paar Stunden erneut eine Handvoll Tabletten zu nehmen. Vor Konzerten erhöhte er die Dosis akribisch, um punktgenau für den Auftritt zu funktionieren.

Das Tückische: Durch die medikamentöse Zuführung des Stoffes L-Dopa kommt es bei vielen Parkinsonpatienten zu einem sogenannten L-Dopa-Spätsyndrom. Dadurch entstehen Überbewegungen. Die Arme zucken, die Beine schlagen aus. Die Stimme wirkt verwaschen, lässt sich nicht mehr richtig kontrollieren. Fredl Fesl hat immer betont, er wolle so lange auf der Bühne stehen, wie es die Erkrankung zulasse: „Ich hoffe, ich merke es vor dem Publikum, wann ich aufhören muss", lautete sein Wahlspruch.

Bei einem Konzert in Moosinning im Jahr 2006 passierte ihm auf der Bühne das, was er immer vermeiden wollte. Ein L-Dopa-Schub raubte ihm plötzlich die Kontrolle über seine Finger und seine Stimme. Die Überbewegungen setzten ein. Fredl Fesl brach der Schweiß aus. Dass sich die Symptome mit steigender Aufregung nicht besserten, war ein natürlicher Teufelskreis. Das Konzert abzubrechen, fasste er dennoch nicht ins Auge. Er versuchte stattdessen, die Überbewegungen förmlich aus sich „herauszuspielen": „Ich wusste ja aus guter Erfahrung, dass es vorübergeht und nach einer gewissen Zeit aufhört. Das wollte ich so schnell wie möglich überbrücken." Die Reaktionen im Publikum waren gespalten und reichten von Entsetzen bis hin zu echtem Mitgefühl und Schockstarre. Für Monika Fesl hinter der Bühne war es das längste Konzert ihres Lebens. Sie erinnert sich noch genau daran, dass der Bürgermeister hinter den Kulissen aufgetaucht ist und es kaum fassen konnte: „Warum um alles in der Welt holen Sie Ihren Mann nicht von der Bühne?" Letzteres wäre für Monika Fesl allerdings keine Option gewesen: „Fredl wusste genau, was er tat. Er hat ja schließlich keine geistige Beeinträchtigung."

Nach dem Konzert gingen stapelweise Briefe bei den Fesls ein. Bestärkende Worte, aufmunternde Sätze von gerührten Fans. „Lieber einen kranken Fesl als gar keinen", hat einer geschrieben. Für Fredl Fesl war das Erlebte so gravierend, dass er umgehend beschloss, gar kein Konzert mehr spielen zu wollen. Seinem Freund Bernd Seelos gelang es mit viel Behutsamkeit, ihn vom Gegenteil zu überzeugen. Fredl Fesl vollendete die bereits gebuchten acht Termine. Noch zwei Konzerte waren darunter, bei denen sein Körper nicht so gehorchte, wie er es wollte: „Das hätte ich meinen Fans gerne erspart." Es war ein schönes Geschenk des Schicksals, dass sein letztes Konzert ein positives Erlebnis war. Fredl Fesl konnte es so spielen, dass er schlussendlich zufrieden mit sich von der Bühne ging. Es war tatsächlich seine Abschiedstournee.

In den Jahren darauf war er noch ab und an bei Einzelauftritten zu sehen. Das Bayerische Fernsehen sendet immer wieder ein Best-of. 2010 hat er den Karl-Valentin-Orden für sein Lebenswerk erhalten. Als Laudator fungierte sein guter Freund Gerhard Polt. Fredl Fesl hatte ungewöhnlich kurze Haare bei dem Termin. Kurz zuvor hatte er eine schwere Operation hinter sich gebracht. Ein Hirnschrittmacher war ihm eingesetzt worden, der zur Unterdrückung der Symptome beitragen sollte. Auf eine eigene Rede verzichtete Fredl Fesl.

Der Musiker steckte in den Folgejahren mehr und mehr Energie in seine kreativen Hobbys zuhause auf dem Hof. Seine Gitarre hat er eines Tages in die Einzelteile zerlegt. Anfangs hat er noch gelegentlich Keyboard gespielt, mittlerweile machen auch das seine Finger nicht mehr mit. 2013 hat er mit dem Verkauf der sogenannten Schunkelhilfe begonnen: „Eine Sache, die man ganz gewiss unbedingt gar nicht braucht", beschreibt er die gebogene Sitzunterlage aus Kunststoff, die man trägen Genossen im Bierzelt unter den Hintern schiebt. Links und rechts eingehakt bei schunkelbegeisterten Nachbarn, bringt man den Schunkelmuffel

In den zurückliegenden Jahren trifft Fredl Fesl andere Künstler am liebsten in Ruhe bei sich zuhause: Hier tauscht er sich mit der „Monaco Bagage" aus, die einige seiner Lieder neu interpretiert hat.

dann ganz unwillkürlich zum Mitschunkeln. Fredl Fesl hat sogar ein Patent auf das Gerät. 2016 hat er schließlich seine Autobiographie herausgebracht. In einer Fernsehsendung sagt er dazu, dass er nun im Alter das Bedürfnis habe, den Menschen zu zeigen, dass er früher mal ein ganz großer Starker war. In dem Buch beschreibt er neben einer Reihe von Kindheitserlebnissen und seinem Werdegang auch sehr ausführlich die Zeit bei der Bundeswehr und die Erlebnisse auf Reisen. Seiner Krankheit widmet er wenige Kapitel, seine familiären Verhältnisse möchte er bewusst nicht vertiefen. Auch eine ganze Reihe anderer Musiker und Kabarettisten, die er gut findet, nennt er.

Mittlerweile verfolgt er deren Aktivitäten am liebsten im Fernsehen. Manchmal denkt er dabei ein bisschen wehmütig zurück an seine eigene Sendung, die er Mitte der 70er Jahre hatte: „Fredl Fesl und seine Gäste". Damals gab es nur die öffentlich-rechtlichen Sender im Fernsehen, im Studio durften die Besucher sogar noch rauchen. „Das waren Zeiten." Heute kommen befreundete Künstler in der Regel nach Häuslaign, wenn sie Fredl sehen möchten. Liedermacherin Martina Schwarzmann ist regelmäßiger Gast. Die Formation „Monaco Bagage", die erfolgreich Fesls Lieder neu interpretiert hat, gehört ebenso zu seinen engen Kontakten in der Künstlerszene.

Das alles funktioniert nur, wenn es ihm den Umständen entsprechend gut geht. Seit seine Krankheitssymptome sich verstärkt haben, braucht er mehr Hilfe als früher. Noch fällt es ihm schwer, diese anzunehmen. Seine Frau schimpft ihn manchmal deswegen, aber nur ein kleines bisschen. Sie kennt den Fredlschen Sturkopf, den sie letztlich so schätzt. „Ich möchte, dass andere durch meine Krankheit so wenig Einschränkung haben, wie es nur geht", sagt er selbst. Sollten ihm eines Tages die Gesichtszüge einfrieren, so hofft er, dass es mit einem sanften Lächeln geschieht, hat er noch vor Jahren immer wieder betont.

Man verlässt Fredl Fesl mit dem Gefühl, ihm unbedingt das Allerbeste wünschen zu wollen. Wie das aussieht, ist in so einer Situation nur schwer zu sagen. Vielleicht so, wie er selbst vor vielen Jahren einmal die ideale Weltsicht beschrieben hat. Gefragt, welches Tier er gerne wäre, hat Fredl Fesl damals erläutert: „Ich möchte ein Frosch sein, der einen Vogel hat. Wenn man den Frosch fragt, was für ihn der Himmel ist, wird der Frosch von seiner Perspektive tief unten im Brunnen sagen: Der Himmel ist etwas Helles, das dort oben durch die Abdeckung ein wenig Licht ins Dunkle bringt. Und der Vogel wird auf dieselbe Frage antworten: Der Himmel ist die unendliche Weite. Bis zum Horizont und immer weiter. Und beide haben recht – obwohl ihre Sichtweisen so unterschiedlich sind." Dieses Lebensgefühl wünscht man ihm von Herzen: den Hoffnungsschimmer im Dunkeln, gepaart mit der unendlichen Weite der Freiheit.

Über Mauern

Wie Matthias Lisse
der Weg aus der DDR
in die Freiheit
gelang

Matthias Lisse: Er ist aus dem Osten geflohen und hat sich mit seiner Familie ein neues Leben im Westen aufgebaut. Bis dahin waren viele Hürden zu überwinden. Die Mauer war nur eine davon.
(Foto: Hintermann)

Matthias Lisse würde seine Tochter in diesem Moment am liebsten für immer festhalten. Marietta schlingt die Arme um seinen Hals. „Wann kommst du wieder, Papa?" Ihre Stimme klingt misstrauisch, als sie ihm die Worte ins Ohr flüstert. Matthias Lisse hat das Gefühl, dieses kleine Mädchen versteht genau, was hier passiert. Seine Tochter ist erst drei Jahre alt. Drei Jahre. Kann das wirklich sein Ernst sein? Dieses hilflose kleine Wesen zurückzulassen? Ist sein Vorhaben unendlich mutig oder einfach nur maßlos egoistisch? Matthias Lisse weint. Er kann die Tränen nicht zurückhalten. Es ist seine Frau Inga, die ihn – wie schon so oft – noch einmal bestärkt, das zu tun, was sie ihm selbst geraten hat. „Wenn du irgendeine Möglichkeit siehst, drüben zu bleiben, dann komm nicht zurück. Hier gehst du kaputt." Sie flüstert. Aus dem Augenwinkel heraus sucht sie die Umgebung ab – werden sie womöglich schon beobachtet? Matthias und Inga Lisse stehen eng umschlungen am Leipziger Hauptbahnhof, Töchterchen Marietta zwischen sich. Es ist der 21. April 1988. Der letzte Moment als Familie. Matthias Lisse stellt alles infrage. Ein Zug wird ihn in die Freiheit bringen. Der Preis: Er muss die wichtigsten Menschen in seinem Leben zurücklassen. Ob der Traum von der Familienzusammenführung in Westdeutschland jemals Wirklichkeit wird, weiß niemand.

Drei Jahrzehnte später an einem anderen Ort. Im Bayerischen Wald nahe Saldenburg liegt ein kleines Paradies. Inmitten von Wiesen und Waldstücken taucht ein Anwesen auf: das Landgut Lisse. Ein Bauernhof mit Stallungen inmitten von Pferdeweiden. Aus der Haustür tritt Matthias Lisse. Ein Mann Anfang 60 mit kräftiger Statur und Brille.

Er führt gerne über seinen Hof, vorbei an Pferdeboxen und Ferienwohnungen. Im Winter kommen in der Regel weniger Gäste, ab der warmen Jahreszeit herrscht stattdessen Vollbetrieb. Matthias Lisse ist stolz auf das, was er und seine Familie hier geschaffen haben. Quasi aus dem Nichts. 2005 haben er und Inga bei einem Ausritt den alten Vierseithof entdeckt und beschlossen, dass das der beste Ort für ein Zuhause und eine ideale Wirkungsstätte für ihren Lebenstraum sein würde. Das Gut stand zum Verkauf, entsprach aber baulich nicht dem, was die Lisses sich erträumten: Ein Ferienhof in Kombination mit einem Reitsportzentrum. Einige Banktermine später beauftragte Matthias Lisse bereits die ersten Handwerker. Der Umbau ging in Rekordzeit vonstatten. Danach kamen Schlag auf Schlag die Gäste. „Ein Risiko war das natürlich, aber letztlich sind alle Neuanfänge mit einem Risiko behaftet." Es ist Matthias Lisse anzumerken, dass ihn so leicht nichts erschreckt. Dafür hat er zu viel erlebt.

Beim Neuanfang in Saldenburg hat eine Tatsache überdies entscheidend zu seiner Zuversicht beigetragen: Er war nicht allein. Die Familie war vereint und ist es bis heute geblieben. Mittlerweile haben Matthias und Inga Lisse sogar ein Enkelkind. Daran war vor 30 Jahren nicht zu denken. Es ging ums Überleben. Als Matthias Lisse den Weg aus der DDR in die Freiheit antrat, war alles möglich: Nicht nur in positiver Hinsicht. Eine Republikflucht, wie seine Reise in den Westen ohne Rückkehr im DDR-Jargon genannt wurde, wäre in jedem Fall mit einer mehrjährigen Gefängnisstrafe geahndet worden. Hätte er seine Familie dann jemals wiedergesehen? Darüber kann Matthias Lisse nur spekulieren. Das Schicksal hat es gut gemeint. Vielleicht war es eine Entschädigung für ein Leben, das mit Freiheit nichts zu tun hatte.

Der Geruch des Westens

Matthias Lisse wird am 4. Mai 1957 in Leipzig geboren. Am 13. August 1961 beginnt der Bau der Berliner Mauer. Die SED nennt es einen antifaschistischen Schutzwall. Schutz der Bürger vor dem Einfluss des kapitalistischen Westens. Nein, an diesen Tag hat Matthias Lisse im Grunde keine Erinnerung mehr. Trotz der Tragweite der Geschehnisse. Immerhin war er ein Vierjähriger und an diese frühe Kindheit erinnern sich die meisten Menschen nur schemenhaft. Meist hat man Gefühle im Kopf, weniger Ereignisse, wenn man so weit zurückblickt. Bei Matthias Lisse ist es ein Gefühl der Angst. Panische Angst, die Hand der Mutter in der Masse der Menschen zu verlieren.

Als Matthias vier Jahre alt ist, versuchen seine Eltern Werner und Christa Lisse, dem Gefängnis zu entfliehen, das um sie herum erwächst. Eigentlich ist die Familie in Leipzig zuhause. Dort haben sich die Eltern in sehr jungen Jahren in der katholischen Kirchengemeinde kennengelernt. Nur ein Jahr später wurde bereits Matthias geboren. Für das junge Paar war damit der gemeinsame Weg besiegelt. Beide Elternteile hatten eine ähnliche Familiengeschichte. Die Großeltern waren in den Kriegswirren nach Leipzig verschlagen worden und hatten ihre Wurzeln in Schlesien. Teile der Verwandtschaft lebten damals in den 60er Jahren bereits im Westen. Die Schwester der Mutter war in Kassel und der Bruder des Vaters in Hannover wohnhaft. Das war auch das ausersehene Ziel der Lisses.

Die Bestrebungen der Sowjetunion für den ersten sozialistischen Arbeiter- und Bauernstaat auf deutschem Boden er-

Matthias Lisse mit seinen Eltern Christa und Werner kurz vor dem 13. August 1961: Kurz nach dem Mauerbau wollten die Eltern mit ihrem vierjährigen Sohn in den Westen fliehen, hatten aber keine Chance.

füllten sie von Anfang an mit Misstrauen. Waren nicht die Erzählungen des Bruders aus Hannover viel verlockender? Während es in Leipzig an allem mangelte, was der jungen Familie das Leben erleichtert hätte, schwärmte die Verwandtschaft im Westen von all dem im Überfluss. Dort gab es Arbeit und in den Schaufenstern lag alles, wovon man im Osten nur träumen konnte. Ein Neuanfang dort, wo die Verwandten lebten und das Glück machbar schien, war verlockend.

Davon ahnte der vierjährige Matthias nichts, als er am 15. August 1961 mit seinen Eltern am Berliner Ostbahnhof stand. Die junge Familie war gerade zurückgekommen von einem Urlaub, den sie ganz konform in einer staatlich zugewiesenen Ferienwohnung in der Nähe eines Sees nördlich von Berlin zugebracht hatte. Der Plan war gut durchdacht. Sie würden nicht mehr zurück nach Hause kehren, sondern stattdessen in eine S-Bahn Richtung Friedrichstraße steigen. Vater Lisse hatte dergleichen schon des Öfteren praktiziert. Als Spezialist für Wasserversorgung und Abwasser – er hatte sich vom Maurer zum Bauingenieur qualifiziert – war er damals zeitweise in Stralsund tätig und daher erfahrener Zugreisender und Grenzgänger während seiner kurzen Aufenthalte in Berlin.

Auf dem Rückweg von seinen Arbeitsfahrten war er häufiger in der Friedrichstraße ausgestiegen und von dort weiter in den Westen gefahren. Am Ku'damm hatte er sich die Zeit vertrieben und war danach zurückgekehrt in die Enge seiner Heimat, erfüllt von dem inneren Triumph, sich von der Regierung nicht in seiner Freiheit beschneiden zu lassen. Dieses Mal hing alles davon ab. Und alles ging schief. Denn die DDR-Führung hatte längst begriffen, dass die eigenen Bürger dem Land in Scharen den Rücken kehrten, wenn sie nur konnten. Dem wurde ein Riegel vorgeschoben.

Der Zug, in den die Lisses stiegen, hielt an der letzten Haltestelle auf DDR-Gebiet. Hier hätte man in die U-Bahn Richtung Westen umsteigen müssen. Sämtliche U-Bahn-Zugänge Richtung BRD waren allerdings von Soldaten abgeriegelt. Zutiefst enttäuscht musste die Familie mit ihrem kleinen Sohn dorthin zurückkehren, wo man herkam. In eine Wohnung nach Leipzig, die in ihrer Tristheit all das zu spiegeln schien, was vor ihnen lag: Enge, Hoffnungslosigkeit, mangelnde Perspektiven, Verdruss. Das Verhältnis der Eltern sollte sich durch die gescheiterte Flucht in den Folgejahren verschlechtern.

Je älter Matthias wurde, umso mehr begann er zu begreifen, dass die vorherrschende Unzufriedenheit von den Zuständen herrührte, die das politische System hervorbrachte. Die Eltern waren fest in der Kirchengemeinde verankert und verweigerten obendrein die SED-Mitgliedschaft. Sie beriefen sich stets darauf, dass es Familientradition sei, keiner Partei anzugehören. Folglich hatten die Lisses mit weitaus mehr Nachteilen zu kämpfen als diejenigen, die mit einem systemkonformen Verhalten zu punkten wussten. Matthias' Kindheit war geprägt von mehreren Umzügen innerhalb Leipzigs. Die Eltern waren stets bestrebt, die beengte Wohnsituation zu verbessern. Zumal nach Matthias noch ein zweiter Sohn kam. Die Wohnungssuche war nicht einfach, vor allem, da die Zuteilung nach willkürlichen Kriterien erfolgte.

Seine Kindergartenzeit verbrachte Matthias in einem kirchlichen Kindergarten, in den er auf besonderen Wunsch der Eltern aus dem staatlichen DDR-Kindergarten wechselte. Die früheren Kindergartenjahre in der staatlichen Einrichtung hat er in weitaus besserer Erinnerung als die bei den katholischen Nonnen. Es zählt zu den seltenen Malen, in denen Matthias Lisse eine DDR-Einrichtung als die bessere hervorhebt. Dass sein Verhältnis zur Kirche niemals so eng wurde, wie es ihm die Familientradition eigentlich vermittelt hätte, lag wesentlich an den brutalen Erziehungsmethoden im kirchlichen Kindergarten. Als Matthias beim Gang durch den Garten eine Himbeere vom Strauch pflückte, sanktionierten die Schwestern das verbotene Naschen, indem sie mit einer Haselrute die kleine Kinderhand prügelten. Nicht nur wegen dieser schmerzlichen Erfahrung fiel es Matthias schwer, etwas von dem anzunehmen, was der katholische Glaube vermittelte. Er war schon im frühen Kindesalter ein Denker, der die Dinge gerne in Frage stellte. Dass da ein Gott im Himmel sein könnte, wollte ihm nicht so recht in den Kopf.

Stattdessen begeisterte er sich für alles, was mit Literatur und Geschichte zu tun hatte. Sobald er lesen konnte, waren Bücher seine Leidenschaft. Besonders die „Drei Musketiere" hatten es ihm angetan. Wenn er las, hatte er dazu stets den Atlas und das Lexikon neben sich aufgeschlagen. Er wollte alles verstehen und sich eine Vorstellung über die geographischen Zusammenhänge bilden. Dass seine eigene Welt räumlich begrenzt war, hatte er schnell begriffen. „Die Literatur hat mich dorthin gebracht, wo ich ansonsten nicht hingekommen wäre." Ja, es gab eine Welt jenseits der Mauer, das war ihm bewusst. Und die Ahnung, dass jenseits von Stacheldrähten und Beton schier unbegrenzte Möglichkeiten warteten, war jederzeit gegenwärtig.

Ein wenig vom Geruch des Westens verhießen die Päckchen, die die Verwandten in die Ostzone schickten. Seife, Orangen, Backzutaten für die Weihnachtsplätzchen, Kaffee – alles Dinge, die im Osten permanent Mangelware waren. Natürlich wurde jedes Päckchen durchsucht, ehe es in den Händen der Empfänger landete. Eines Tages wurden die Lisses in die Bezirksverwaltung des Zolls zitiert. Das ließ nichts Gutes erahnen. Schuld daran war ein weiteres Westpaket und im Besonderen ein Wunsch von Matthias: Er hatte seinem Onkel bei dessen letztem Besuch anvertraut, dass er sich sehnlichst eine Levis-Jeans wünscht. Weil die im Westen problemlos zu bekommen war, kaufte der Onkel das begehrte Kleidungsstück und packte es samt Westkaffee und anderen Leckereien in ein Paket. Eine Hose des Klassenfeinds zu ordern, war in den Augen der Zöllner, die die Warensendungen kontrollierten, etwas derart Unerhörtes, dass das Paket restlos eingezogen wurde. Hinzu kam noch, dass neben der Jeans auch eine Spielzeugpistole im Paket war, die sich Matthias in Anlehnung an seine liebsten Westernfilme gewünscht hatte.

Matthias spürte in diesem Augenblick unfassbare Wut. Wut über die Willkür, Wut über seine Hilflosigkeit, mit der er dem vorherrschenden System ausgeliefert war. Seine Mutter erkannte, dass ihr Sohn den Stasi-Funktionär am liebsten in der Luft zerrissen hätte. Matthias hatte die ablehnende Haltung der Eltern gegen den Sozialismus fest verinnerlicht und teilte diese bereits im frühen Alter. Er würde es einmal nicht leicht haben, das wurde seiner Mutter in diesem Moment klarer denn je.

Gerade in Geschichte und Literatur wusste er mit einem Detailwissen aufzuwarten, das so manchen Lehrer übertraf. In den DDR-Fächern Staatsbürgerkunde und Russisch weigerte er sich hingegen, mehr als unbedingt nötig zu lernen. Das war keine gute Voraussetzung, um sich Ansehen zu verschaffen. Hinzu kam, dass Matthias in den zwölf Jahren bis zum Abitur sechsmal die Schule wechselte. Der Unterrichtsstoff bereitete ihm meistens keine Schwierigkeiten, wohl aber der Umgang mit Obrigkeiten und Mitschülern, die im Gegensatz zu ihm aus systemtreuen Familien stammten.

Ein Lichtblick trat in sein Leben, als er im Alter von neun Jahren eine Leidenschaft für sich entdeckte: Bei einem staatlichen Sichtungslehrgang für Sport wurden ihm schnelle Reaktionsfähigkeit und großes taktisches Geschick attestiert. Damit würde er sich für das Fechten eignen. Matthias frohlockte: Fechten zählte schließlich zu den wichtigsten Kenntnissen eines Musketiers! Es dauerte nicht lange, bis Matthias so gut darin war, dass er an Wettkämpfen teilnehmen durfte. Als hoffnungsbeladenes Nachwuchstalent – die DDR setzte viel auf die Ausbildung der potenziellen Olympia-Elite – wurde er von seinem Trainer entsprechend gefördert. Düster sah es hingegen mit der materiellen Ausstattung aus, denn auch in diesem Bereich herrschte wie bei allen anderen Gütern Mangelware. Die löchrige Fechtmaske wurde immer wieder notdürftig geknüpft. Matthias' Vorschlag, sich von der Oma aus dem Westen ein neues Utensil schicken zu lassen, wurde von seinem Trainer vehement abgeschmettert. Soweit käme es noch, dass die DDR-Fechtelite mit dem Material des Klassenfeinds ausgestattet würde!

Als Matthias zwölf Jahre alt war, geschah bei einem Wettkampf das Unvermeidliche. Das marode Florett seines Gegners brach entzwei. Die Spitze glitt mühelos durch die löchrige Fechtmaske hindurch und bohrte sich in den linken Augenwinkel von Matthias. Sein Trainer reagierte geistesgegenwärtig blitzschnell und brachte den Schützling höchstpersönlich in die Leipziger Uniklinik. Dabei spielte nicht nur seine medizinische Versorgung eine Rolle. Nein, dieser Unfall, der einer dilettantischen, von der Mangelwirtschaft geprägten Ausstattung der Fechter geschuldet war, musste rasch unter den Teppich gekehrt werden. Seine Eltern waren einmal mehr entsetzt. Machte ihnen der Unfall doch deutlich, welch gravierende Auswirkungen das sozialistische System und seine Folgen auf das Leben haben konnten.

Die Ärzte konnten sein Auge zwar retten, dennoch verlor Matthias 90 Prozent seiner Sehkraft. Das verbleibende Auge würde von nun an besonderen Schutz benötigen. Damit war eine weitere Karriere als Fechter so gut wie ausgeschlossen. Noch gravierender war, dass Matthias durch den Unfall sein räumliches Sehvermögen einbüßte. Damit konnte er beim Fechten die Entfernungen zum Gegner kaum mehr richtig einschätzen und verschlechterte sich damit kontinuierlich. Obgleich Matthias über die Folgen des Unfalls von Anfang an aufgeklärt war, traf ihn die Erkenntnis in der Fechthalle hart. Es ging nicht einfach nur um den Verlust einer Lieblingssportart. Er hatte mit dem Fechten endlich etwas gefunden, das seine Begeisterung entfacht hatte – und das er auch verfolgen durfte und konnte. Unter den Fechtern hatte er endlich Gleichgesinnte gefunden und war damit kein Außenseiter mehr. Den Eltern war bewusst, dass das Aus von Matthias' Fechtkarriere eine große Gefahr für das gerade gefundene seelische Gleichgewicht ihres Sohnes bedeuten würde. Sie versprachen ihm noch im Krankenhaus, als er von der OP aufwachte, dass sie ihn mit allen Möglichkeiten bei einem neuen Hobby unterstützen würden. Für Matthias war vollkommen klar, dass nur eines in Frage kommen würde. Was muss ein Musketier neben dem Fechten noch können? Reiten, ganz klar.

Sein Vater hielt Wort und sah sich nach einem Ort um, an dem sein Sohn das Reiten lernen konnte. Das war in Leipzig alles andere als einfach. Schließlich fand sich eine Reittouristikstation, die einer Rennbahn angegliedert war. Der Betrieb war kommerziell ausgerichtet, man konnte dort Reitstunden kaufen. Der Reitstall wurde vom Staat betrieben, der DDR-Bürger sollte dort Ruhe und Entspannung von seinem Alltag finden. Es sollte auch der Ort werden, an dem Matthias einen Großteil seiner Freizeit verbrachte. Mehr als eine Reitstunde pro Woche konnten sich die Eltern beim besten Willen nicht leisten. Bald schon fand Matthias aber eine andere Möglichkeit, sich den neuen Sport zu finanzieren. Er gab dem Sohn des Stallbetreibers Nachhilfeunterricht und wurde dafür vom Chef höchstpersönlich im Reiten trainiert. Später übernahm er Stalldienste und bekam dafür im Gegenzug Reitunterricht. Sein Alltag war durchgetaktet. Noch morgens vor dem Unterricht fuhr er mit dem Fahrrad in den Stall, um eine erste Schicht abzuleisten. Nachmittags ging es weiter. Hinzu kamen die Reitstunden. Die Schularbeiten machte er zwischendrin – ohne jedoch dadurch schlechter zu werden. An den Wochenenden kamen schnell die ersten Turniere hinzu.

Was er beruflich machen würde, wusste er noch nicht. Obgleich er ein guter, in den geisteswissenschaftlichen Fächern ein sehr guter Schüler war, wurde ihm eine Delegation zur Erweiterten Oberschule, die nach der achten Klasse in vier Jahren zum Abitur führen würde, versagt. Seine guten Noten halfen ihm nicht. Er hatte sich schlicht nicht genügend gesellschaftlich – also in den einschlägigen SED-Jugendorganisationen – engagiert. Nach dem anfänglichen Ärger über diese neuerliche Ungerechtigkeit freundete sich Matthias alsbald mit der Aussicht an, nach dem Schulabschluss eine Lehre anzutreten. Die Erweiterte Oberschule hätte ihn sicher sehr viel Zeit gekostet, die er stattdessen lieber dem Reiten widmen wollte. Wenn er studiert hätte, dann hätten ihn vor allem Geschichte und Literatur interessiert und diese Fächerkombination war ohne SED-Mitgliedschaft sowieso nicht möglich. Daher war er wenig begeistert, als er überraschend nach der zehnten Klasse doch noch an eine Erweiterte Oberschule berufen wurde. Diese lag in einem anderen Stadtteil und würde ihm künftig den Weg zum Reitstall erschweren.

Der Grund für die Berufung zeigte sich bald. An der Schule waren reihenweise Plätze freigeworden, weil es Ziel der Lehrer war, möglichst viele Schüler für eine Laufbahn bei der Nationalen Volksarmee zu rekrutieren.

Für Matthias Lisse wurden die zwei Jahre bis zum Abitur eine Qual. Seine Leistungen waren nicht schlecht, das Verhältnis zum Klassenlehrer dafür umso mehr. Dieser war in den großen Ferien vor Schulbeginn eines Tages unangemeldet an der Wohnungstür der Lisses aufgetaucht, um sich mit seinem künftigen Schüler zu unterhalten. Matthias war auf dem Sprung zu seinem ersten Vielseitigkeits-Reitturnier, das ihm über alles ging. Aufgrund der Zeitnot wies er den Lehrer ab, wohlwissend, dass dieser ihm daraufhin das Leben zur Hölle machen würde.

Trotz Schikanen schaffte es Matthias Lisse zu einem beachtlichen Abitur. In der Mathematikprüfung schrieb er eine Eins, obgleich er zuvor bei dem ungeliebten Lehrer in diesem Fach nicht punkten konnte. In Deutsch schnitt er mit seiner Interpretation zu „Wallensteins Lager" sogar als Kreisbester ab. Dabei hatte er sich mit dem besagten Werk noch nicht einmal näher befasst, sondern seine Arbeit einzig nach dem Studium des Klappentexts aus dem Ärmel geschüttelt. Ein Studienplatz in seinen Wunschfächern blieb ihm dennoch verwehrt. Er schloss die Schulzeit ab mit der Perspektive, im November erst einmal in die NVA einberufen zu werden. Die Hoffnung, er könnte wegen seines schlechten Sehvermögens ausgemustert werden, zerschlug sich schnell. Den 18 Monate langen Wehrdienst würde er ableisten müssen. Matthias Lisse gab daraufhin an, an Nachtblindheit zu leiden. Man hatte ihm gesagt, dass das schwer zu kontrollieren sei und vor unliebsamen Tätigkeiten schütze. Als er trotz aller Vorwarnungen seinerseits zur Nachtwache eingeteilt wurde, machte er Ernst und von seiner Schusswaffe Gebrauch. Er hatte schließlich immer wieder darauf hingewiesen, dass er bei Nacht nichts sehen könne. Dass er mit seinen Schüssen, die er bewusst in die Luft setzte, nicht den Klassenfeind abwehrte, sondern zwei Offizieren aus dem eigenen Lager einen großen Schrecken einjagte, bereitet ihm noch Jahre später großes Vergnügen.

Unübersehbar schleicht sich ein Grinsen in sein Gesicht, wenn er das erzählt. „Die Stasi auszutricksen, war damals unser liebstes Hobby." Es war gefährlich und hochriskant – und doch auch wieder nicht: „Ich habe immer ganz klar kalkuliert. Es war stets eine Gratwanderung auszuloten, wie weit man gehen kann." Til Eulenspiegel habe er sich zum Vorbild genommen.

Als er die Armee verließ, spürte er ein großes Gefühl von Freiheit. Durch die Kontakte am Reitstall ergab sich die Möglichkeit, als Trainingsreiter für Rennpferde anzufangen. Matthias nahm die Chance wahr und lernte dadurch einen Tierarzt kennen – und plötzlich hatte er einen neuen Berufswunsch. Das Studium der Tiermedizin an der Uni scheiterte allerdings an seinen Einträgen in der Kaderakte aus Zeiten der Erweiterten Oberschule. Über Umwege und dank einer Empfehlung aufgrund eines hervorragenden Praktikums schaffte er es, eine Ausbildung als Veterinäringenieur machen zu dürfen. Diese dauerte drei Jahre und war eine abgespeckte Variante des Veterinärstudiums, die nur in der DDR existierte. In den dortigen Großagrarbetrieben war meist Platz für einen Tierarzt und genügend Arbeit für weitere Veterinäringenieure. Die Fachschule lag oberhalb des thüringischen Dorfes Beichlingen auf einer alten Burg.

Eine Berufung und eine Liebe

Die jahrhundertealte Burg Beichlingen entsprach trotz ihres abgelegenen Standorts ziemlich genau Matthias Lisses Vorlieben für geschichtsträchtige Schauplätze. Um dorthin zu gelangen, hatte er sich vorab aus drei alten Motorrädern, die ihm Verwandte überließen, einen fahrbaren Untersatz gebaut. Auf ein Auto zu warten, war zwecklos, das wusste er. Pünktlich zum 18. Geburtstag beantragt, würde es mindestens zwölf, wenn nicht gar 15 Jahre dauern, bis man ihm tatsächlich eines zuteilen würde. Ernüchterung überkam Matthias Lisse, als er zum ersten Mal den der Fachschule angegliederten Reitstall aufsuchte. Es gab dort eine Sektion Pferdesport, der er beitreten wollte. Die Zustände waren schlimm und nicht mit dem zu vergleichen, was Matthias Lisse von den Leipziger Privatpferdebesitzern gewohnt war. Die hatten es trotz Mangelwirtschaft aufgrund ihrer Beziehungen immer geschafft, gutes Futter und Einstreu für ihre Lieblinge zu besorgen.

Die Pferde in Beichlingen gehörten zu gleichen Teilen der Fachschule und der Landwirtschaftlichen Produktionsgenossenschaft und der Reitbetrieb stand, wie Matthias bald erfuhr, kurz vor der Auflösung. Es mangelte nicht nur an Futter und Ausstattung, sondern hatte auch längst keine Turniererfolge mehr gegeben. Der Reitstall war eine Belastung, kein Aushängeschild. Matthias Lisse beschloss, die Sache in die Hand zu nehmen. Er startete eine Unterschriftenaktion für den Erhalt des Reitstalls und sicherte sich sogar die Unterstützung durch den Bürgermeister zu. Mit diesem Rückhalt sprach er beim Direktor der Schule vor und bot sich selbst an, die Sektion wieder zu einem Erfolg zu machen. Vor ihm lag eine Mammutaufgabe, die neben dem Studium jede freie Minute seiner Zeit beanspruchen sollte. Wie immer mangelte es ihm aber nicht an Selbstbewusstsein, die Herausforderung anzugreifen. Tatsächlich gelang es ihm, den Schulleiter zu überzeugen, dass er dem Pferdesport noch eine letzte Chance gab. Die LPG lehnte jede weitere Beteiligung ab. „In einem Jahr möchte ich Erfolge sehen", setzte der Schulleiter seinem ehrgeizigen Schützling ein Ultimatum. Der begann daraufhin, den Betrieb zu organisieren und erwarb außerdem die Fähigkeit, selbst Reitunterricht zu geben. Die Erfolge kamen – und sie blieben.

Matthias Lisse setzte seine ganze Energie in den Reitstall, das Studium lief eher nebenbei mit durchaus positiven Resultaten. Das Lernen war ihm schließlich nie schwergefallen. Was die Jahre in Beichlingen obendrein so positiv machte: Der Professor, der die Fachschule leitete, legte keinerlei gesteigerten Wert auf ein sozialistisch konformes Verhalten seiner Schüler. Es galt sogar insgeheim die Weisung, dass niemand wegen ungenügender Leistungen in den DDR-Fächern Marxismus/Leninismus oder Russisch durchfallen durfte. Dafür stellte er hohe Ansprüche auf dem Gebiet der Veterinärmedizin. Matthias enttäuschte ihn nicht. Als die drei Jahre Ausbildung sich dem Ende neigten, überraschte der Professor ihn mit einem Angebot. Als sein Lehrassistent für klinische Diagnostik sollte Matthias in Beichlingen bleiben. Wobei das eher die offizielle Begründung war, um die Mittel für die Stelle zu bekommen – hauptsächlich ging es darum, dass Matthias Lisse den Reitsport weiter ausbaute und damit das Renommee der Fachschule insbesondere unter reitbegeisterten Studenten wieder steigern sollte.

Matthias Lisse sagte begeistert zu. Nicht nur hatte er damit eine Stelle bekommen, die ihm tatsächlich gefiel. Er hatte bereits befürchtet, vom Staat in eine der Großviehanlagen abkommandiert zu werden. Sogar eine eigene kleine Wohnung auf dem Schulgelände war in Beichlingen möglich. Und das Beste: Der Professor drängte ihn nie zu einer SED-Mitgliedschaft, was für Matthias Lisse ein Ausschlusskriterium gewesen wäre. Künftig war er also für die Reiter unter den Studenten zuständig, die in einer eigenen Seminargruppe zusammengefasst wurden.

Und dann trat eines Tages Inga in sein Leben. Die kleine, beinahe zierliche junge Frau stand unvermittelt vor ihm, als er im Reitstall vom Dachboden stieg. Eigentlich war er mit einem Dachdecker unterwegs, dem er die seit Jahren angeprangerten undichten Stellen im Ziegelwerk zeigen wollte – aber das war in diesem Augenblick nebensächlich. Die schlanke Inga überraschte ihn mit einem kräftigen Händedruck und zauberte ihm mit der Ankündigung, als neue Studentin in die Reitgruppe aufgenommen zu werden, warme Gefühle ins Herz. Ja, es war tatsächlich so etwas wie Liebe auf den ersten Blick. Es dauerte nicht lang, bis der junge Lehrassistent der neuen Studentin näherkam. Nur vier Wochen später zog sie bei ihm ein, beendete die vorige

Beziehung zu ihrem Freund, mit dem sie sechs Jahre zusammen gewesen war.

Dass Matthias als Lehrassistent ein Verhältnis mit seiner Studentin pflegte, war natürlich nicht gern gesehen. Die Verliebten registrierten den Ärger darüber und ließen ihn an sich abprallen. Bereits ein halbes Jahr nach ihrem Kennenlernen verlobte sich Matthias Lisse mit Inga. Weitere sechs Monate später wurden die Ringe getauscht. Eigentlich war er früher immer zurückhaltend gewesen in Sachen Liebesgeschichten. Bei Inga wusste er, dass es einfach stimmte. Ingas politische Gesinnung war für ihn zwar nicht ausschlaggebend, verstärkte aber die Gemeinsamkeiten noch: Auch sie hielt nichts von der Parolen geschwängerten Ideologie des Sozialismus, war ebenso wie Matthias in einem Elternhaus großgeworden, in dem eine SED-Mitgliedschaft strikt abgelehnt wurde. Außerdem war sie ebenfalls erfolgreich im Fechten gewesen.

Es hätte alles sehr schön sein können: Trotz der positiven privaten und beruflichen Umstände wuchs die Frustration von Matthias Lisse in den Folgejahren immer stärker. Zu Beginn der 80er Jahre verschlechterte sich die Versorgungslage in der DDR im Gegensatz zu den 70ern immer weiter. Alles, was das Land an Brauchbarem erwirtschaftete, ging in den Export. Den eigenen Bürgern, denen Presse und Fernsehen stets die Erfolge des sozialistischen Systems weismachten, blieb kaum das Nötigste. Der Konsumladen in Beichlingen gab gerade mal so viel her, dass niemand verhungern musste. Von abwechslungsreicher Ernährung konnte keine Rede sein. Matthias Lisse musste um jede Verbesserung im Reitsportbetrieb erbittert kämpfen – und meist feststellen, dass sich trotzdem nichts änderte. Sein

Professor ließ ihn zwar weiterhin gewähren, jedoch war er längst verstärkt im Visier der Stasi. Zu oft hatte er sich durch seine forsche und kämpferische Art selbst ins Licht gerückt, in negatives Licht in den Augen des Staatsapparats.

Der Druck, er möge endlich Mitglied der SED werden, verstärkte sich vehement. Der Parteisekretär ließ ihn täglich zu sich ins Büro kommen und legte ihm das bereits ausgefüllte Mitgliedsformular vor. Er bräuchte nur noch zu unterschreiben und damit endlich Anerkennung und Dank dem Staat gegenüber zum Ausdruck bringen, der ihm so viel Gutes getan hatte. Matthias Lisse verneinte diesen Schritt weiterhin, ohne auch nur mit der Wimper zu zucken. Auf Dauer war Beichlingen kein Ort zum Bleiben, das war ihm nun allerdings klar. Zumal nach einem Führungswechsel der neue Leiter keinerlei Begeisterung für den Pferdesport hegte. Damit stand die Sektion Reiten abermals vor dem Ende und Matthias Lisse hatte keine Motivation mehr, ein weiteres Mal von vorne mit der Überzeugungsarbeit zu beginnen.

Abermals kam allerdings ein glücklicher Zufall zur rechten Zeit. In Graditz, dem damals größten Vollblutgestüt der DDR, wurde ein neuer Ausbildungsleiter gesucht. Matthias Lisse bekam die Stelle, Inga konnte überdies im Nachbarort von Graditz in einer tierärztlichen Gemeinschaftspraxis anfangen. Matthias Lisse war mit einem Mal Chef einer Abteilung mit zwölf Mitarbeitern und 30 Lehrlingen. Zudem war er verantwortlich für ein historisches Schlossgebäude, das das Lehrlingsinternat und die Kantine beherbergte, und für den Sport- und Ausbildungsstall des Gestüts. Es war nicht einfach, das Vertrauen der Mitarbeiter zu gewinnen, zumal Matthias Lisse bald schon mit einer radikalen Umkrempelung des Betriebs begann. Sein Vorgänger hatte den Lehrlingen weder ausgeprägte Kenntnisse noch Motivation vermitteln können, weil er selbst nicht über die richtige Eignung verfügt hatte. Von einem Tag auf den anderen hatte er hingeschmissen und stattdessen eine Parteikarriere begonnen. Von den Mitarbeitern, die Matthias Lisse unterstanden, waren viele kaum geeignet für das, was ihnen abverlangt wurde. Einige frönten dem Alkoholkonsum. Versetzungen oder gar Entlassungen waren im Sozialismus aber nicht vorgesehen. So musste Matthias Lisse zusehen, wie er das unqualifizierte Personal selbst zum Gehen bewegen konnte. Es gelang ihm nach und nach. Mit einem Fernstudium für Pferdezucht und Pferdesport bildete er sich selbst weiter. Überdies fuhr er über die Jahre als Military-Reiter zahlreiche Turniererfolge ein.

Im März 1985 brachte Inga eine Tochter zur Welt: Marietta. Das Mädchen machte die jungen Eltern überglücklich. Mittlerweile bewohnte die Familie ein kleines Haus, das zum Gestüt gehörte. Dank eines guten Händchens für den Garten und weil sie Arbeit nicht scheuten, gelang es ihnen, sich als Selbstversorger ein wenig von der Individualität und Abwechslung zu verschaffen, die es in den Geschäften nicht gab – oder die paradoxerweise nicht für die eigenen Bürger, sondern für den Klassenfeind vorgesehen waren, den man zwar einerseits bekämpfte, andererseits in Gaststätten und Intershops aufgrund des begehrten Westgelds aber bevorzugte. Matthias Lisse sah all das mit einer stetig wachsenden Frustration. Sollte das wirklich die Zukunft für seine Tochter sein? Im Dezember 1986 fuhr er in den Westen – es war eine genehmigte Besuchsreise zu seiner Großmutter, die mittlerweile im betagten Alter war. Solch ein Gesuch war möglich und wurde von seinem Chef auch grundsätzlich bejaht. Zwar nur sehr widerwillig, jedoch hatte Matthias Lisse ein gutes Druckmittel in der Hand: Er drohte, sich im Falle eines „Neins" nach einer weniger politisch belasteten Arbeitsstelle umzusehen und das wollten die Graditzer nicht riskieren. Schließlich war Matthias Lisse fachlich eine Bereicherung, die wohl kaum zu ersetzen wäre.

Die Sicherheitsvorkehrungen waren umfangreich, schließlich bestand die Gefahr, dass solch ein Besuchsreisender auf Nimmerwiedersehen im Westen verschwand. Bei dem jungen Kindsvater Matthias, dessen Frau und Tochter selbstverständlich in Graditz zu bleiben hatten, machte man sich aber weniger Sorgen. Was niemand wusste: Im selben Zug wie Matthias saß auch dessen Vater. Weil er seinen Antrag in einem anderen Kreis gestellt hatte und die Vernetzung damals mangels Computertechnik mit einer heutigen kaum vergleichbar war, fiel das niemandem auf. Nachdem der Zug die Grenze passiert hatte, wagten es die beiden, sich in ein Abteil zu setzen. Die folgenden Tage waren geprägt von Anblicken und Erlebnissen, die noch einmal alles übertrafen, was Matthias Lisse aus dem Westfernsehen kannte und ersehnte. Umso härter trafen ihn nach seiner Rückkehr die Entbehrungen in der DDR. Für eine große Überraschung sorgte obendrein sein Vater: Er hatte dem Sohn auf der Rückfahrt eröffnet, dass er und Matthias' Mutter offiziell einen Ausreiseantrag in die Bundesrepublik im Rahmen einer Familienzusammenführung stellen wollten. Das war seit Unterzeichnung der Schlussakte der KSZE in Helsinki möglich. Zwar enthielt die DDR-Staatsführung diese Information ihren Bürgern vor, doch hatte es sich längst herumgesprochen. Das

Unterfangen würde nicht einfach werden und von der Antragstellung bis zu einer tatsächlichen Erfüllung viel Zeit vergehen. Matthias Lisses Eltern wollten es trotz aller Widrigkeiten wagen. Seit der vereitelten Flucht damals, kurz nachdem die Grenze dicht gemacht worden war, hatten sie immer der verlorenen Chance nachgetrauert. Werner Lisse hatte beruflich als Sachverständiger für Wasser und Abwasser zwar immer die Vision gehabt, in einem wichtigen Fachbereich Verbesserungen anstreben zu können. Diese Illusion war aber bald der Wirklichkeit gewichen. Wenigstens ihren Ruhestand und Lebensabend wollten sie endlich dort verbringen, wo sie sich die Freiheit erhofften.

Für Matthias und Inga kam diese Option nicht in Frage. Als junges Paar, dessen Arbeitsleistung gefragt war, würde man einem Antrag ihrerseits niemals stattgeben. Außerdem befürchteten sie, dass das Äußern dieses Ansinnens ihnen große Schwierigkeiten bis hin zur Haft und der Trennung von ihrer Tochter einbringen konnte. Im Jahr nach Matthias' Westbesuch stellte auch Inga einen Antrag auf eine Besuchsreise zu einem Verwandtschaftsgeburtstag. Auch sie war nach den Erlebnissen im Westen überzeugt davon, dass eine lebenswerte Zukunft nur jenseits der Mauer möglich war.

Und letztlich war sie es, die die Sache in die Hand nahm. Eines Abends überraschte sie ihren Mann, indem sie ihm, in dessen Armen liegend, dazu riet, einen weiteren Antrag für eine Besuchsreise zu stellen. Mehr noch: „Wenn du irgendeine Möglichkeit auf Arbeit siehst, dann bleib drüben. Andernfalls gehst du mir hier kaputt. Und in ein, zwei Jahren holst du uns über die Familienzusammenführung nach." Wusste sie wirklich, was sie da sagte? Matthias stürzte dieser Gedanke in große innere Zerrissenheit. Konnte das die Lösung sein? Er sollte riskieren, seine Frau mit der gerade einmal dreijährigen Tochter zurückzulassen? Sie würden sich womöglich jahrelang nicht sehen. Und wenn alles schiefging, nie wieder. Inga Lisse nahm die Sache in die Hand und begann, akribisch zu planen. Alles musste vonstattengehen, noch ehe Matthias' Eltern ihren Ausreiseantrag stellten. Danach würden sie ohnehin alle verstärkt im Visier der Stasi stehen. Alle Welt musste in dem Anschein gelassen werden, dass Matthias Lisse seine Flucht nicht von langer Hand geplant hatte, sondern von seinem Westbesuch spontan nicht wiedergekehrt war.

Als die junge Familie 1988 eng umschlungen am Leipziger Hauptbahnhof stand, Matthias Lisse die Tränen übers Gesicht liefen, hätte jeder Außenstehende leicht erkennen können, dass ein Abschied auf ungewisse Zeit bevorstand.

Matthias Lisse mit seiner Tochter Marietta im März 1988: Die Aufnahme entstand, kurz bevor er in den Westen zu einer Besuchsreise fuhr und nicht mehr zurückkehrte.

Die Welt jenseits der Mauer

„Vielleicht komme ich ja in ein paar Tagen schon wieder." Nein, so einfach war es beileibe nicht. Denn je mehr Räder Matthias Lisse in Bewegung setzte, umso klarer wurde ihm, dass eine Rückkehr in die DDR ausgeschlossen war. Sein Vorhaben, im Westen zu bleiben, war mit Sicherheit auch im Osten schon bekannt. Einfach so zurückzukehren, als wäre nichts gewesen? Unmöglich. Er wäre sofort ins Gefängnis gewandert. Seine ersten Tage im Westen brachte er mit einer umfangreichen Behörden- und Ämtertour zu. Einerseits war er angenehm beeindruckt über die kurzen Wartezeiten und die freundliche Behandlung, die er aus seiner Heimat so nicht kannte. Auch ergaben sich einige vielversprechende Gespräche mit Menschen, die ihm Mut machten, an seinem Vorhaben festzuhalten. Andererseits gab es nirgendwo endgültige Zusagen. Ob seine beruflichen Abschlüsse im Westen anerkannt würden und ob er damit eine Anstellung fand, würde sich letztlich erst zeigen, wenn er tatsächlich Bürger der Bundesrepublik wäre und alle seine Papiere vorlegen könnte. Natürlich hatte Matthias Lisse bei der Fahrt über die Grenze nur das Allernötigste mitgenommen, um keinen Verdacht auf sich zu ziehen. Bis zur letzten Minute innerlich zerrissen, überlegte er, ob er nicht doch wie in seinem Besuchsantrag vorgesehen am zehnten Tag mit dem Zug zurückfahren sollte. Die quälende Sehnsucht nach Inga und Marietta schmerzte ihn schon jetzt zutiefst.

Dann riss er sich am Riemen, zwang sich, an die Situation zu denken, die seinen Zorn über das Land, in dem er bis vor Kurzem noch gefangen war, zum Überkochen gebracht hatte: Bei einer Ausbildungsleitertagung hatte ein Mitglied des Zentralkomitees der SED gesprochen und dabei betont, dass der althergebrachte Satz „Meinen Kindern soll es einmal besser gehen als mir" längst seine Gültigkeit verloren habe. Besser als in der DDR könne es einem schließlich gar nicht mehr gehen.

Wenn Matthias Lisse daran dachte, dann wurde ihm wieder klar, warum sein Weg richtig gewesen war. Er blieb. Als er Inga per Telefon die Botschaft überbrachte, fiel diese aus allen Wolken. Zumindest gab sie das vor. Auch dieses Telefonat war in der gut zweijährigen Planungsphase vor Matthias Flucht mehrfach von den beiden durchgesprochen worden. Es war bekannt, dass die Stasi Telefonate abhörte. Der Eindruck, die Flucht sei spontan gewesen, musste ohne Wanken durchgezogen werden. Der Staatsapparat schien tatsächlich daran zu glauben. Denn diese Variante fand sich auch in den einschlägigen Akten wieder. Mit einer Flucht von Matthias Lisse sei nicht zu rechnen gewesen, hieß es, schließlich habe er kurz zuvor noch den Pflegeschnitt an den Obstbäumen in seinem Garten durchgeführt. Zu dieser Routinearbeit hatte ihn übrigens seine Frau verdonnert, obwohl Matthias Lisse angesichts seiner Pläne gerne auf den Aufwand verzichtet hätte.

Inga Lisse blieb eisern bei der für sie völlig überraschenden Flucht ihres Mannes, als sie wenige Tage nach dem Telefonat in der zuständigen Behörde vorstellig wurde und für sich und ihre Tochter die Ausreise beantragte. Obwohl erwartet, war die Frustration groß, als die Behörden sie sofort abwiesen. Man legte ihr nahe, möglichst zügig die Scheidung einzureichen. An einem Republikflüchtling, der sie und die Tochter im Stich ließ, würde sie doch nicht festhalten? Doch, genau das tat sie. Und wenn es Jahre dauern würde, bis sie ihn wiedersehen konnte.

Matthias Lisse hatte sich indes im Aufnahmelager für DDR-Flüchtlinge in Gießen registrieren lassen. Dort stellte er erstaunt fest, dass die Zahl derer, die beschlossen hatten, auf westdeutschem Boden zu bleiben, beileibe nicht gering war. Dass es so viele gab, die in den Westen wollten und dies auch tatsächlich in die Tat umsetzten, war ihm nicht bewusst gewesen. Am meisten Hilfe erhoffte sich Matthias Lisse von einer Frau, die Sammelklagen über Menschenrechtsverletzungen bei der UN einreichte und damit schon des Öfteren erfolgreich in der Zusammenführung von Familien dies- und jenseits der Mauer gewesen war. Dass so eine Angelegenheit sich aber mindestens über zwei Jahre hinziehen konnte, verschwieg sie ihm bereits beim ersten Telefonat nicht. Sie bat Matthias Lisse um ein persönliches Gespräch. Die Dame lebte allerdings am Starnberger See und Matthias Lisse war bei seinen Verwandten in Hannover untergekommen. Weil diese schon so viel für ihn taten, wollte er sie nicht auch noch darum bitten, ihm das Geld für eine Fahrt nach Bayern zu geben. Einfacher wäre es, wenn er zufälligerweise ein Vorstellungsgespräch in dieser Gegend auftreiben könnte, denn solche Fahrten zahlte ihm das Arbeitsamt. In einer großen Zeitschriftenhandlung fand Matthias Lisse nach längerer Suche tatsächlich ein Inserat eines österreichischen Sporthotels, das auf der Suche nach einem Reitlehrer war. So bekam er eine Fahrkarte nach Passau, wo ihn der Hotelchef abholte und zu seiner Anlage im oberösterreichischen Mühlviertel brachte. Die Probestunde, die von Matthias Lisse gefordert war, gab er eher halbherzig. Wirklich interessiert war er nur an seinem

Besuch in Starnberg, den er auf dem Rückweg vornahm. Das Gespräch mit der Dame und deren Erfolge machten ihm Hoffnung, gaben ihm allerdings auch die Gewissheit, dass viel Geduld nötig sein würde.

Als er zurück zu seinen Verwandten kam, wurde er überrascht: Der österreichische Hotelchef hatte sich bereits gemeldet – mit einer Zusage. Zeitgleich kam das Angebot eines Vollblutgestüts in der Nähe von Köln. Der gute Ruf des Graditzer Gestüts öffnete ihm Türen. Matthias Lisse entschied, nach Österreich zu gehen. Ausschlaggebend war ein Gefühl, das er rational nicht erklären, aber auch nicht verdrängen konnte: In Österreich fühlte er sich Inga und Marietta aus irgendeinem Grunde „näher". Womöglich war es die Nähe zur tschechoslowakischen Grenze und zu Ungarn. Dort ergab sich auch das erste Wiedersehen nach der Flucht.

Fast ein Jahr nachdem Matthias Lisse seine „beiden Mädchen", wie er sie nannte, in Leipzig zurückgelassen hatte, schloss er sie in der Tschechoslowakei wieder in die Arme. Inga war mit Marietta dorthin zu einem Skiausflug aufgebrochen. Markus reiste von Österreich aus in dem grünen Käfer ein, den er von einem Verwandten geschenkt bekommen hatte. An der Grenze kamen zwar die altbekannten Ängste auf, jedoch glaubten ihm die tschechischen Beamten die Geschichte, dass er einfach nur des Urlaubs wegen in die Tschechoslowakei einreisen wollte. Offenbar war sein Name dort nicht als DDR-Flüchtling hinterlegt. Die Verabredung mit seiner Frau war über Umwege zustande gekommen. Die dafür nötigen Absprachen waren von Verwandten, die einen Besuch in den Osten unternahmen, persönlich überbracht worden. Per Telefon oder Brief wäre dergleichen nicht möglich gewesen. Es wurde eine wunderbare Woche. Marietta feierte ihren vierten Geburtstag gemeinsam mit den Eltern. Umso schwerer fiel allen der Abschied.

Mittlerweile hatte sich politisch einiges verändert. Gorbatschows Schlagworte Glasnost und Perestroika machten auch in der DDR die Runde. Würde der neue Kurs, den die Sowjetunion einschlug, Vorbild für die DDR werden? Neue Frustration wuchs, als sich herausstellte, dass das nicht der Fall war. In den Städten bildeten sich die ersten

Der grüne Käfer: Das erste Auto bekam Matthias Lisse nach seiner Flucht in den Westen von Verwandten als Leihgabe.

Protestbewegungen. Und nachdem Ungarn seine Grenzen zu Österreich zu öffnen begann, schnellte die Zahl der Reiseanträge von DDR-Bürgern in das sowjetische Nachbarland Ungarn auf einmal rasant in die Höhe. Für Inga, die unter verstärkter Beobachtung stand, war diese Möglichkeit allerdings nicht geboten. Sie bekam kein Visum für eine Reise in das sozialistische Bruderland, das sich dem Westen immer mehr öffnete. Matthias Lisse beschloss, die Sache auf andere Art in die Hand zu nehmen. Seit dem Wiedersehen war die Sehnsucht nach seiner Familie schier unendlich geworden und das Wissen, welchen Schikanen sie in der Heimat ausgesetzt waren, belastete ihn enorm.

Seine Stellung im Reithotel war von vielen Annehmlichkeiten geprägt. Der Verdienst war gut und durch das internationale Publikum konnte er eine Vielzahl von Kontakten knüpfen. Wenn er an seine Familie dachte, überkam ihn jedes Mal das schlechte Gewissen.

Seine Frau Inga sollte ein weiteres Mal mit Marietta in die Tschechoslowakei reisen. Er würde Frau und Kind dort auflesen und sie an der tschechoslowakischen Grenze persönlich auf die ungarische Seite bringen. Diese Möglichkeit erschien ihm realistisch. Der Versuch scheiterte allerdings kläglich. Matthias Lisse musste schmerzlich erfahren, dass auch entlang dieser Grenze hermetisch kontrolliert wurde, wenn das auch nicht auf den ersten Blick ersichtlich war. Als er sich daran versuchte, einen Grenzfluss zu durchwaten – Inga und Marietta warteten indes in sicherer Entfernung in einer nahegelegenen Stadt – wurde Matthias Lisse vom Militär aufgegriffen und sofort in eine Gefängniszelle abtransportiert. Dass sich in seinem Wohnmobil ein Koffer mit Kleidern von Frau und Kind befanden, machte die Sache nicht besser. Auch der Geburtsort Leipzig in seinem Pass stimmte die Beamten misstrauisch. Er beharrte bei der Befragung darauf, dass er lediglich dienstlich unterwegs sei, um Kontakt für seinen Chef zu Pferdezüchtern herzustellen. Matthias wurde mit Handschellen an einen kochend heißen Heizkörper gekettet. Er ließ sich aber nicht „weichkochen" und blieb bei seiner Version. Tatsächlich setzten ihn die Beamten einige Stunden später an die Luft. Als Matthias mit dem Wohnmobil gen Stadt fuhr, um seine Frau und seine Tochter zu finden, bemerkte er im Rückspiegel, dass ihm ein getarnter Polizeiwagen folgte. In einer krimireifen Jagd gelang es ihm, die Verfolger zumindest kurzfristig abzuhängen, sodass Inga und Marietta unbemerkt zusteigen konnten. Dennoch waren das Scheitern und die Aussicht auf die neuerliche Trennung zutiefst enttäuschend.

Jetzt hatte Matthias Lisse nur noch einen einzigen Hoffnungsschimmer. In den Medien mehrten sich die Berichte über die DDR-Flüchtlinge, die die bundesdeutsche Botschaft in Prag besetzten. Mittlerweile waren es so viele, dass dringend eine Lösung gebraucht wurde. „Versuch, mit Marietta nach Prag in die Botschaft zu gelangen! Ich bin mir sicher, dass das der richtige Weg ist!" Matthias Lisse beschwor seine Frau ein letztes Mal, ehe die beiden auseinandergingen.

„Wir sind zu Ihnen gekommen, um Ihnen mitzuteilen..."

Wenige Stunden können darüber entscheiden, ob eine Geschichte diese oder eine völlig andere Wendung nimmt. Bei Familie Lisse ist es ein defekter Kühler. Als Inga mit ihrer Tochter Marietta am 30. September 1989 Richtung Prag fährt, lässt ihr alter Skoda sie im Stich. Zwar kann sie in einer Werkstatt das Ersatzteil auftreiben und die Reparatur abwarten, dennoch verrinnen wertvolle Stunden. Wäre sie früher angekommen, wäre ihr womöglich einiges erspart geblieben.

Etwa 4000 Menschen campieren seit Wochen rund um die bundesdeutsche Botschaft. Der Garten des Palais Lobkowitz gleicht einer Zeltstadt, mittlerweile mit unhaltbaren Zuständen. Die Spannung nimmt zu, als der deutsche Außenminister Hans-Dietrich Genscher auf den Botschaftsbalkon tritt. „Wir sind zu Ihnen gekommen, um Ihnen mitzuteilen, dass heute Ihre Ausreise..." – der Rest seiner Worte geht in tosendem Jubel und Applaus unter. Daran hat niemand mehr zu denken gewagt. Freiheit für die DDR-Bürger, die seit Wochen unter menschenunwürdigen Zuständen im Garten der Botschaft ausharrten und im wahrsten Wortsinn auf bessere Zeiten hofften.

Inga Lisse und ihre Tochter verpassen den historischen Moment. Es ist eine Ironie des Schicksals. Als sie mit dem reparierten Wagen Prag erreichen, sind die Straßen gesäumt von Trabis, Wartburgs und Skodas mit DDR-Kennzeichen. Inga Lisse findet kaum einen freien Platz. Als sie den Wagen geparkt hat und sich mit Marietta an der Hand im Laufschritt Richtung Botschaft auf den Weg macht, hört sie in nicht allzu weiter Ferne etwas, das wie ein grandioser Massenjubel klingt. Was ist da geschehen? Inga hat das Gefühl, das Geräusch könnte genau aus der Richtung stammen, in der sie die deutsche Botschaft vermutet. Je näher sie kommt, umso bewusster wird ihr, dass sie recht hat. Kommen sie gerade zur rechten Zeit oder sind sie zu spät? Angstschweiß bricht aus. Das Botschaftsgebäude ist umgeben von Polizisten. Menschen versuchen, von außen nach innen zu dringen. Keine Chance.

Da öffnet sich das große Tor und heraus quillt eine Schlange Menschen. Junge, Alte, Eltern mit Kindern, die Erleichterung ist ihnen ins Gesicht geschrieben. Ihr Weg führt die Vlasska hinab, wo bereits Busse warten. Von allen Seiten wird geschrien und gedrängt. Das Polizeiaufgebot, das die aus der Botschaft strömende Menschenmasse umringt, ist groß und undurchdringbar. Inga Lisse erkennt schnell, was sich hier abspielt. Die Menschen, die da vorbeiziehen, sind die Glücklichen, die es geschafft haben. Und sie steht mit Marietta nur wenige Meter daneben und es gelingt ihr beim besten Willen nicht, die Polizeikette zu durchbrechen. „Lassen Sie uns doch durch!", fleht sie die Polizisten an. Auf zwei mehr oder weniger kann es doch bei den Tausenden auch nicht mehr ankommen! Keine Chance. Inga wird zurückgestoßen, muss vor einem Schlagstock zurückweichen. Atemlos hastet sie zurück, versucht es an anderer Stelle. Wieder vergebens. Die Busse mit den Glücklichen setzen sich ohne sie und Marietta in Bewegung. Inga muss kapitulieren. Mit letzter Kraft bringt sie ihre hungrige Tochter, die kaum mehr laufen kann, zurück ins Auto. Über dem Lenkrad sinkt Inga zusammen und weint.

Matthias Lisse sitzt indes im Mühlviertel vor dem Fernseher. Was er da sieht, kann er kaum glauben. In den Nachrichten ist von einem „einmaligen, humanitären Akt" die Rede, der dafür sorgt, dass die DDR-Flüchtlinge, die die Prager Botschaft besetzten, in den Westen ausreisen dürfen. Matthias' Berechnungen zufolge müssten Inga und Marietta rechtzeitig angekommen und damit unter diesen Menschen sein! Am liebsten wäre er sofort in sein Auto gestiegen und Richtung Hof gefahren. Dort sollten die Züge, die die Flüchtlinge in den Westen bringen, ankommen. Das wäre allerdings Unsinn, so viel ist Matthias bewusst. Das Sinnvollste ist, am Telefon zu bleiben und abzuwarten. Inga würde sich schließlich sofort melden. Voller Anspannung versucht er, die Gesichter der beiden im Menschenmeer auf dem Fernsehbildschirm ausfindig zu machen. Er sieht sie nicht. Das muss nichts heißen. Schließlich sind es Tausende.

Am nächsten Morgen hat Inga Lisse sich so weit gefasst, dass sie beschließt, einen allerletzten Versuch zu wagen. Das Botschaftsgelände ist allerdings noch immer hermetisch abgeriegelt und die Polizeibeamten patrouillieren davor. Auch der Plan, über die Parkanlage der Rückseite auf das Gelände einzusteigen, ist nicht umzusetzen. Die Wache steht auch an dieser Stelle. Inga zermartert sich den Kopf, lässt die Augen von einem höher gelegenen Aussichtspunkt schweifen und studiert verbissen die Stadtkarte. Marietta harrt trotz Hunger und Erschöpfung geduldig aus. Ja, sie möchte auch wieder zu ihrem Papi. Da erblickt Inga etwas, das sie auf eine Idee bringt. Direkt neben dem Gelände der deutschen Botschaft ist ein weiteres Botschaftsgebäude – das der amerikanischen! Es ist zum Parkgelände hin mit einem höheren Maschendrahtzaun abgesichert, aber davor stehen keine Polizisten.

Wenn es ihnen gelingen würde, lautlos durch den Park abzusteigen und ungesehen diese Stelle des Zauns zu erreichen, könnten sie womöglich hinüberklettern und vom Gelände der amerikanischen Botschaft auf das der deutschen gelangen. Inga motiviert ihre Tochter: „Du kannst doch hervorragend klettern! Wir machen uns einen Spaß und steigen dort unten über den Zaun. Aber wir müssen uns anschleichen."

Inga Lisse mit Töchterchen Marietta vor dem Zaun zur amerikanischen Botschaft: Nachdem die Familie bereits in Freiheit und vereint war, kehrten sie an den Ort zurück. Die Erinnerung wiegt noch schwer.

Marietta ist so begeistert, dass sie mucksmäuschenstill neben ihrer Mutter durch das Wäldchen schleicht. Tatsächlich! Jetzt stehen sie unmittelbar vor dem Zaun und keine Polizei ist sichtbar. Nun muss alles ganz schnell gehen.

Erst jetzt offenbart sich, dass der Maschendrahtzaun oben zusätzlich mit Stacheldraht gesichert ist. Inga wägt das Risiko ab. Wenn sie und ihre Tochter es schaffen, bis nach oben zu klettern, wird es ihr auch gelingen, Marietta über den Stacheldraht zu hieven. Die Vierjährige überzeugt ihre Mutter in der nächsten Minute davon, dass sie meisterlich klettern kann. Inga übersteigt den Stacheldraht, stemmt ihre Füße auf der anderen Seite wieder in die Maschen und zieht ihre Tochter dann ebenfalls hinterher. Geschafft! Unverletzt stehen sie auf dem Boden der amerikanischen Botschaft – und sehen gleich darauf in ein Gesicht, das sie erschrecken lässt. Dabei ist der, der wie ein furchterregender Soldat aussieht, ein amerikanischer GI. Er führt sie persönlich zu dem Jägerzaun, der das amerikanische Botschaftsgelände vom deutschen trennt. Über diesen Zaun zu klettern, ist einfach und mit der eben durchgeführten Kletteraktion gar nicht zu vergleichen. Der Amerikaner hebt Marietta über den Zaun.

Inga und Marietta finden sich in einer verwaisten Zeltstadt wieder. Der Boden ist aufgeweicht und mit Müll und Fäkalien übersät. An einer provisorischen Tafel entdecken die beiden mehrere völlig erstaunte Hilfskräfte des DRK und Sanitäter, die beim Frühstück sitzen. Eigentlich hatten sie damit gerechnet, die Zelte im wahrsten Sinne des Wortes abbrechen zu können – und jetzt kommen weitere Flüchtlinge? „Wir sind die Neuen", sagt Inga. Etwas Treffenderes fällt ihr nicht ein. Im nächsten Moment greifen sie und Marietta schon nach den Brötchen, dem Kakao und dem Kaffee, die ihnen gereicht werden – sie sind unendlich hungrig und müde.

Inga wird in das Botschaftsgebäude geführt. Das Personal ist auf Neuankömmlinge nicht gefasst und keiner hat eine Idee, wie man nun verfahren soll. Tausende Flüchtlinge waren tags zuvor einem bislang als einmalig geltenden Abkommen zufolge ausgereist – was aber soll geschehen, wenn nun weitere kommen? Ein Botschaftsmitarbeiter bittet Inga um ihre Personalien und lässt zugleich verlauten, dass er ihr zur Rückkehr in die DDR raten würde, die gestrige Aktion sei aller Voraussicht nach schließlich eine einmalige gewesen. Für Inga ist das nach all dem Erlebten wie ein Schlag ins Gesicht und zugleich die Erkenntnis, dass sie auch in der Botschaft nicht sicher ist. In einem unbemerkten Moment stiehlt sie sich mit ihrer Tochter auf und davon, verlässt freiwillig das Gelände, in das sie so mühsam eingedrungen ist.

Von einer Telefonzelle aus ruft sie Matthias an. Der kann kaum fassen, was er da hört. Eines aber ist ihm völlig klar: Inga und Marietta müssen unbedingt zurückgehen! Hatte er nicht gerade noch irgendwo im Fernsehen den Satz aufgeschnappt, dass man nach Anschlusslösungen suchen müsse, sollte es weitere Flüchtlingswellen in den Botschaften geben? „Geh zurück, unbedingt!" Es ist nicht leicht, von der Ferne aus auf Inga einzureden. Sie ist erschöpft und völlig verzweifelt. Es ist Marietta, die auf Papas Fürsprache durch den Hörer hin die letzten Kräfte der Mutter zu mobilisieren weiß. Ein einziges Mal würde Inga es noch versuchen.

Wieder steigen sie und Marietta durch das Wäldchen hinab zum Zaun der amerikanischen Botschaft. Auf halber Höhe begegnen sie einem Paar mit einem kleinen Jungen. Inga durchschaut sofort, was die Familie vorhat und sucht das Gespräch. Sie könnte ihnen einen Weg zeigen. Außerdem könnte der Familienvater helfen, die beiden Kinder über den Maschendraht zu heben. Gemeinsam wäre die Kletteraktion vielleicht eine weniger große Strapaze. Diesen Gedanken sollte Inga allerdings noch bereuen. Während der Fremde Marietta über den Zaun hebt, nähert sich abermals ein amerikanischer GI. Der Mann erschrickt so sehr, dass er Marietta prompt auf dem Maschendraht absetzt. Die stößt einen entsetzlichen Schrei aus. Ein Stachel des Zauns hat sich in ihren Oberschenkel gebohrt. Inga macht sich sofort große Vorwürfe. Mit Mühe und Not kann sie die Tränen der Tochter trocknen. Nichts auf der Welt wäre ihr wert, dass Marietta zu Schaden kommt!

Als sie zum zweiten Mal innerhalb kurzer Zeit über den Jägerzaun auf die Seite der deutschen Botschaft steigen, zeigt sich bereits ein anderes Bild als noch am Morgen. Sie sind nicht mehr die Einzigen. Die Zeltstadt wird in den kommenden Tagen wieder Form annehmen. Inga teilt sich ein Bett mit ihrer Tochter und reicht alles Essbare an sie weiter. Sorgen bereiten ihr nicht nur das Abwarten und die Ungewissheit, wie es weitergeht, sondern auch, dass sich Mariettas Wunde zunehmend rötet. Der Botschaftsarzt bringt Mutter und Tochter ins gegenüberliegende Krankenhaus. Der Eingang der Botschaft ist wieder belagert mit Zahlreichen, die auch nach drinnen wollen und von der Polizei abgeschirmt werden. Im Krankenhaus fehlt es am Allernötigsten. Mariettas Wunde muss ohne Anästhesie geöffnet werden. Der Schrei des Kindes bei dem Schnitt geht Inga durch Mark und Bein. Hoffentlich ist es wenigstens überstanden, fleht sie innerlich, während Mariettas Oberschenkel verbunden wird.

Zurück auf der anderen Seite gibt es mit einem Mal endlich positive Nachrichten. Es werden weitere Busse kommen. Sie werden die Menschen in der Botschaft zum Bahnhof bringen und von dort fahren die Züge in die Freiheit. Inga ist wie paralysiert. Sie trägt Marietta auf dem Arm, als sie mit der Menschenschlange Richtung Bus marschiert. Sie hat nur noch ihre Handtasche. Ihr Auto und die Koffer, die sie darin hat, wird sie nie wieder sehen. Vom Straßenrand aus werden sie bejubelt. Im Zug sind die beiden so müde, dass sie sich schlafend aneinander kuscheln. Auf Wunsch des DDR-Staatsapparates müssen die Züge mit den Flüchtlingen durch DDR-Gebiet fahren, um den Anschein einer freiwillig genehmigten Ausreise vorzugaukeln. An der Grenze werden ihnen die Pässe abgenommen. Die offizielle Begründung lautet, dass sie ansonsten keine Bundesbürger der BRD werden könnten. Letztlich geht es darum, dass der Staatsapparat der DDR genau wissen will, wer das Land verlässt. Auf diesem Wege kann man den Bürgern deren Vermögenswerte entziehen und die Häuser plündern.

Für die Menschen im Zug ist das in diesem Augenblick nebensächlich. Als die Grenze in den Westen passiert ist, gibt es laute Jubelschreie und eine Flasche Sekt macht die Runde. Inga hat nur noch einen einzigen Gedanken: Bald würde sie bei Matthias sein und nichts und niemand würde sie mehr trennen können.

Matthias Lisse tigert indes vor dem Telefon auf und ab, verpasst keine Sondersendung im Fernsehen und hört nahezu ständig Radio. Jeder im Hotel weiß, worum es geht, und fühlt mit ihm. Endlich! Der erlösende Anruf. Matthias laufen Tränen über die Wangen, als er Ingas Stimme hört. Aus dem Hintergrund dringen Geräusche einer belebten Bahnhofshalle durch den Hörer. Inga und Marietta sind in Hof angekommen. Am allerliebsten wäre Matthias augenblicklich ins Auto gesprungen, doch seine Frau hat wie immer den kühleren Kopf. Es würde ein zweiter Zug nach Deggendorf fahren. Dort sollte Matthias auf sie warten. Das wäre weniger weit. Stunden später nimmt Matthias genau dort seine Frau und seine Tochter wieder in die Arme. Sie sind vereint. Nach 18 Monaten der Trennung.

Der Anfang eines neuen Kapitels

Marietta fiel es leicht, sich in der neuen Umgebung einzuleben. Für sie war die Welt endlich wieder so, wie sie sein sollte. Dass das Zimmer im Reithotel, das ihr Vater bewohnte, für drei Personen recht eng war, störte sie nicht. Überglücklich war sie, dass nun wieder Mama und Papa da waren und dass es auch noch jede Menge Pferde gab. Inga fiel es trotz der geglückten Flucht nicht so leicht, das Erlebte abzustreifen. Zu tief saß die Erinnerung an die Demütigungen, die sie in der DDR ertragen musste, und an die Gefahren, an denen sie und ihre Tochter nur haarscharf vorbeigeschlittert waren. Immer wieder quälten sie Fragen. Hatte sie tatsächlich alles richtig gemacht? Oder war sie doch ein zu großes Risiko eingegangen? Hatte sie Marietta für ihren Wunsch von einem Leben im Westen gefährdet? Wenige Wochen nach ihrer Ankunft in Österreich machten sich Inga und Marietta gemeinsam mit Matthias auf den Weg nach Deutschland zu den Verwandten. Dort suchten sie mit Marietta ein Krankenhaus auf. Die Wunde durch die Verletzung mit dem Stacheldraht war erneut gerötet.

Im Krankenhaus in Hannover stellte sich eine verheerende Diagnose heraus. Die Wunde war voller Eiter und nekrotischem Gewebe, in Mariettas Blut waren die Entzündungswerte hoch. Auch nach einer Operation war sie noch nicht endgültig über dem Berg. Während Inga und Matthias abwechselnd an ihrem Bett ausharrten, bahnte sich ein weiterer historischer Moment an. Es war der 9. November 1989. Die Mauer wurde geöffnet. Matthias Lisse bekam davon erst spät etwas mit. Als das Gerücht an sein Ohr drang, suchte

7. Oktober 1989: Inga und Marietta bei einer Schifffahrt in Passau. Nachdem Matthias Lisse seine Frau und seine Tochter endlich bei sich hatte, zeigte er ihnen auf diese Weise etwas von der neuen Heimat.

30 Jahre nach dem Mauerfall fuhren Inga und Matthias Lisse im September 2019 zu einem "Fest der Freiheit" in die deutsche Botschaft nach Prag. Historiker und Moderator Michal Dimitrov bekam ein Exemplar der "Geteilten Jahre" überreicht, das Buch, in dem Matthias Lisse seine Geschichte aufgeschrieben hat.

er schleunigst den Patientenaufenthaltsraum des Krankenhauses auf. Dort stand ein Fernseher. Was er sah, konnte er kaum glauben. Immer wieder wurden die berühmten Worte von Günter Schabowski wiederholt, der den DDR-Bürgern Auskunft über ihr neues Reiserecht gab. „Das tritt nach meiner Kenntnis ... ist das sofort, unverzüglich." Jubelnde Menschenmassen strömten an den Grenzposten der Berliner Mauer vorbei, zogen sich an der Mauer hoch, stiegen von einer Seite auf die andere, hauten Brocken aus dem Bauwerk und warfen sie von Hand zu Hand.

Matthias Lisse stieß einen Freudenschrei aus. „Die Grenze ist offen!", brüllte er über den Krankenhausflur. Er konnte nicht mehr an sich halten. Die Ärztin, die ihm Einhalt gebieten wollte, hob er hoch und wirbelte sie mit einem Schwung herum. Inga war genauso fassungslos wie er. Dennoch: Eine Nachricht war noch viel wichtiger für die beiden. Nach Stunden der Ungewissheit war ihre Tochter über dem Berg.

Für Matthias Lisse waren all diese Erlebnisse eine Bestätigung dafür, dass letztlich alles im Leben zu schaffen ist. An seinem Traum, sich mit seiner Frau einen eigenen Reitbetrieb aufzubauen, hielt er fest, obgleich Inga ihn anfangs noch belächelt hatte. In Thurmansbang am Traxenberg pachteten sie einen Reitstall und entdeckten zehn Jahre später beim Ausreiten den alten Vierseithof in Unteröd. Das Ensemble stand zum Verkauf. Matthias und Inga schlugen zu. Seit 2005 leben und arbeiten sie auf dem Hof, den sie Landgut Lisse genannt haben. Es ist ein Familienbetrieb. Sie haben es nie bereut. Wenn Matthias Lisse heute bedauert, dass er es nach wie vor noch nicht geschafft hat, durch das Monument Valley zu reiten, dann hat das nichts mit mangelnder Freiheit zu tun. Eher mit seinem Pflichtgefühl, das ihm verbietet, den Betrieb längere Zeit allein zu lassen.

Literatur und Geschichte hat er trotz fehlenden Studiums nun doch noch zu seiner Aufgabe gemacht. Seit Jahren schreibt er unter dem Pseudonym Mac P. Lorne historische Romane. Er weiß nahezu alles über Richard Löwenherz und könnte stundenlang Details berichten, die in der Geschichtsschreibung seines Erachtens manchmal nicht ganz treffend wiedergegeben werden. Die Schauplätze seiner Romane hat er sich größtenteils direkt vor Ort besehen. Zum 30. Jahrestag des Mauerfalls hat er seine eigene Geschichte veröffentlicht. „Die geteilten Jahre" heißt der Roman, der damit endet, dass er und Inga nach Kenia reisen. Eine Tiersafari à la Grzimek war immer der große Traum seiner Frau. Den haben sich die beiden damals kurz nach der Flucht und nach Mariettas Genesung erfüllt. Auch nach Prag sind sie zum Jahrestag gereist. Bei einem „Fest der Freiheit" durften sie selbst auf dem Balkon stehen, von dem Genscher die berühmten Worte verkündet hat. Es ist vorbei, vergessen aber niemals.

Mittlerweile sind Matthias Lisse und seine Familie an einem anderen Ort in Bayern daheim. Ihre Zeit im Landgut Lisse haben sie abgeschlossen, möchten sie aber nicht missen.

Ihre zweite Berufung ist die Musik

Schwester Avita
und die Liebe ihres Lebens

Schwester Avita Bichlmaier blickt auf ein erfülltes Leben mit vielen Ereignissen zurück.

Über 60 Jahre sind es nun schon, die Irmgard Bichlmaier mit der Liebe ihres Lebens verbracht hat. Jeden einzelnen Tag richtet sie danach aus, ihm nahe zu sein. In Gedanken und mit Taten. Sogar einen anderen Namen hat sie angenommen. „Irmgard" ist ihr Taufname. Eine Erinnerung an längst vergangene Zeiten, an eine Jugend, in der sie auf der Suche war nach jener inneren Überzeugung, die so tief war, dass sie alles andere in den Schatten gestellt hat. Irmgard Bichlmaier hat diese Überzeugung gefunden. Als 19-Jährige hat sie beschlossen, dem Orden der Congregatio Jesu beizutreten, früher besser bekannt als Englische Fräulein. Schwester Avita lebt ein Leben für Gott – das ist ihre Berufung. Ihre erste Berufung. Die zweite Berufung gehört der Musik.

Silvester hat sich bei Schwester Avita des Öfteren als Tag mit bedeutsamen Begegnungen herausgestellt. Als das Jahr 2018 sich neigte, hat sich Schwester Avita „verliebt". „Neu verliebt", sagt sie. Das weiche Gesicht unter der schwarzen Haube strahlt eine Mischung aus Begeisterung und Schalk aus. Ihre neue Liebe gilt einem Ort am Rande des Altöttinger Kapellplatzes. Während die meisten Pilger zum Herz des weltberühmten Marienwallfahrtsorts strömen, in der Gnadenkapelle das Angesicht der Mutter Gottes suchen, ist die Anbetungskapelle ein Ort der Stille geblieben. Beinahe unberührt liegt sie an der Nordseite der Stiftspfarrkirche. Vorbei an Rosenkränzen und Wetterkerzen eines Devotionalienhändlers gelangt man in einen überschaubaren Raum. „Venite adoremus" laden Buchstaben auf einem goldenen Schild ein. Man muss ein aufmerksamer Besucher sein, damit einem die Anbetungskapelle nicht entgeht. Sie ist wie eine Muschel, die eine wertvolle Perle in sich birgt.

Schwester Avita verbringt täglich mindestens eine halbe Stunde in dem spätgotischen Raum. Manchmal schließt sie die Augen, manchmal behält sie die Monstranz im Blick. Die Anbetungskapelle ist auf Initiative von Papst Benedikt XVI. entstanden.

Schwester Avita spricht hier mit Gott. Zur fortgeschrittenen Stunde des Vormittags kommt sie an diesem Ort besser mit ihm ins Gespräch als in der Gnadenkapelle, die gerne von Pilgern überlaufen wird. Eine Handvoll Menschen sucht in der Anbetungskapelle die Ruhe. Beinahe stoisch fallen die Bewegungen aus, spürbar ist das Bemühen eines jeden Einzelnen, die anderen Besucher nicht zu stören, auch nicht durch einen einzigen Blick.

Schwester Avita beginnt in Gedanken, zu erzählen. Sie empfiehlt die Gebetsanleitung „Eine Viertelstunde vor dem Allerheiligsten". Von den handlich gefalteten Zetteln hat sie immer ein paar Exemplare griffbereit, um sie anderen Menschen zu geben, die sich einen Tipp für ein Gebet wünschen. Es ist nicht nötig, viel zu wissen, sagt die Anleitung. Man soll sich stattdessen Gott widmen wie einem Freund. Ihm alles sagen, Freude, Leid und Wünsche. Schwester Avita tut das nicht nur für sich. Wenn sie nicht in der Anbetungskapelle ist, dann geht sie in die Gnadenkapelle und betet dort immer auch für die Anliegen, die anderen Menschen an sie herangetragen haben. Anteilnahme, Hilfsbereitschaft und Respekt sind Tugenden, die sie oftmals vermisst, seit sie älter geworden ist.

Oft denkt Schwester Avita zurück an einen Spruch, der sie durch ihre Kindheit begleitet hat. „Lass den Bauer nach seinen Sitten walten. Er hat sie von Natur erhalten.

Darum folge, strebe nicht gegen die Natur, sonst geht zugrund' die ganze Kultur." Diese Sätze hat ihr Vater Josef Bichlmaier einst ersonnen. Vor vielen Jahrzehnten hat er sie an die Hausfassade schreiben lassen. „Wie aktuell der Spruch doch heute noch ist", sinnt Schwester Avita nach. Sie kann die Sätze genau wiedergeben.

Das Zuhause der Kindheit und Jugend von Schwester Avita gibt es immer noch. In der kleinen Ortschaft Eiberg nahe Tann im Landkreis Rottal-Inn steht an exponierter Stelle das Gebäude, das sich nach alter Tradition Oberschmidbauer-Hof nennt. Der Hof ist bis heute ein Familienbetrieb. Jedes Jahr am zweiten Samstag nach Ostern marschiert der große Pilgerzug der Passauer Jugendwallfahrt nach Altötting durch Eiberg. Bei gutem Wetter kann man von Eiberg aus bis in die Alpen sehen.

Irmgard Bichlmaier wurde am 10. Mai 1939 als Jüngstes von neun Kindern in Eiberg geboren. Sieben Mädchen und zwei Buben hat das Ehepaar Therese und Josef Bichlmaier bekommen. Die kleine Irmgard teilte sich mit der zweitjüngsten Schwester das Kinderzimmer nahe dem Schlafzimmer der Eltern. Zu den leisen Geräuschen am Morgen vor dem Aufstehen zählten die Gebete von Mutter und Vater. „Jesus, Maria und Josef, euch schenke ich mein Herz und meine Seele...", beteten die Eltern zusammen. Auch der Engel des Herrn hatte seinen festen Platz. Wurde untertags auf den Feldern gearbeitet, war es eine Selbstverständlichkeit, dass alle, von der Magd bis zum Bauern, beim Zwölfuhrläuten der Kirche innehielten und sich bekreuzigten. Im Oktober pflegte die Familie die Marienverehrung. Täglich wurde Rosenkranz gebetet – über den Tag verteilt.

Nicht der Mutter wegen, sondern aus Berufung

Der Alltag der Großfamilie mit der Arbeit auf dem landwirtschaftlichen Betrieb prägte die Kindheit und Jugend von Irmgard Bichlmaier. Sie galt als lebhaft und temperamentvoll. Ein Leben im Kloster? Undenkbar. Dabei war es der sehnlichste Wunsch der Mutter, dass von sieben Mädchen eines ins Kloster gehen möge. Dass es ausgerechnet Irmgard sein sollte – damit hätte niemand gerechnet. Sie selbst am allerwenigsten. Ins Kloster gehen, weil es die Mutter wünscht, dagegen sträubte sie sich ohnehin. „Wenn überhaupt, dann gehe ich, weil ich mich berufen fühle. Nicht, weil es die Mutter will." Trotz Religiosität blieb etwas, das sich wie eine Berufung anfühlte, vorerst aus.

Irmgard Bichlmaier besuchte die Volksschule in Eiberg, anschließend die landwirtschaftliche Berufsschule in Tann. Dort gab eine Deutschordensschwester den katholischen Religionsunterricht. Es war eine jugendliche Schwester, die es verstand, die Schülerinnen mit ihrer begeisternden Art mitzureißen. „Ich bin ja auch nicht im Kloster geboren", habe sie gerne betont und sich dabei sehr lebensnah gezeigt. Irmgard fand großen Gefallen an dieser Ordensfrau. Eine „Schwärmerei" sei das gewesen, die auch die Klassenkameradinnen teilten. Drei Mädchen fassten den Entschluss, ins Kloster zu gehen. Irmgard war dabei. Den Religionsunterricht konnte sie von da ab kaum mehr erwarten. Hatte der Vater den Wunsch, sie möge wegen der Arbeit zuhause heute einmal dem Unterricht fernbleiben, frohlockte Irmgard jedes Mal, wenn sich Regenwolken am Himmel zeigten:

„Das war die Gelegenheit, doch noch in den Unterricht gehen zu dürfen."

Dennoch: Ob die Begegnung mit dieser Ordensfrau tatsächlich das Gefühl in ihr wachgerufen hatte, das einer Berufung gleichkäme? Irmgard geriet ins Zweifeln, verwarf den Wunsch. „Wenn ich mich zu diesem Zeitpunkt entschieden hätte, hätte ich mich aus reiner Schwärmerei für diese Schwester entschieden. Nicht, weil ich mich berufen gefühlt hätte." Das wäre nicht besser gewesen, als dem Wunsch der Mutter zu folgen. „Schwärmereien vergehen. Sie sind nichts Dauerhaftes", war Irmgard schon damals überzeugt.

Der Gedanke an ein Leben im Kloster blieb im Hinterkopf haften, wurde aber vordergründig von anderen Ereignissen überlagert. Als 17-Jährige verliebte sich Irmgard zum ersten Mal in einen jungen Mann. Dennoch: „Ich war immer auf der Suche nach etwas Höherem."

Ab Oktober 1958 absolvierte sie eine Art hauswirtschaftliche Ausbildung bei den Maria-Ward-Schwestern in Neuhaus am Inn bei Passau. Für ein Mädchen war das kein ungewöhnlicher Lehrplatz zur damaligen Zeit. Hauptsächlich ging es darum, das Kochen zu erlernen. Irmgard Bichlmaier erlebte aus nächster Nähe den Alltag der Ordensfrauen und mit einem Mal war die innere Stimme wieder stärker. Bis sie eines Tages so stark war, dass Irmgard Bichlmaier sie nicht mehr ignorieren konnte oder wollte.

Die Berufung war ein Gefühl, eine tiefe innere Überzeugung, schwer nachzuvollziehen für jemanden, der so etwas nie empfunden hat. Wichtig war, dass dieses Gefühl aus tiefstem Herzen kam – ohne Schwärmerei oder Druck von außen. Am Silvestertag 1958 rief Irmgard bei der Provinzoberin an und bat um die Aufnahme ins Kloster.

Am 2. Februar 1959 begann das Postulat, die Probezeit, der die Einkleidung folgen sollte. Als Irmgard bei der feierlichen Postulatsaufnahme in Passau den Klängen des Schwesternchors lauschte, war sie zutiefst ergriffen. Diesen Moment beschreibt sie als ihre „ewige Profess". „Geh duasd nimma, mag kemma, wos mog", hat die 19-Jährige damals ein immerwährendes Gelübde für sich formuliert, das ihr heute noch fließend über die Lippen kommt.

Zuhause in Eiberg war man nur teilweise überzeugt, ob die klösterliche Laufbahn tatsächlich der richtige Weg für Irmgard sein sollte. „Du wirst das Dirndl doch nicht etwa ins Kloster schicken?", haben Bekannte den Vater im Wirtshaus gefragt. Josef Bichlmaier schickte eine von Irmgards Schwestern nach Neuhaus, um der jüngsten Tochter noch einmal ins Gewissen zu reden. Ganz bewusst hat er nicht die Mutter geschickt: „Die würde unsere Irmgard ja noch bestärken." Mit der Zeit ließ sich Josef Bichlmaier aber überzeugen. Die Einkleidung seiner Tochter Irmgard war für die ganze Familie ein sehr ergreifendes Erlebnis.

Der Name „Irmgard" gehörte mit dem Eintreten in die klösterliche Gemeinschaft der Vergangenheit an. Auf einem Blatt Papier standen einige Namen zur Auswahl. „Avita" war eigentlich für eine andere Novizin vorgesehen. Als Irmgard einen Blick auf das Blatt Papier erhaschte, hat sie sofort beschlossen, dieser Name möge der ihrige werden, sollte die Mitschwester sich für einen anderen entscheiden. Tatsächlich hat die Mitschwester den Namen Avita nicht gewählt – damit war er für Irmgard frei. Besonders den Lautklang des Namens hat sie als wohltuend und schön empfunden. Später hat sie einmal gelesen, dass es sich um einen Namen griechischer Abstammung handle.

Orgel spielen – das wäre das allergrößte Glück

Nun war Schwester Avita Mitglied der Congregatio Jesu, umgangssprachlich besser bekannt als Englische Fräulein. Ein Orden, der zu Beginn des 17. Jahrhunderts in England von Mary Ward, hierzulande als Maria Ward bezeichnet, gegründet wurde. Der Orden hat sich der ignatianischen Tradition verschrieben. Die Bildung und Erziehung von Mädchen zu selbstständigen Frauen war Ziel der Ordensgründerin. Dies spiegelt sich auch heute noch im Geiste der Maria-Ward-Schwestern wider. „Zeige dich so, wie du bist, und sei so, wie du dich zeigst", lautet ein Zitat Maria Wards. Gemäß ihrem Ziel der Mädchenbildung betreiben die Maria-Ward-Schwestern zahlreiche Schulen. Zu unterrichten, sollte auch die Aufgabe von Schwester Avita werden.

Allerdings fehlte ihr dazu die richtige Ausbildung. Obgleich sie das Glück fühlte, ihre Berufung zu leben, fehlte irgendetwas. Es war, als wäre das letzte Stück, das das Mosaik vollenden sollte, noch nicht gefunden. Die Sehnsucht wurde immer dann besonders stark, wenn Schwester Avita bei den Gottesdiensten die Kirchenorgel hörte. Wie sehr bewunderte sie die Schwestern, die Orgel spielen konnten. Welch wunderschönes Gefühl müsste es sein, selbst einmal an der Königin der Instrumente spielen zu dürfen?

„Glücklich bin ich schon", sagte sich Schwester Avita täglich, um dann in Gedanken hinzuzufügen: „Aber am allerglücklichsten wäre ich, wenn ich Orgel spielen könnte." Gefragt hätte sie danach nicht. Sie fühlte sich zu alt, um ein Instrument zu erlernen. Schwester Avita begnügte sich mit dem, was war – und betete insgeheim täglich die Litanei zum Heiligen Josef. Das war noch in Passau. Der Heilige Josef ist der Patron, dem sich die Maria-Ward-Schwestern seit jeher verschrieben haben, wenn sie eine Fürsprache bei Gott wünschen. Eines Tages kam die Provinzoberin auf Schwester Avita zu und meinte: Sie sei so musikalisch – ob sie sich nicht eine Ausbildung in dieser Richtung vorstellen könne?

Ja, Schwester Avita ist davon überzeugt, dass ihr der Heilige Josef geholfen hat. Und wenn es eine zweite Berufung im Leben gibt, dann ist das bei ihr die Musik. Rückblickend sieht sie zwei Parallelen in ihren Berufungen: Ähnlich wie sie sich als Jugendliche gegen den Wunsch der Mutter gewehrt hat, so hat sie auch als Kind die Chance, Orgel zu lernen, ausgeschlagen. Es hätte eine Gelegenheit dazu gegeben, weil die Organistin ihrer Heimatgemeinde geheiratet und damit ihr Amt abgegeben hatte. Jedoch hatte es der jungen Irmgard damals an Interesse gemangelt.

Beides, die Sehnsucht nach Gott und der Wunsch nach der Musik, kam erst später – dafür mit einer umso größeren Intensität. Schwester Avita glaubt, dass man, wenn man einmal eine Berufung gespürt hat, mit einem anderen Lebensweg nicht mehr wirklich glücklich werden kann.

Während des Noviziats begann Schwester Avita damit, die Mittlere Reife nachzuholen. Danach hat sie sich die Musik von der Pike auf erschlossen. Ihr Weg führte für ein Jahr ins unterfränkische Münnerstadt und anschließend für vier Jahre nach Regensburg. Man hätte die Ausbildungsjahre auch anders kombinieren können. Schwester Avita hat den Weg gewählt, der der anspruchsvollere war und eine Aufnahmeprüfung in Regensburg erforderte.

Schwester Avita war von Anfang an sehr genau und sehr ehrgeizig. Und sie hatte großen Respekt vor den hochrangigen Lehrkräften, über die sich die Nachwuchsmusiker die eine oder andere Geschichte erzählten. Beim Vorspielen war Schwester Avita dementsprechend nervös. Dennoch ließ sie sich nicht bange machen. „Für Orgel hab ich auch was vorbereitet", ließ sie die Prüfer nach dem Klaviervorspiel ohne Umschweife wissen. Das war eigentlich nicht vorgesehen. Zum großen Respekt der Prüfer präsentierte sie auf der Orgel ein fehlerfreies Bach-Präludium in g-Moll. Man staunte, wie viel Schwester Avita bereits zu diesem frühen Zeitpunkt beherrschte. Noch am selben Tag wurde ihr Name auf den Stundenplänen für den Musikunterricht eingetragen. Schwester Avita studierte Musik und eignete sich im Anschluss in Kursen die pädagogischen Kenntnisse für das Lehramt an. Die ersten Dienstjahre absolvierte sie in Passau an der Realschule Niedernburg. Sie gab nicht nur Musikunterricht, sondern begann auch bereits, die Schüler in Chören zusammenzufassen.

1970 wurde Schwester Avita zu den Maria-Ward-Schwestern nach Altötting entsandt - bis heute ihre Heimat. Heutzutage ist die Congregatio Jesu die älteste in Altötting ansässige klösterliche Niederlassung. In der oberbayerischen Kreisstadt gibt es zwei Maria-Ward-Schulen, ein Gymnasium und eine Realschule. An beiden Schulen war nicht nur eine gewöhnliche Musiklehrerin vonnöten. Auch hier gab es genügend Stimmen, die sich für einen Chor eigneten. Schwester Avita nahm die Sache augenblicklich in die Hand, gründete Schulchöre verschiedener Altersstufen, auch schulübergreifend. Die ersten Auftritte folgten. Schwester Avitas Chöre sangen bald nicht mehr nur auf Schulkonzerten oder Gottesdiensten, sondern auch bei Veranstaltungen wie dem Christkindlmarkt, gestalteten Taufen oder Hochzeiten.

Schwester Avita fühlte sich vom ersten Moment an zuhause in Altötting. Das Herz Bayerns, wie die Wallfahrtsstadt auch genannt wird, war Zentrum ihres Schaffens und der Ort, an dem sie ihre beiden Berufungen ideal in Einklang bringen konnte. Die Räume der Ordensfrauen liegen nur einen Steinwurf vom berühmten Kapellplatz entfernt. Eiberg dürfte in einer guten halben Stunde mit dem Auto zu erreichen sein. Heimweh hat Schwester Avita aber selten empfunden. Die Gedanken an den Hof, die Eltern und die Geschwister waren zwar da, wogen aber nicht schwer. Die neuen Aufgaben waren voll und ganz erfüllend.

Von den über 30 Jahren, in denen Schwester Avita als Musik- und Chorleiterin wirkte, zeugen heute noch diverse Fotografien, die sie in ihrem Zimmer und im Flur aufgehängt hat. Die Fotos sind Erinnerungen an ganz besondere Auftritte. Schwester Avita hat sie teilweise mit alten Zeitungsausschnitten ergänzt. Wenn sie ihre Badezimmertür öffnet, kann sie genau auf die Fotos blicken. Sie sieht sich die Bilder ganz ohne Bedauern an, eher im inneren Frieden. „Alles im Leben hat seine Zeit", zitiert die Schwester aus Buch Kohelet.

Jeder Auftritt beginnt mit einem Gebet

Als der Altöttinger Bürgermeister Herbert Hofauer im Jahr 2000 zum 30. Jubiläum der Maria-Ward-Chöre eine Rede halten soll, tut er sich gänzlich schwer, die Redezeit von fünf Minuten einzuhalten. Er weiß buchstäblich nicht, wo er anfangen soll. Vielleicht hätte er dem Beispiel von Schwester Avita folgen sollen, die vor jedem geistlichen Konzert mit dem gesamten Chor ein Gebet gesprochen hat. In Gedanken hat sie ohnehin jedes Mal die Bitte nach oben geschickt, dass die Zuhörer durch die Musik innerlich ergriffen werden mögen.

Mit den Jahren haben ihre Chöre immer außergewöhnlichere Auftritte an Land gezogen. Auch die Deutsche Bischofskonferenz stand auf dem Programm. Schwester Avita kramt eine alte Kassette hervor und legt sie in den Rekorder. Ein Reigen warmer, voller Stimmen erklingt: „Der Herr ist groß in seinen Heiligen." Der Gottesdienst mit dem Auftritt ihres Chores sei der Höhepunkt der ganzen Bischofskonferenz gewesen, hat ihr später einer der deutschen Bischöfe in einem persönlichen Brief geschrieben.

Das Singen wurde mit Pilgerreisen verbunden. Neben Altötting ging es nach Jerusalem, Prag, Lourdes, Tschenstochau, Krakau, Loreto und an weitere Orte – Schwester Avita ist viel herumgekommen. Es waren so viele Erlebnisse, dass es ihr schwerfällt, eines herauszugreifen, das das Größte war. Sie hat vor zwei Päpsten gesungen: vor Papst Johannes Paul II. und Papst Benedikt XVI. Was, wenn nicht der Auftritt vor dem Papst, könnte für eine Klosterfrau das Wichtigste sein? Tatsächlich gehört es zu den ganz

Die Begegnung mit Papst Benedikt XVI. zählte für Schwester Avita zu den besonders beeindruckenden Momenten als Chorleiterin.

großen Ereignissen, die Schwester Avita erleben durfte. Als Papst Benedikt 2006 Altötting besuchte, sangen – natürlich – ihre Chöre die Vesper in der Basilika. Sie denkt oft daran, wenn sie in die Gnadenkapelle geht und dort die Madonnenfigur mit dem Ring betrachtet, den der Papst als Geschenk zurückgelassen hat, ebenso wie die goldene Rose, die er zwei Jahre nach seinem Besuch zum Patrozinium der Kapelle als Auszeichnung des Marienheiligtums übersandt hat.

Vor einiger Zeit hat sich der mittlerweile emeritierte Papst Benedikt bei einem Besucher aus der Heimat tatsächlich danach erkundigt, wie es denn eigentlich Schwester Avita gehe. Der Gefragte hat geahnt, welche Freude er Schwester

Avita bereitet, wenn er ihr berichtet, dass der ehemalige Papst nach ihr gefragt hat. Spätabends, als der Freund von Papst Benedikt aus Rom zurückgekehrt war, überbrachte er ihr die Botschaft per Telefon, entschuldigte sich für die Uhrzeit: „Wenn du mir so etwas zu sagen hast, kannst du auch um drei Uhr früh noch anrufen!", hat Schwester Avita überglücklich in den Hörer gerufen.

Auch vor Papst Johannes Paul II. haben die Schülerinnen von Schwester Avita gesungen. Über die Begegnung mit diesem Papst, der inzwischen heiliggesprochen ist, freut sie sich noch heute. Sie denkt stetig daran, wenn sie täglich in der Heiligen Kapelle die Reliquie von ihm betrachtet. Dass sich tatsächlich die Gelegenheit zum Auftritt ergeben

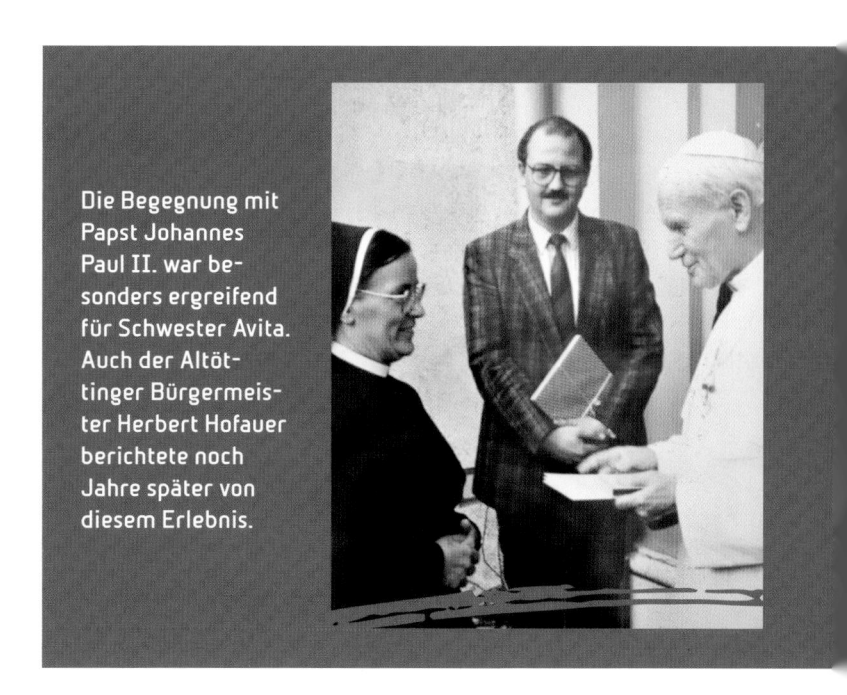

Die Begegnung mit Papst Johannes Paul II. war besonders ergreifend für Schwester Avita. Auch der Altöttinger Bürgermeister Herbert Hofauer berichtete noch Jahre später von diesem Erlebnis.

Mit vollem Einsatz und großer Leidenschaft hat Schwester Avita ihre Chöre geleitet und zu Höchstleistungen motiviert.

würde, stand bei der Fahrt nach Italien damals zwar noch nicht fest. Aber es wäre untypisch gewesen, wenn Schwester Avita nicht in weiser Voraussicht mit dem Chor ein paar polnische Lieder einstudiert hätte. Bei der Audienz in der päpstlichen Sommerresidenz Castel Gandolfo, die nahe Rom in den Albaner Bergen liegt, nutzte die Altöttinger Truppe kurzerhand die Chance. Als der Papst kam, begann Schwester Avita mit ihrem Chor zu singen. Dem erstaunten Blick des Heiligen Vaters begegnete Schwester Avita wie immer unerschrocken und pragmatisch: Sie drückte dem Papst kurzerhand ein mitgebrachtes Liederblatt in die Hand. „Da hat wohl mancher als Prälat getarnte vatikanische Sicherheitssheriff schon zur Pistole unter seinem Talar gegriffen", kommentierte Bürgermeister Hofauer dieses Erlebnis in der Jubiläumsrede im Jahr 2000. Für Schwester Avita wird die Reaktion des Papstes auf die Darbietung des Chores unvergessen bleiben. Er hat sich Tränen der Rührung aus den Augen gewischt. Anschließend sagte er: „Ihre Mädchen haben sehr schön gesungen. Ich habe alles verstanden."

„Was nützt mir der erste Preis für die Ewigkeit?"

Wenn man ihren Erzählungen lauscht, hat man das Gefühl, Schwester Avita hat viel mehr für andere, als für sich selbst Musik gemacht. Da gibt es zum Beispiel die Geschichte von der Frau, die sich längst von der Kirche abgewandt hat, aber durch den geistlichen Chorgesang zurückgekehrt ist, weil sie plötzlich einen positiven Impuls gespürt hat.

Manches Erlebnis mit dem Chor hat Schwester Avita auch zu Geschichten verarbeitet, mit denen sie wiederum anderen einen Denkanstoß geben möchte. 1994 hat einer ihrer Chöre am Wettbewerb „Bayerns Jugend singt" teilgenommen. Schwester Avita weiß noch genau, wie sich mit jeder weiteren Runde ihre Nervosität steigerte. Nach dem Kreisentscheid stand die Bezirks- und schließlich die Landesebene an. Vor dem Durchgang auf Bayernebene war Schwester Avita extrem aufgeregt. Bis mit einem Mal eine eigentümliche innere Ruhe über sie kam. Sie schreibt diese dem Heiligen Geist zu. Schlagartig ist ihr da eine Erkenntnis durch den Kopf gegangen. „Was nützt mir der erste Preis für die Ewigkeit?", hat sie sich gefragt – und ist zu der Erkenntnis gekommen, dass letztlich nur das zählt, was man vor Gott ist: „Beim Sterben werde ich sicher nicht gefragt, ob ich damals den ersten Preis bekommen habe. Da werde ich über andere Dinge Rechenschaft ablegen müssen." Ihre Schülerinnen haben dennoch gewonnen, auf Landkreisebene, auf Bezirksebene und schließlich auf Bayernebene.

Ihre Schlussfolgerung: Durchatmen, wenn etwas unendlich schwierig und wichtig zugleich erscheint. Vieles relativiert sich mit dem Blick aufs große Ganze und ist in der Folge mit weniger selbstauferlegtem Druck leichter zu meistern.

Durchsetzungskraft, Entschlossenheit, Redegewalt – das sind Schlagworte, die auf Schwester Avita passen. Der Erzbischof von Loreto und vormalige Sekretär von Papst Paul VI. erfuhr das am eigenen Leibe bei der Gestaltung einer Musikveranstaltung. Sein Vorschlag zur Aufstellung der Chöre hat Schwester Avita nicht überzeugt und das hat sie ihm in aller Deutlichkeit auch mitgeteilt. „So hat noch nie eine Schwester mit mir geredet", hat der Erzbischof im Nachhinein gesagt. Auch diese Episode hat der Altöttinger Bürgermeister in seiner Jubiläumsrede zitiert.

Ebenso charakteristisch ist eine andere Szene: Einmal, erzählt Schwester Avita, ist sie mit ihren Schülerinnen zu Rundfunkaufnahmen gefahren. Zwölf Lieder hatte sie mit

„Wenn ich schwätze, spricht keiner": Schwester Avita war als Lehrerin und Chorleiterin nie um Worte verlegen.

ihnen einstudiert. Der Aufnahmeleiter, der drei Stunden eingeplant hatte, lächelte. In der Zeit könne man aller Erfahrung nach vielleicht drei Lieder aufnehmen. Er hat nicht mit der resoluten Chorleiterin und ihren disziplinierten Sängern gerechnet. Letztlich wurden 15 Lieder aufgenommen. Auf dem Heimweg von München nach Altötting fiel Schnee, der Bus konnte nur noch Schrittgeschwindigkeit fahren. Schwester Avita rief von der Telefonzelle aus den Hausmeister an und sagte zu ihm: „Die Eltern brauchen sich keine Sorgen zu machen." Die waren umgehend beruhigt – waren die Kinder doch mit Schwester Avita unterwegs. Ihr konnte man vertrauen.

Das galt nicht nur bei den Eltern, sondern auch bei den Schülern. Dazu beigetragen hat sicher auch die direkte Art von Schwester Avita. „Schönheitsunterricht" nannte sie es, wenn sie zu Vertretungsstunden in die Klassen mit Heranwachsenden geschickt wurde. Dabei hat sie den Schülern ein Schönheitsrezept verraten – ganz ohne Make-up und kostenlos: Lächeln. Aufmerksam sein. Gutes tun. „Jeder ist nur so schön, wie sein Gesicht freundlich ist", sagt sie und fügt frei nach Albert Schweitzer hinzu: „Bis 20 hat der Mensch das Gesicht, das Gott ihm geschenkt hat, mit 40 das Gesicht, was er aus dem Leben gemacht hat, und von 60 bis zu seinem Tod das Gesicht, das er verdient."

Das Gesicht von Schwester Avita strahlt vor allem Ruhe und tiefes Glück aus. Die Überzeugung, mit sich im Reinen zu sein. Man muss sie unwillkürlich bewundern. Alles, was sie besitzt, findet in ihrem Zimmer Platz. Schwester Avita hat niemals Reichtümer angehäuft, hat aber dafür auch keine Existenzängste. Sie ist durch ihre Chöre viel herumgekommen. Es wirkt nicht, als würde ihr etwas fehlen, ganz im

Gegenteil. Was sie erlebt hat und wie sie ihre Tage gestaltet, füllt ihr Herz zur vollsten Zufriedenheit aus. Ein Zustand, um den viele Menschen sie beneiden könnten.

Jeden Morgen betet Schwester Avita in der schönen Institutskirche bereits die Laudes, das Stundengebet der Orden. Das macht jede Schwester vor dem gemeinsamen Morgengottesdienst für sich. Zwischen halb neun und neun geht sie zur Mutter Gottes, in die Gnadenkapelle. Danach sucht sie ihre „neue Liebe", die Anbetungskapelle, auf. Der nächste Weg führt in die Gruft. Manchmal meditiert sie dort. Vor dem Mittagessen übt sie meistens noch ein wenig Orgel, da sie abwechselnd mit zwei anderen Schwestern noch als Organistin Gottesdienste spielt. Abends um 18 Uhr wird am Sonntag und an manchen Tagen eine gemeinsame Vesper gebetet.

Wie sich das anfühlt, wenn man über Jahrzehnte hinweg keine tiefergehende menschliche Beziehung zulassen darf? Hat sie nie an ihrem Weg gezweifelt? Sich eine Familie gewünscht? Oder an Tagen der Traurigkeit eine Umarmung? Schwester Avita reagiert mit einem entschlossenen Kopfschütteln. Sie hat stets Erfüllung gefunden in dem, was sie tat. So sehr, dass andere Gedanken nicht ersehnenswert waren. Begegnungen mit Männern hat sie niemals eine Bedeutung beigemessen.

Die Konzentration auf die alltäglichen Aufgaben und die Abenteuer, die das außergewöhnliche berufliche Wirken boten, waren so reichhaltig, dass Schwester Avita nichts anderes mehr ersehnte. Den Wunsch nach menschlichem Anschluss stillen ihre Freundschaften. Eine davon galt dem 2012 verstorbenen Stiftspropst Max Absmeier, ehemaliger

Die Fotos im Flur sind für Schwester Avita wichtige Erinnerungsstücke. „Alles hat seine Zeit", sagt sie beim Anblick der Bilder.

Stadtpfarrer von Altötting. Mit ihm hat Schwester Avita oft intensive Gespräche geführt. „Er war ein Vorbild für mich", sagt sie. „Auch was die Genügsamkeit mit dem eigenen Leben anbelangt."

Mit vielen Menschen hat sie eine innige Verbindung über den Tod hinaus. Zum Beispiel mit ihrer Schwester Magdalena, die übrigens auch Ordensschwester geworden und 2019 verstorben ist. Wenn Schwester Avita ein Anliegen hat, dann spricht sie diese in Gedanken einfach an. Etwa wenn sie etwas sucht und es nicht findet. In der Regel funktioniert das. Natürlich könnte man so etwas nun für einen Zufall halten. Schwester Avita vertraut der Kraft ihres Glaubens. Das ist alles, was zählt, denn im Endeffekt hat es ihr immer geholfen.

Durch ihre Zwiesprache mit den Vorausgegangenen hat sie vor dem Tod keine Angst. „Wie Gott will", sagt sie entschieden und zitiert damit den Heiligen Bruder Konrad. Ja, sie wäre bereit, zu sterben. Man müsse sich als junger Mensch darin üben, bereit zu sein. Sich stets sagen, dass eine Zeit kommt, in der das Alter spürbar wird. Eine Zeit, in der einem vieles nicht mehr so leicht von der Hand gehen wird wie früher. Ihre letzte Ruhestätte wird sie in Altötting haben, nahe ihrer bereits verstorbenen Schwester Magdalena. Dafür hat sie bereits alle Vorkehrungen getroffen.

Im Angesicht des Todes

Der kleine Sensenmann in der Stiftspfarrkirche, der „Tod z'Eding", macht seine Arbeit unermüdlich. Die Skelettfigur, die im Takt zu den Schlägen der großen Uhr mäht, steht symbolisch für den Tod – und für das Leben gleichermaßen. Mit jedem Sensenschlag geht man davon aus, dass irgendwo ein Mensch stirbt.

Zweimal hat Schwester Avita dem Tod schon ins Auge geschaut. Beim ersten Mal ging es so schnell, dass in ihrem Kopf angesichts der drohenden Katastrophe schlagartig nur Leere herrschte. Es war bereits 1969 bei einer Autofahrt. Schwester Avita war mit Freunden unterwegs und wurde nach Passau heimgefahren. Sie saß auf dem Beifahrersitz. Auf dem Rücksitz saß die Frau des Fahrers mit drei Kindern. Es gab Neuschnee. In einer Kurve geriet der Wagen ins Schleudern, kam von der Fahrbahn ab und überschlug sich. Als Schwester Avita in die Scheinwerfer der entgegenkommenden

Fahrzeuge blickte, spürte sie, dass dem Fahrer jegliche Kontrolle über den Wagen entglitt. Da hatte sie nur einen Gedanken: „Jetzt geht's dahin." Es war die Frau auf der Rückbank, die in diesem Augenblick rief: „Mutter Gottes von Eding, hilf!"

Im Nachhinein wundert sich Schwester Avita, dass nicht sie selbst es war, die diesen Ausruf getan hat. Alle Mitfahrer sind ohne Verletzungen aus dem Auto gestiegen. Schwester Avita ist mit ein paar Prellungen davongekommen. Als sie nach dem Unfall zurück nach Passau gebracht wurde, hatte sie sich schon wieder so weit gefasst, dass sie der Pfortenschwester lediglich erzählte, sie sei unterwegs zufällig Zeugin eines Unfalls geworden. Nur für den Fall, dass die Polizei noch anrufen sollte. Sie hätte nicht gewollt, dass man sich Sorgen um sie gemacht hätte oder man aus Fürsorge ihre Ausflüge künftig in Frage gestellt hätte.

Kleine Notlügen braucht es manchmal. „Ohne die geht es ja gar nicht", sagt Schwester Avita auf die Frage, ob man als Klosterschwester tatsächlich die Unwahrheit sagen darf. Früher, gibt sie zu, hat sie des Öfteren mal ein klein wenig geschwindelt. Einmal ist sie zu spät in den Musikunterricht gekommen, weil sie versehentlich eingeschlafen ist. „Wer jetzt noch kommt, kommt zu spät", neckten die Schülerinnen die säumige Schwester Avita und zitierten dabei deren Worte, die sie zu Beginn der Chorstunde gerne für Spätankömmlinge gebraucht hatte. „Wenn ihr wüsstet, warum ich zu spät komme, würde keiner mehr etwas sagen!", hat Schwester Avita empört gerufen und dabei eine hochdramatische Miene aufgesetzt, die die Schüler erschrocken verstummen ließ. Sie lächelt. Das war damals als junge Lehrerin – heute würde sie einfach zugeben, dass sie verschlafen hat. Ist doch nichts dabei. „Im Alter wird man ehrlicher."

Das zweite Mal, dass sie der anderen Seite ganz nahe kam, war im Dezember 2015. Damals hatte sie eine Salmonelleninfektion, die sich zur Sepsis ausgewachsen hat. Sie weiß, dass es nicht gut um sie stand. Damals ist Schwester Avita der dramatischen Situation mit Humor begegnet. „Ich weiß, ich bin bereits im Vorzimmer. Aber immer werden andere vorgelassen", hat sie zum Oberarzt gesagt. „Sagen Sie das nicht", hat er sie ermahnt. „Sie wären beinahe als Nächste dran gewesen." Schwester Avita ist wieder gesund geworden. Die schwere Erkrankung hat allerdings Spuren hinterlassen. Schlaf- und Konzentrationsstörungen. Ganz leicht fällt es ihr nicht, damit umzugehen. Aber sie übt sich darin, die Situation zu akzeptieren.

Noch viel schmerzhafter wäre es für sie gewesen, wenn sie nicht mehr singen oder nicht mehr Orgel spielen könnte. Noch während ihrer Zeit als Lehrerin hat Schwester Avita eine Erfahrung gemacht, die sie an einen Tiefpunkt brachte. Bei einer Schulfeier trat sie als Krampus auf, machte bei einem Spiel im Liederimitieren mit und überanstrengte dabei ihre Stimme, die infolge einer Erkältung schon angeschlagen war – mit schwerwiegenden Folgen. Danach stellte sie mit Entsetzen fest, dass sie beim Singen keinen Ton mehr aus der Kehle brachte. Ein ungutes Gefühl breitete sich in ihrer Brust aus. Wie lange würde die Stimme auf sich warten lassen? Sollten ihr die Stimmbänder für immer den Dienst versagen? Schwester Avita konsultierte drei verschiedene HNO-Ärzte, die ihr offenbarten, dass sich Knötchen auf ihren Stimmbändern gebildet hatten. Alle drei rieten ihr zur Operation. Schwester Avita wankte zwischen lähmender Angst und Zweifeln. Die Provinzoberin schüttelte angesichts einer Operation entschieden den Kopf und schickte ihre Schwester nach Bad Hindelang zu einem Stimmheilpädagogen. Es gelang ihm, mit stimmbildnerischen Übungen die Kraft der Stimmbäder wieder herzustellen. Die Knötchen bildeten sich zurück. „Er hat mir gesagt, dass er nichts mehr hätte tun können, wenn ich mich tatsächlich operieren hätte lassen."

Was hätte das für sie bedeutet, wenn sie nicht mehr hätte singen können? „Das wäre furchtbar gewesen." Es ist nicht so gekommen. Offensichtlich hatte an höherer Stelle jemand eingegriffen, der es anders wollte. Schwester Avita hat den Aufenthalt in Bad Hindelang nicht nur für sich selbst genutzt. Sie hat sich die Übungen eingeprägt und gibt sie gerne weiter. Erst kürzlich hat ein Kantor, der stimmlich erkrankt ist, sie um Hilfe gebeten.

Nachdem ihre Stimme den Dienst wieder aufgenommen hatte, war es Schwester Avita vergönnt, den Zeitpunkt ihres Ausscheidens aus dem Lehramt ganz frei zu wählen. Eigentlich hatte sie 1997 schon überlegt, ob es mittlerweile genug wäre. Allerdings wurde sie von allen Seiten bestürmt, sie möge doch weitermachen („Der Bürgermeister hätte im Falle meines Aufhörens einen Kniefall gemacht."). Im Jahr 2000 hat Schwester Avita nach 30 Dienstjahren schließlich als Lehrerin und damit auch als Leiterin der schulischen Maria-Ward-Chöre aufgehört. Es war ihr Wunsch, zu einem Zeitpunkt aufzuhören, da es gut läuft: „Wenn es am schönsten ist, quasi auf dem Höhepunkt", sagt sie rückblickend – ohne Wehmut. Das Aufhören ist ihr gelungen. Sie hat einen Zeitpunkt gewählt, an dem bereits viele unvergessliche Ereignisse hinter ihr lagen. Sie hat die Welt bereist, vor Bischöfen und Päpsten musiziert, mit ihren Chören hohe Auszeichnungen erlangt und hat sogar das Bundesverdienstkreuz bekommen.

Bis 2016 hat sie mit einem Freiwilligen-Chor, den Maria-Ward-Sängerinnen, bestehend aus ehemaligen Schülerinnen, noch weitergesungen. Der Chor hat an den Festtagen und einmal im Monat beim Sonntagsgottesdienst im BRK-Seniorenheim gesungen: „Die Senioren haben sich sehr darüber gefreut." Die Leitung hat sie schließlich auch an eine Ehemalige übergeben.

Seitdem ist das Leben bedeutend ruhiger geworden – aber nicht langweiliger. Schwester Avita geht täglich ihrem Ablauf von Gebetseinheiten, Musik, Gesprächen mit lieben Menschen und geistigem Innehalten, speziell bei Gottesdiensten, nach. Manchmal sieht man sie auch mit dem Fahrrad durch den Wallfahrtsort fahren. Das Autofahren hat sie seit der Sepsis aufgehört.

Schwester Avita schätzt die Stunden, die sie in der Anbetungskapelle vor dem Allerheiligsten verbringt. Sie denkt nach über sich und das Leben. Gewissenserforschung nennt sie das. In ihrer Meditation geht sie auch Bibelstellen nach, die am folgenden Tag in der Liturgie vorkommen.

Manchmal macht sie aber auch etwas ganz anderes. Es gibt Momente, da überkommt sie der Schalk. Dann setzt sie sich an ihren Schreibtisch und greift zum Telefonhörer. Wählt eine Nummer und beginnt dann eine Darbietung, die jedem Kabarettisten alle Ehre machen würde. „Spaßtelefon" nennt sie das. Denn Schwester Avita kann nicht nur singen, sondern ihre Stimme auch grandios als Imitatorin einsetzen. Zum

Beispiel als feine, aber mittellose Dame, die in verzweifelt-säuselnder Tonlage um eine Herberge anfragt. Wenn sie den Gesprächspartner dann lange genug auf die Folter gespannt hat, rückt sie gerne lachend mit der Sprache raus: „Ich bin's, Schwester Avita." Bei der Nummer mit der Herberge ist sie schon des Öfteren zu der traurigen Erkenntnis gelangt, dass Mutter Gottes heutzutage wahrscheinlich in einer Tiefgarage entbinden müsste. Die Hilfsbereitschaft ist in dieser Welt nicht mehr besonders ausgeprägt, findet Schwester Avita.

Ob der liebe Gott solche Hobbys wie das Spaßtelefonieren wohl gutheißen würde? Schwester Avita ist fest davon überzeugt. Den Leuten ein Lachen zu schenken, ist schließlich eine ebenso große Gabe, wie mit dem Singen den Herrn zu lobpreisen.

Mit dem Fahrrad ist Schwester Avita gerne in Altötting unterwegs.

Zu viel für ein Leben?

Der stete Weg
der Yvonne Holthaus
aus tiefster Krise
zur Kraft

Yvonne Holthaus hat eine ganz besondere Geschichte. Sie hat immer offen über ihr Schicksal gesprochen und sich den Menschen gezeigt. Mit Blick auf die Zukunft möchte sie aber im Moment keine weiteren Bilder von sich in der Öffentlichkeit wissen.

Ihre Geschichte erzählt sie dennoch, um anderen Mut zu machen.

Ein einziges Telefonat kann alles verändern. Eine Nachricht kann das Leben in eine bis dahin unvorstellbare Richtung lenken. Sie kann Gewissheiten zerstören und Welten zum Einstürzen bringen. Es ist der 6. Juni 2002, als Yvonne Holthaus auf ihrem Anrufbeantworter eine Nachricht entdeckt, die sie alarmiert. Eigentlich wäre die 27-Jährige zu diesem Zeitpunkt noch gar nicht zuhause. Ein heftiger Anfall von Heuschnupfen hat dazu geführt, dass sie ihren Arbeitsplatz an diesem Tag früher als sonst verlassen hat. Ihr Vater bittet um Rückruf, so schnell wie möglich. Seine Stimme klingt merkwürdig, findet Yvonne, als würde sie ahnen, dass eine Veränderung enormer Dimension auf sie zurollt. Sie greift zum Hörer, wählt die Nummer ihres Daddys. So hat sie ihn als Kind genannt, zu Zeiten, als er ihre wichtigste Vertrauensperson war. Als seine Freundin Maria[1] abhebt, liegen zwischen Yvonne Holthaus und ihrem neuen Leben nur noch wenige Sätze. „Setz dich erstmal", wird die Lebensgefährtin des Vaters zu ihr sagen. Yvonne Holthaus ignoriert den Rat, drängt auf eine Antwort, spürt den rasenden Herzschlag, der sich wie ein Tornado von der Brust Richtung Hals ausbreitet. „Deine Mutter... sie haben deine Mutter getötet! Man hat sie umgebracht!"

17 Jahre später. Yvonne Holthaus sitzt in einem Café über den Dächern von Passau. Seit November 2010 leben sie und ihr Mann Volker mit dem 2011 geborenen Sohn Silas im nahegelegenen Obernzell. Yvonne Holthaus ist eine

---

[1] Sämtliche Vor- und Nachnamen in diesem Kapitel sind von der Betroffenen selbstgewählte Pseudonyme, um die Anonymität der Handelnden zu wahren. Lediglich der Name Yvonne Holthaus sowie der Name ihres Mannes Volker und des gemeinsamen Sohnes Silas entsprechen der Realität.

strahlende Gesprächspartnerin mit einladenden Augen und offenem Wesen. Man könnte fast von ansteckend guter Laune sprechen. Sie hat Grund zur Freude, kürzlich hat sie in Mecklenburg-Vorpommern erfolgreich die Prüfung zur Falknerin abgelegt. Ihre große Leidenschaft sind Wildvögel. Zwei kleine Buntfalken und eine Wüstenbussard-Dame werden von ihr gehegt und gepflegt. Yvonne Holthaus möchte sie für die Öffentlichkeitsarbeit ausbilden.

2018 hat sie die Wildvogelhilfe Bayern initiiert, einen Zusammenschluss von Menschen, die die Natur und insbesondere die gefiederten Lebewesen lieben. Ein Jahr nach der Gründung waren es bereits 24 Gleichgesinnte. Dennoch musste Yvonne Holthaus als Initiatorin im Sommer 2019 die Notbremse ziehen. Die Arbeit hatte so sehr überhandgenommen, dass sie auf ehrenamtlicher Basis nicht mehr zu stemmen war. Es ist Yvonne Holthaus sehr schwer gefallen. Aber sie widersteht dem Drang, weiterhin verletzte Wildvögel aufzunehmen und sie wieder aufzupäppeln. Ihre drei Greifvögel helfen ihr, stark zu bleiben – schließlich sind die Volieren besetzt.

„Es geht mir um Nachhaltigkeit, um Verantwortung gegenüber unserer Umgebung", fasst sie ihre Motivation in Worte. Das sind die Dinge, die die Mutter auch ihrem Sohn Silas mit auf den Weg geben möchte.

„Verantwortung übernehmen" – bei diesen Worten muss sie selbst einen Moment stocken. Könnte man nicht von einem Erwachsenen ganz selbstverständlich das verlangen, was man einem Kind bereits zu vermitteln versucht? Verantwortung zu übernehmen? „Das hat er bis heute nicht geschafft." Yvonne Holthaus betont jede einzelne Silbe deutlich, über eine Gewissheit, die sie schon seit Jahren verfolgt, klingt immer noch Fassungslosigkeit durch. „Er", das ist ihr Vater. Einstige Autoritätsperson, ein Mensch, auf dessen Integrität sie geschworen hätte. „Man muss sich das einmal vorstellen." Immer noch Fassungslosigkeit, während die Schilderung zum Höhepunkt heranreift: „Mein Vater hat den Tod meiner Mutter geplant und in Auftrag gegeben – und das über Monate hinweg, in denen wir uns immer wieder persönlich begegnet sind und er mir ins Gesicht gesehen hat."

Solch eine Tatsache angemessen zu kommentieren, ist eigentlich unmöglich. „Kaum zu glauben", ist die erste Reaktion. Auch darauf, dass es gelingen kann, nach solch einer Erfahrung ein halbwegs normales Leben zu führen. Yvonne Holthaus ist keine gebrochene Erscheinung, wie man vielleicht vermuten möchte. Sie ist eine ganz und gar starke Frau, die mit ihrer Kraft nicht nur diesen einen Schicksalsschlag im Leben überstanden hat. Löst diese Geschichte einerseits unfassbares Entsetzen im Zuhörer aus, schlägt dieses Gefühl andererseits um in schieres Erstaunen und in Bewunderung für eine außergewöhnlich starke Persönlichkeit.

Die Fakten: Yvonne Holthaus' Mutter Sigrid Baumann wurde am 6. Juni 2002 in ihrem Wohnhaus in Guxhagen bei Kassel von einem ihr unbekannten Täter mit zwölf Messerstichen getötet. Das Augenmerk der Ermittler richtete sich sehr zügig auf den engsten Familienkreis: Yvonnes Vater Rüdiger Baumann soll den Verlobten seiner Nichte beauftragt und dafür entlohnt haben, einen Mörder für die Mutter zu suchen. Als Motiv wurde vermutet, Rüdiger Baumann habe die Frau vor einem Sorgerechtsstreit um die gemeinsame jüngste Tochter Amélie ausschalten wollen. Rüdiger Baumann hat mittlerweile eine fünfzehnjährige Freiheitsstrafe abgesessen und ist wieder auf freiem Fuß. All die Jahre hat er immer wieder bestritten, der Auftraggeber für den Mord an seiner Frau gewesen zu sein. Nur einmal hat er ein Geständnis unterschrieben – und im selben Atemzug seiner Tochter Yvonne bestellen lassen, das sei lediglich Taktik gewesen und keineswegs die Wahrheit.

Yvonne Holthaus hat nach jahrelangem Ringen mit sich selbst beschlossen, ihren Vater nicht mehr sehen zu wollen. Während er noch inhaftiert war, hat sie über einen längeren Briefverkehr hinweg immer wieder versucht, ihm klarzumachen, dass sie ein Treffen mit ihm wünscht – in der Absicht, die Sache damit für sich zu einem Abschluss bringen zu können. Dass der Vater hingegen hoffte, durch ein Treffen die Beziehung zur Tochter neu beleben zu können, ließ langsam den Entschluss in Yvonne Holthaus reifen, den Kontakt ruhen zu lassen. Letztlich wäre es eine einzige Frage gewesen, die sie sich gerne von ihm hätte beantworten lassen: „Warst du es oder warst du es nicht?" Er hätte ein einziges Mal in seinem Leben die Verantwortung für seine Tat übernehmen müssen – indem er seiner Tochter die Wahrheit ins Gesicht gesagt hätte. Heute weiß Yvonne Holthaus: „Er hätte mir niemals eine klare Antwort gegeben. Er hätte seine eigene Auffassung von Wahrheit vorgebracht." Er sei rückblickend immer ein Narzisst gewesen, von sich selbst eingenommen, stets die Dinge auf seine Weise auslegend. Wenn sie sich heute erinnert, hat sie manchmal den Eindruck, frühere Verhaltensweisen in ganz anderem Licht zu sehen.

Eine Kindheit auf der Suche nach Liebe

Yvonne Holthaus wurde am 6. Mai 1975 im nordrhein-westfälischen Neuss geboren. Ihre Mutter Sigrid stammte aus einer Familie mit sechs Geschwistern aus einfachsten Verhältnissen, verfügte nur über sehr spärliche Schulbildung. Mit gerade mal 19 Jahren wurde sie schwanger. Gemäß den Konventionen der damaligen Zeit heiratete sie daraufhin ihren zwei Jahre älteren Freund Rüdiger Baumann. Die Ehe wurde schnell standesamtlich geschlossen, ehe die Tochter das Licht der Welt erblickte. Dass Yvonne kein Wunschkind war, verheimlichte die Mutter ihr nicht. Ein „Unfall" sei sie gewesen, antwortete Sigrid Baumann ganz lapidar, als die elfjährige Tochter danach fragte.

Für Yvonne war das die Bestätigung dessen, was sie von Kindesbeinen an gefühlt hatte. Wohl hätte sie sich gewünscht, die Mutter hätte aus Liebe zu ihr eine andere Antwort gegeben – Fehlanzeige. Yvonne musste ihre Speicher mit Bestätigung und Nestwärme zwangsweise anderweitig auffüllen. Während die Mutter als Putzfrau arbeitete, der Vater beruflich als selbstständiger Handelsvertreter häufig unterwegs war, verbrachte sie bis zu ihrem vierten Lebensjahr viel Zeit bei der älteren Schwester der Mutter in Köln-Merkenich. Die Patentante, deren Mann und die beiden Zwillingscousins wurden in den ersten Lebensjahren Yvonnes Ersatzfamilie. Der Hort, an dem sie erstmals Geborgenheit und so etwas wie Liebe erfuhr. Noch heute hat sie Bilder davon im Kopf.

Als der Vater in die Nähe von Guxhagen bei Kassel versetzt wurde, hat man Yvonne aus ihrem Umfeld gerissen. Die

Ersatzmutter, der Onkel, deren Kinder waren von einem Moment auf den anderen nicht mehr präsent. Für das Kind ein großer Schmerz, den die rigide Behandlung durch die eigene Mutter keineswegs besser machte. Zumal vier Jahre nach Yvonne Tochter Alissa geboren wurde – ein Wunschkind, das geballt all die Liebe und Zärtlichkeit bekam, die sich Yvonne ebenso gewünscht hätte.

Noch im Erwachsenenalter erinnert sie sich daran, wie sie um ein bisschen Zuneigung der Mutter gebettelt hatte, die ihr jede Streicheleinheit verwehrte – um kurz darauf liebevoll mit Alissa zu kuscheln. Die Beziehung zwischen den Schwestern war dementsprechend spannungsgeladen und sollte über die Jahre hinweg niemals harmonisch werden.

Mit elf Jahren wurde Yvonne wegen dauernden Erbrechens in eine Kinderklinik gebracht. Sie war blass und abgemagert. Die Kinderpsychologen stellten eine nervlich bedingte Appetitlosigkeit fest. Die Mutter äußerte die gehässige Vermutung, die Tochter wolle lediglich um Aufmerksamkeit buhlen. Zweifelsohne fehlte es der jungen Yvonne dramatisch an Zuneigung.

Mit der Abspaltung von der mütterlichen Verwandtschaft und dem Umzug nach Guxhagen traten einige Verwandte väterlicherseits verstärkt ins Blickfeld. Als wichtige Bezugsperson und Vorbild empfand Yvonne zu Kindheitstagen ihre Tante Maya, bei der sie auch einen Großteil der Ferien mit der gleichaltrigen Cousine Denise und dem vier Jahre älteren Cousin Hendrik verbrachte. Nichtsahnend, in welche Geschichten dieser Verwandtschaftszweig sich eines Tages verstricken würde...

Den Vater stilisierte Yvonne lange zu ihrem einzigen Halt, sah ihn als Rettungsinsel im Familiengefüge. Er hat Yvonne Liebe gezeigt – allerdings niemals bedingungslos. Die Tochter musste funktionieren, seine Erwartungshaltungen erfüllen. Und Rüdiger Baumann wachte streng darüber und sanktionierte Verfehlungen – oder viel mehr das, was er für Verfehlungen hielt – äußerst hart.

In der Grundschule war Yvonne eine gute Schülerin. Wegen ihres schüchternen Wesens und der wenig glamourösen Familienverhältnisse war sie zwar häufig Opfer von Hänseleien, ohne große Mühe jedoch erreichte sie gute Noten. Die Lehrer rieten zum Gymnasium. Anfangs eine Ehre, war die Schullaufbahn über die Jahre mit immer größerem Leistungsdruck für Yvonne verbunden. Ihre Noten ließen stetig nach. Hilfe von den Eltern bei den Schularbeiten oder beim Lernen konnte sie nicht erwarten.

Die Mutter stichelte zwar fleißig über Yvonnes Leistungsabfall, hielt sich aber selbst schlichtweg raus. Die eigenen schulischen Kenntnisse waren so rudimentär, dass sie nicht hätte helfen können. Nach außen hin – die Eltern waren stets bemüht, den Schein der perfekten Vorzeigefamilie aufrechtzuerhalten – wurde mit Stolz vor sich hergetragen, dass Yvonne als Einzige Abitur machen würde. Nach innen hin waren die Schikanen groß. War Yvonne in der Schule nicht gut, bedeutete das Verbote: kein Keyboard-Unterricht, kein Reiten, das sie so sehr liebte.

Es begann ein Teufelskreis mit gefälschten Unterschriften, weiteren schlechten Noten und in der Folge viel Ärger mit dem Vater. Jahre später sagt Yvonnes ehemalige Lehrerin in einem Fernsehinterview, sie habe Rüdiger Baumann als außergewöhnlich akribisch kennengelernt, so als hätte er eine Art Kontrollzwang gehabt. Stunden, Tage hat Yvonne in ihrem Zimmer im Keller des Hauses zugebracht, wenn der Vater wieder einmal Arrest verhängt hatte. Auf der Fensterbank stand damals eine Voliere mit Prachtfinken. Sie begann erfolgreich, die Tiere zu züchten. Die ersten Schritte hin zu einer Leidenschaft, für die erst viel später Platz sein sollte.

Yvonne war 15 Jahre alt, als sie das Gefühl hatte, in einer komplett ausweglosen Situation zu stecken und keinerlei Lichtstrahl am Horizont zu sehen. Zermürbender Leistungsdruck in der Schule, das Gefühl, eine riesige Versagerin zu sein, von ihrem Umfeld nicht gewollt und schon gar nicht geliebt, breitete sich langsam der Wunsch in ihr aus, das Leben hinter sich zu lassen. Es schien nichts zu geben, das der Mühen wert war. Yvonne jobbte zu dieser Zeit in einer Apotheke. Eines Tages steckte sie in einem unbeobachteten Moment alte Medikamente ein. Sie würde an diesem Abend früh in ihr Zimmer gehen. Die Eltern würden wie immer nicht danach fragen. Wenn ihnen am nächsten Morgen die Abwesenheit ihrer Tochter auffiele, wäre es schon zu spät...

Letztlich hat sie die Tabletten nicht genommen. „Ich weiß nicht mehr, warum nicht", sagt sie heute. „Vielleicht hatte ich zu viel Angst – oder doch noch so etwas wie Lebenswillen."

Von all dem bekamen die Eltern wenig mit. Mittlerweile hatte sich auch deren Beziehung zueinander verschlechtert. Eines Tages suchte der Vater ganz unverblümt das Gespräch mit Yvonne, indem er ihr geradeheraus mitteilte, dass er eine außereheliche Beziehung zu einer Frau namens

Maria pflege. Yvonne fühlte sich wie zwischen allen Stühlen, unfähig, adäquat zu reagieren. Rüdiger Baumann ging es aber nicht darum, seine Tochter auf eine anstehende Trennung vorzubereiten – davon konnte gar keine Rede sein. Stattdessen suchte er bei der 15-Jährigen die Absolution für sein Verhalten. Er rechtfertigte das außereheliche Verhältnis damit, dass er in der Beziehung mit seiner Frau zu wenig Liebe erfahre.

Yvonne suchte Halt in ihrem Freundeskreis. Mit einer Clique traf sie sich regelmäßig zum Musikhören und zu langen Gesprächen. Psychologie interessierte sie damals schon brennend. Ob sie ihre Freunde sehen durfte, hing natürlich von der Willkür des Vaters und seinen Verboten ab. Ein Lichtblick trat nach dem Sommerurlaub 1991 in Yvonnes Leben. Auf einem Campingplatz in Spanien lernte sie den aus dem Rheinland-Pfälzischen stammenden Christian kennen – ihre erste Liebe. Trotz der 250 Kilometer Entfernung, die die Wohnorte der beiden trennten, entwickelte sich eine Beziehung großer Ernsthaftigkeit. Jeden Mittwoch und an den Wochenenden nahm Christian die Fahrt zu Yvonne auf sich. Irgendwann waren sogar deren Eltern davon überzeugt, dass es Christian ernst meinte und Yvonne durfte auch die langen Bahnfahrten zu ihm antreten. Christians Familie nahm sie sofort herzlich auf – endlich konnte sie ihre Speicher mit dem auffüllen, was sie jahrelang entbehrt hatte: familiäre Wärme.

In dieser Zeit reifte Yvonnes Widerstandskraft gegen die elterliche Fremdbestimmung enorm. Sie begann, sich ernsthaft Gedanken über die Zukunft zu machen. Ihr Traum: ein Psychologiestudium. Das Gymnasium allerdings erschien ihr wie ein Berg, der niemals zu erklimmen war. Sollte sie überhaupt das Abitur schaffen, dann nur mit schlechten Noten und diese wären wiederum nicht ausreichend für den Studienwunsch. Weitaus verlockender erschien ihr der Gedanke, die Schulbank gegen eine Lehrstelle zu tauschen. Verbunden mit der Absicht, einen Ausbildungsplatz in Christians Nähe zu finden. Yvonne vereinbarte Termine im Arbeitsamt, verbrachte viele Nachmittage heimlich im nahegelegenen Berufsinformationszentrum. Ihre Vorstellungen eines sozialen oder kreativen Berufs musste sie zumindest für die Ausbildungsdauer begraben, denn in diesen Lehrberufen war kaum etwas zu verdienen. Und Yvonne war sich bereits während der Suche bewusst, dass sie von ihren Eltern wenig finanzielle Unterstützung erwarten konnte. Als es Yvonne tatsächlich geglückt war, Ausbildungsangebote als Steuerfachgehilfin an Land zu ziehen, waren Sigrid und Rüdiger Baumann alles andere als begeistert über die Tatsache, dass ihre Tochter in der 11. Klasse das Gymnasium abbrechen wollte. „Wenn du jetzt gehst, gehst du mit allen Konsequenzen. Von uns siehst du keinen Pfennig." Schon damals blitzte Yvonnes Sturkopf durch, der ihr noch unzählige Male das Leben retten sollte: „Ich brauche eure Hilfe auch nicht. Ich schaffe das ganz alleine."

Hart erkämpfte Unabhängigkeit und eine verhängnisvolle Liebe

Im Juni 1993 zog sie schließlich zu Christian nach Kirchheimbolanden im Südosten von Rheinland-Pfalz und begann eine Ausbildung zur Steuerfachgehilfin ganz in seiner Nähe. Der Kontakt zu den Eltern war spärlich. Anfang 1994 bekamen Rüdiger und Sigrid Baumann trotz aller Kontroversen wieder Nachwuchs: Yvonnes kleine Schwester Amélie wurde geboren. Die Ankündigung der Eltern, dass Yvonne mit finanzieller Unterstützung nicht zu rechnen brauche, entpuppte sich nicht als leere Drohung. Das Kindergeld für Yvonne haben die Eltern allerdings weiterhin angenommen. Yvonne Holthaus erinnert sich Jahre später daran, dass ihr Vater sie einmal besuchte und um die Unterschrift diverser Formulare bat. Im Vertrauen, alles habe seine Richtigkeit, hat sie auch unterschrieben – und später erkannt, dass es um die Weiterzahlung ihres Kindergeldes während der Ausbildungsdauer ging. Sie selbst hat nie etwas davon gesehen.

In den ersten eineinhalb Jahren, in denen sie mit Christian in dessen Elternhaus lebte, kam sie einigermaßen gut über die Runden. Ende 1994 trennten sich allerdings die Wege der beiden. Yvonne verliebte sich während eines Discobesuchs neu. Daraus sollte zwar keine Beziehung von Dauer entstehen, die Verbindung mit Christian allerdings war unweigerlich an ein Ende geraten. Damit suchte sich Yvonne eine eigene Wohnung. Sie nahm Nebenjobs an, ging putzen, bediente und half in einem Solarium aus, um die Kosten bewältigen zu können. Wichtige Bezugsperson wurde in dieser Zeit ihre heute noch beste Freundin, die Yvonne „Babe" nennt. Mit Babe konnte sie nächtelang Discos und Clubs unsicher machen oder einfach nur über Gott und die Welt reden.

Es war eine der seltenen Ausnahmen, dass sie 1997 einmal ohne Babe in der gemeinsamen Lieblingsdisco unterwegs war. Dort begegnete ihr ein Mann, der kein Unbekannter war. Philipp – er und Babe waren knapp zwei Jahre zuvor ein Paar gewesen. Allerdings hatte Babe die Beziehung von sich aus beendet, da ihr Philipp nicht geheuer war. Sie habe stets das Gefühl gehabt, er sage ihr nicht die ganze Wahrheit. Yvonne war vorsichtig. Die Sympathie des sechs Jahre älteren Philipps aber war stärker. Es entwickelte sich bald schon eine leidenschaftliche Beziehung, die einen Ortswechsel nach Mainz mit sich brachte. Yvonne schwebte im siebten Himmel. Sie war verliebt bis über beide Ohren und genoss jede freie Minute, die Philipp und sie mit gemeinsamen Hobbys wie Billardspielen und Motorradfahren nutzten. Beruflich steckte sie noch in der Ausbildung. Zwischenzeitlich hatte sie einmal den Ausbildungsbetrieb gewechselt. Die Zwischenprüfung hatte überdies nicht auf Anhieb geklappt, eine Folge des steten Zeitmangels aufgrund der vielen Nebenjobs.

Philipp verstand es, Yvonne für die schönen Seiten des Lebens und vor allem für die Freizeitaktivitäten zu begeistern. So machte er ihr die Idee schmackhaft, dass man sich doch gemeinsam den Traum von zwei Motorrädern erfüllen könnte. Er selbst hatte eine Harley Davidson im Auge, für Yvonne könnte man eine billigere, gebrauchte Maschine einkalkulieren. Dass das Geld der beiden dafür bei Weitem nicht ausreichte, machte Philipp nicht weiter verlegen. Der Berater der Volksbank war ein guter Bekannter von ihm. Er fragte um einen Kredit von insgesamt 30 000 Mark an. Yvonne ging mit zum Termin und ignorierte ihr schlechtes Bauchgefühl. Die Bank hatte einige Auflagen. So sollten Philipp und Yvonne ihre Konten zusammenlegen und eine Lebensversicherung zur Risikoabsicherung abschließen. Zusätzlich zu Philipps Namen wurde auch Yvonne als Kreditnehmerin eingetragen.

Es dauerte nicht lange, bis sich die ersten Schwierigkeiten

einstellten. Philipp konnte seinem Beruf als Schlosser wegen Bandscheibenproblemen kaum mehr nachgehen und damit auch die Raten nicht mehr abbezahlen. Er dachte über einen Branchenwechsel nach, träumte von einem mobilen Reifen- und Kfz-Service. Mit einem Kleintransporter wollte er direkt beim Kunden die Aufträge erfüllen. Nur: Es fehlte Startkapital. Nachdem das Paar diverse Banken mit einer weiteren Kreditanfrage abklapperte, hatten Philipp und Yvonne im Frühsommer 1998 bei einer Raiffeisenbank im Nachbarort Erfolg. Es ging um eine Summe von 75 000 Mark für diesen Gründungskredit – nun brauchte es dafür noch einen Bürgen. Eine Tante von Philipp hatte bereits abgelehnt.

Mit einem Mal richtete sich der Fokus auf Yvonne. Der Bankberater gab ihr zu verstehen, dass sie die letzte Chance sei, damit ihr Partner seinen Wunsch nach einem Neuanfang in die Tat umsetzen konnte. „Sie werden doch ohnehin heiraten und nach der Hochzeit das Geld gemeinsam verwalten?", trieb der Banker die Sache auf die Spitze. Yvonne blendete sämtliche Alarmglocken aus und unterschrieb die „Selbstschuldnerische Bürgschaft".

Zwei Unterschriften führten ins tiefe Tal

In der Folgezeit begann das Geschäft zu laufen. Philipps Idee ging auf. Er hatte Aufträge. Yvonne, die mittlerweile einem Bürojob nachging, unterstützte ihn an den Feierabenden mit der Buchführung. Die Beziehung der beiden entwickelte sich hingegen mehr und mehr in eine Richtung, die Yvonne nicht mehr behagte. Das Paar hatte sich über die

Arbeit auseinandergelebt. Yvonne war zu diesem Zeitpunkt 23 Jahre alt und fühlte sich zu jung, eine Verbindung aufrechtzuerhalten, die sie immer weniger erfüllte. Ende des Jahres 1998 wünschte sie sich die Trennung und nahm sich vor, diesen Schritt selbst zu vollziehen. Sie wollte nur noch das Weihnachtsfest abwarten. Damit war ausnahmsweise mal wieder eine der seltenen Begegnungen in Yvonnes Familienkreis verbunden.

An Heiligabend drehte sich die Situation um 180 Grad. Philipp überraschte sie mit einem Heiratsantrag vor versammelter Menge. Yvonne war völlig überwältigt – im negativen Sinne. Beschloss aber nach innerem Kampf, der Beziehung eine weitere Chance zu geben. Tatsächlich wurden in der Folge die Hochzeitsvorbereitungen in Angriff genommen. Der große Tag sollte am 9. September 1999 stattfinden. Yvonne nahm weitere Nebenjobs an, um das Fest und eine anschließende Reise mit einem langersehnten Tauchkurs nach Mexiko bezahlen zu können.

Alles war geplant. Auch Yvonnes Familie war begeistert von dem perfekten Schwiegersohn. Es war an einem warmen Tag im Juni, als Yvonne an ihrem Körper so viel Kälte verspürte, dass sie das Bedürfnis hatte, sich ein Vollbad einzulassen. Noch während sie in der Badewanne lag, teilte sie einem völlig überrumpelten Philipp mit, dass sie ihn nicht heiraten könne. Nicht zu diesem Zeitpunkt. Nicht wenn die Beziehung wie in den vergangenen Monaten weiterlaufen würde. Mehr als einmal hatte Yvonne Unregelmäßigkeiten in Philipps Betriebsführung entdeckt, die ihr große Sorgen bereiteten. Kaum nachvollziehbare Geldtransfers, dazu sein Drang, förmlich mit Geld um sich zu werfen – obwohl die Schulden bereits immens waren.

Philipp wollte von all diesen Fragen aber niemals etwas hören.

Es war der Anfang vom Ende. Philipp wertete die Ansage seiner Verlobten als endgültiges Aus und ließ über weitere Versuche Yvonnes, die Beziehung zu retten, nicht mehr mit sich reden. Yvonne plagten in den folgenden Monaten unendliche Selbstzweifel, ob sie die richtige Entscheidung getroffen hatte. Hinzu kamen Vorwürfe aus der Familie, vor allem vonseiten der Mutter, wie die Tochter diesen perfekten Mann habe ziehen lassen können.

Der eigentliche Schlag aber zeichnete sich erst einige Monate später ab. Die Bank meldete sich. Weil Philipp das Darlehen nicht mehr bediente, trat man an sie als Bürgin heran. Die Bank sprach von einer verbürgten Schuld von 65 000 Mark zuzüglich Zinsen und weiterer Kosten. Im November verlangte die Bank eine Rückzahlung von 67 745 Mark von Yvonne. Von da ab zog sich die Schlinge um ihren Hals unweigerlich zu. Und es war nicht nur der Kredit für das Startkapital für die Firma. Hinzu kamen das Darlehen bei der Volksbank für die Motorräder und des Weiteren Verbindlichkeiten für einen Leasingwagen, den Philipp erst kürzlich gemietet hatte. Mit einem Mal kam er nicht nur den Verpflichtungen nicht mehr nach, sondern war obendrein auch gegen sämtliche Kontaktversuche durch Yvonne immun. Ein erfahrener Anwalt riet ihr dazu, Privatinsolvenz anzumelden.

Obwohl dieser Schritt wie ein riesiger Alptraum anmuten mag, sah Yvonne die einzige Chance darin, ihrem Schuldenabbau eine gewisse Kontinuität, einen geordneten Rahmen zu geben. Privatinsolvenz bedeutete nach damaliger

Gesetzgebung, dass sieben Jahre lang ein Großteil des Gehalts gepfändet würde, lediglich das Existenzminimum würde Yvonne in dieser Zeit zum Leben bleiben. Dass sie ihre Intuition bei den verhängnisvollen Unterschriften so sehr ignoriert hatte, bereute sie im Nachhinein bitter. In späteren Jahren spricht sie von großer Naivität, wenn sie zurückdenkt. Es dauerte bis zum Januar 2003, bis das Insolvenzverfahren eröffnet wurde. Bis dahin lebte Yvonne in einem ständigen Auf und Ab. Mal konnte sie die Gläubiger vertrösten, mal wurde ohne Vorwarnung ihr Konto gepfändet.

Zwar vertraute Yvonne ihren Freunden durchaus ihre Sorgen an. Jedoch wollte sie niemals von irgendjemandem Mitleid oder gar Geldgeschenke. Einzig ihre beste Freundin Babe schaffte es manchmal, ihr etwas zuzustecken oder zumindest für sie kochen zu dürfen: „Ich weiß nicht, wie Yvonne das alles geschafft hat", erzählt Babe Jahre später in einem Fernsehinterview. „Zeitweise hat sie sich nur von Tütensuppe ernährt und diese noch gestreckt."

Aus dem Elternhaus gab es keine Unterstützung. Hier hatte man mittlerweile ganz andere Probleme. Sigrid und Rüdiger Baumann standen kurz vor der Scheidung. Rüdiger Baumann wohnte inzwischen bei Maria, der Frau, mit der er ursprünglich nur ein Verhältnis hatte. Es drohte, ein Sorgerechtsstreit um die jüngste Tochter Amélie zu entbrennen. Just in diesem Moment entsann sich Yvonnes Vater der Existenz seiner ältesten Tochter. Er rief Yvonne an und bat sie, ob sie nicht einige Aufzeichnungen mit Kindheitserinnerungen an die Mutter verfassen könnte. Yvonne willigte ein, steht auch heute noch zu dem, was sie damals wahrheitsgemäß niedergeschrieben hat. Dass sie sich damit für die Zwecke des Vaters einspannen hat lassen, lag ihr später allerdings schwer im Magen. „Ich hätte mich raushalten sollen, auch wenn ich zu dem stehen kann, was ich geschrieben habe."

Mit der Mutter hatte sie zu diesem Zeitpunkt nur noch sehr wenig Kontakt. Am 30. Juni 2001 rief Yvonne sie zu ihrem 46. Geburtstag an. Die Höflichkeitsfloskeln mündeten jedoch bald in einen Streit, da die Mutter Vorwürfe wegen Yvonnes Aufzeichnungen laut machte. Das Gespräch endete mit Schweigen – Schweigen für immer. Dass es keine Aussprache mehr geben würde, war Yvonne damals noch nicht bewusst.

Sie wandte sich wieder voll und ganz ihrem Leben zu, trat einen neuen Job bei einem internationalen Chemiekonzern in Worms an, wo sie als Assistentin für einen der Geschäftsführer arbeitete. Zugleich begannen Verhandlungen vor dem Kaiserslauterner Landgericht zwischen den Banken und Yvonne Holthaus. Obgleich der erfahrene Anwalt alles daransetzte, die Sache zu Yvonnes Gunsten zu wenden, blieb ein großer Schuldenberg übrig. Alles in allem eine Summe von knapp über 70 000 Mark. Die Privatinsolvenz war unumgänglich.

Privat tat sich ein neues Glück auf. Auf einer Kaiserslauterner Uni-Party lernte sie den vier Jahre älteren Studenten Milan kennen. Bald stellte sich eine Beziehung ein, die von Anfang an Herausforderungen barg. Milan hatte kroatische Wurzeln und lebte noch in einem Haus mit seinen Eltern. Für die Mutter war Yvonne von Anfang an das Feindbild in Person. Zumal Dara, die Ex-Freundin ihres Sohnes, Kroatin und damit die Wunsch-Schwiegertochter gewesen wäre. Yvonne sollte in der Folgezeit noch des Öfteren mit ihr zu tun haben. So stellte sich heraus, dass Milan zeitweise auch mit Dara ein Verhältnis neben der Beziehung zu Yvonne führte. Als er dieses beendete, begann Dara, dem Paar aufzulauern und terrorisierte Yvonne mit Anrufen.

Und dann kam der Juni 2002: Eine Nachricht auf dem Anrufbeantworter. Ein Anruf. Und mit einem Mal war das Leben für immer ein anderes.

Der Schockstarre folgte die Suche nach Antworten

Als Yvonne die Nachricht vom Tod der Mutter vernommen hatte, setzte eine Mischung aus Schockstarre und völligem Chaos im Kopf ein. Warum? Wie konnte das passieren? Wer war daran beteiligt? Fragen, Fassungslosigkeit, das Gefühl, weder denken, noch weiter atmen zu können. Wie in Trance verständigte Yvonne ihren Chef, eine Arbeitskollegin und Milan. Im Nachhinein weiß Yvonne Holthaus nur noch, dass sie aus dem Haus gerannt und die Straße in Socken auf und ab gelaufen ist. Wie ein Tiger im Käfig. Bis sie an einem Gartenzaun stehengeblieben ist und die Socken ausgezogen hat. Dann wankte sie barfuß weiter, bis ihre Arbeitskollegin kam und sie von der Straße weg zurück in die Wohnung brachte. Die nächsten Stunden waren geprägt von einer hektischen Suche nach Antworten auf Fragen, von denen manche ein Leben lang unbeantwortet bleiben werden. Telefonate mit Verwandten und der Kriminalpolizei. Was war wirklich passiert? Wer war dafür verantwortlich?

Tage nach Sigrid Baumanns Tod sah Yvonne ihre Mutter ein letztes Mal. Den Moment am offenen Sarg wird sie niemals vergessen. Nicht nur, dass ihr beim Anblick der Mutter diese unendlich fremd vorkam und sie mit einem Mal schlagartig begriff, schon lange nur noch sehr entfernt Anteil am Leben der Familie genommen zu haben. Schockierend war überdies die Erkenntnis, wie schlimm die Halsverletzungen der Mutter gewesen sein mussten: Man hatte ihr entgegen ihres Stils zu Lebzeiten für die letzte Reise eine hochgeschlossene weiße Bluse mit Stehkragen angezogen. Yvonne fühlte stechende Gewissensbisse, dass sie mit den Schilderungen über ihre Kindheit dem Vater geholfen und die Mutter verraten hatte. In Gedanken gab sie ihrer Mutter eine Entschuldigung mit auf den letzten Weg.

17 Jahre später. Yvonne Holthaus ist über die Jahre auch äußerlich eine andere geworden. Hatte sie bis vor kurzem die blonden Haare stets lang getragen, hat sie nun einen Kurzhaarschnitt. „Das Verhältnis zu meiner Mutter war niemals gut", sagt sie. Dass ihre Mutter einen unfassbaren Tod sterben musste, ändert nichts daran, dass ihr Verhalten zu Lebzeiten die Tochter oft verletzt hat und sie das bis heute nicht ganz vergessen kann. Bisher hat ihr Sohn Silas noch nie nach der Mama seiner Mama gefragt. Er hat eine Oma und einen Opa, die er vergöttert – die Großeltern väterlicherseits. „Ich bin mir noch nicht sicher, wie ich es ihm sagen soll", gibt Yvonne Holthaus geradeheraus zu. Sie hat sich in späteren Berufsjahren lange mit der Psyche von Menschen auseinandergesetzt. Wie man seinem eigenen Sohn sagt, dass die Oma auf Geheiß des Opas getötet wurde, hat sie nicht gelernt. Guter Rat ist teuer. „Ich kann es nicht mehr lange aufschieben. Es wäre schlimm für mich, wenn er es

durch die Gespräche anderer Kinder in der Schule erfahren würde."

Nach dem Tod der Mutter begann ein Jahr voller Suche nach Antworten. Ein quälender Spießrutenlauf, der Yvonne den Glauben an jegliche Gerechtigkeit und an ihr komplettes familiäres Umfeld raubte. Das Schlimmste: Mit einem Mal stand sie selbst mitten in der Schusslinie. Schon bei den ersten Vernehmungen zeigten die ermittelnden Beamten reges Interesse an ihrer finanziellen Situation. Yvonne steckte bis über die Hutschnur in Schulden, ein Insolvenzverfahren war beantragt – das alles hätte ein Tatmotiv sein können. Schon bald jedoch richtete sich das Hauptaugenmerk auf andere Familienmitglieder. Im Juli 2002 nahm die Polizei einen jungen Mann fest. Jakob Geiger. Die Polizei hatte DNA-Spuren und Fingerabdrücke auf einer Zugfahrplanauskunft sichergestellt, die man in der Nähe des Tatorts gefunden hatte, die mit Geigers Merkmalen übereinstimmten. Nur vier Stunden nach Geigers Festnahme klickten die Handschellen erneut. Ein Großaufgebot von Einsatzkräften machte sich für einen Zugriff bereit – am Haus von Yvonnes Tante Maja. Yvonnes Cousine Denise, deren Verlobter Maris – und Rüdiger Baumann, der Mann, den Yvonne in ihrer Kindheit als Rettungsinsel bezeichnet hatte, wurden verhaftet. Die jüngste Tochter Amélie wurde umgehend vom Jugendamt aus der Familie genommen.

Yvonne überrollte die Nachricht mit Heftigkeit. Der Schock war enorm. Ihr Körper verharrte in einer derartigen Anspannung, dass sie nicht mal eine Träne weinen konnte. Die Frage, ob ihr Vater schuldig oder nicht schuldig war, raubte ihr jeden Schlaf. Die verbleibenden Familienmitglieder erwiesen sich nicht als

Halt, sondern als Lager mit tiefen Gräben. Während sich Yvonnes Tanten und Rüdigers Lebensgefährtin Maria überzeugt von dessen Unschuld zeigten, ließ Schwester Alissa von Anfang an keinen Zweifel daran, dass der Vater für sie der Täter war. Die Presse stürzte sich auf den Fall. Sensationslüstern wurde das Familiendrama schwarz auf weiß geschildert – und fehlende Kenntnisse allzu oft mit Spekulationen und Mutmaßungen ersetzt. Yvonne war damals fieberhaft von dem Gedanken besessen, unbedingt das Sorgerecht für Amélie einklagen zu wollen. Das Vorhaben scheiterte, die kleine Schwester blieb in der Pflegefamilie. Im Nachhinein ist sich Yvonne Holthaus sicher, dass dieser Ausgang richtig war.

Zu alldem lastete weiterhin enormer Druck auf Yvonne in sämtlichen finanziellen Angelegenheiten. Zum 6. Januar 2003 wurde endlich das Insolvenzverfahren eröffnet. Der Gedanke, eine eventuelle Erbschaft der Mutter zur Begleichung der Insolvenz zu verwenden, zerschlug sich rasch. Denn die Bank der Mutter hatte nicht etwa ein Geschenk für Yvonne, sondern weitere Forderungen. Sigrid und Rüdiger Baumann hatten einige Jahre zuvor Ferienappartements an der Ostsee erworben, die noch nicht abbezahlt waren. Auf Yvonne entfiel nun ein Anteil der Schulden als Erbin. Die Insolvenzsumme betrug mit einem Mal nicht mehr 70 000 D-Mark, sondern 140 000 Euro. Die Währungsänderung ist zu beachten. Eine Ausschlagung des Erbes kam aber nicht infrage, weil der Fokus darauf lag, die Objekte gewinnbringend zu verkaufen.

Im Juni 2003 gab Yvonne ihre Wohnung auf und zog zu Milan in dessen Elternhaus. Das Verhältnis zu dessen Mutter hatte sich noch nicht gebessert, nach Yvonnes Einzug verschlechterte es sich kontinuierlich.

Am 16. Juni 2003 wurde das Strafverfahren gegen den Vater wegen Anstiftung zum Totschlag eröffnet. Yvonne und Milan waren als Zeugen geladen. Ihren Vater hatte sie bis dahin ein einziges Mal in Untersuchungshaft gesehen, aber lediglich Floskeln mit ihm austauschen können. Yvonne rechnete zu diesem Zeitpunkt bereits mit allem. Zwar betonte sie stets, dass bis zu einer Verurteilung alles offen sei und sie daher keinerlei Partei für oder gegen ihn beziehen wolle, in ihrem Inneren aber tobte ein mächtiger Kampf. 13 Verhandlungstage waren angesetzt, schon bald zeigte sich, dass es nach einer Sommerpause in die Verlängerung gehen würde. Während der Ex-Freund der Cousine bereits am ersten Tag gestand, im Auftrag von Rüdiger Baumann einen Mörder für dessen Frau gesucht zu haben, verneinte Rüdiger Baumann selbst bis zum Schluss jeglichen Zusammenhang mit der Tat. Er habe mit der Sache nichts zu tun, so seine Version.

Die Presse beschrieb Rüdiger Baumann als „gefasst und ungerührt". Yvonne sollte einmal mehr ihre Ehrlichkeit über das wahre Verhältnis zur Mutter in die Bredouille bringen. Vor Gericht schilderte sie auf die Nachfrage des Richters hin ehrlich die Empfindungen ihrer Kindheit und erntete entsetztes Raunen aus dem Publikum. Wie konnte die Tochter über ihre ermordete Mutter derartige Dinge sagen? „Nur weil sie auf eine furchtbar grausame Art ums Leben gekommen ist, muss ich sie jetzt in den Himmel loben und heiligsprechen, obwohl es nicht stimmt? Ich sollte hier die Wahrheit sagen – und das tue ich", antwortete Yvonne damals. Als der Richter sie fragte, ob sie glaube, dass der Vater der Auftraggeber für den Mord war, antwortete Yvonne ebenso ehrlich. Sie könne sich nicht vorstellen, dass ihr Vater der Initiator gewesen sei. Für die Presse war das eine willkommene Schlagzeile. „Tochter nimmt den Angeklagten in Schutz" – so wurden ihre Worte wiedergegeben.

Am 8. Juli kamen weitere Details ans Licht, die Yvonnes Glauben an den Vater abermals heftig erschütterten. Es stellte sich heraus, dass Rüdiger Baumann mithilfe von Yvonnes Tante Maja, seiner Schwester, schon seit geraumer Zeit Geld beiseite geschafft hatte, um ein geringeres Vermögen vorzutäuschen. Damit wären Unterhaltszahlungen im Falle der Scheidung kleiner ausgefallen. Maris, der Ex-Verlobte der Cousine, gab an, dass Rüdiger Baumann ihn bereits im März instruiert hatte.

Der aus Lettland stammende Maris hatte von Anfang an keinen besonders hohen Stellenwert in der Familie. Durch die Komplizenschaft zu Rüdiger Baumann tat sich unerwartet die Chance auf, sich Anerkennung zu erarbeiten. Zusätzlichen Druck übte Denises Bruder Hendrik aus. Bereits bei einer Familienfeier im März 2002 soll Rüdiger Baumann Maris gefragt haben, ob er nicht jemanden wüsste, der sich mit Mord auskenne.

1 000 Euro soll Rüdiger Baumann bezahlt haben, dafür dass Maris den Täter Jakob Geiger anwarb. Ein 22-Jähriger aus Dormagen bei Düsseldorf, dessen Vorstrafenregister aus Kleindiebstählen und Drogenkonsum bestand. Aufgrund einer frühkindlichen Hirnschädigung litt Geiger unter Koordinationsstörungen. Maris kannte er zum Zeitpunkt des Geschehens gute fünf Jahre. Sie trafen durch Zufall aufeinander, als Maris jemanden suchte, „der sich etwas Geld dazu verdienen möchte". Geiger – aufgrund des Drogenkonsums in Geldnot – bot sich gleich selbst an. Während

Yvonnes Cousine Denise offensichtlich die Nichtsahnende war, zogen ihr Verlobter Maris sowie ihr Bruder Hendrik im Hintergrund die Strippen und das im Auftrag von Rüdiger Baumann.

Wie Jakob Geiger vor Gericht schilderte, habe Maris ihm sehr genau diktiert, wie sein „Auftrag" abzulaufen habe. Er habe detaillierte Informationen über den Wohnort von Sigrid Baumann und dazu die Anweisung erhalten, dass der Mord erst dann zu erfolgen habe, wenn die kleine Tochter Amélie auf dem Weg zur Schule sei. Darüber hinaus habe Maris ihm vorgegeben, Sigrid durch einen Messerstich ins Herz zu töten. Auf diese Art und Weise könne man sich des sofortigen Todes sicher sein. Auf Maris' Geheiß hin sei er am 6. Juni 2002 mit dem Zug nach Guxhagen gefahren. Fahrplanauskunft und Ticket habe er sich tags zuvor am Bahnschalter ausdrucken lassen. In der Tasche habe er ein Küchenmesser und ein Survivalmesser getragen.

Das Haus von Sigrid Baumann habe er entsprechend der Wegbeschreibung von Maris problemlos gefunden. Während Sigrid die Tür geöffnet habe, habe er das Messer aus der Tasche genommen und sofort zugestochen. Die Herzgegend habe er verfehlt, weil die Tür im Weg gewesen sei. Daher habe er weiter auf ihren Hals eingestochen. Die Obduktion ergab zwölf Stiche, einer davon durchtrennte die linke Halsschlagader und war damit tödlich. Nach der Ausführung seines Auftrags ist Geiger eigenen Angaben zufolge geflüchtet, aufgeschreckt durch den Vermieter von Sigrid Baumann, der im selben Haus wohnte und plötzlich auftauchte.

Mit dem Geld, das Jakob Geiger von Maris erhielt, habe er

laut Aussagen vor Gericht seine Schulden bei zwei Drogendealern abbezahlt.

Einen Großteil der Geschehnisse und Aussagen vor Gericht hat Yvonne Holthaus nicht persönlich miterlebt. Sie war lediglich für ihre eigene Aussage und bei der Urteilsverkündung mit dabei. Den Rest hat sie über Zeitungsartikel und die Berichte von den Tanten oder der Lebensgefährtin des Vaters zugetragen bekommen. Ein wertneutrales Bild lieferten diese natürlich nicht. Als Yvonne Holthaus mit 38 Jahren den Entschluss fasste, ihre Erlebnisse in einer Biographie niederzuschreiben, erbat sie sich Zugang bei der Kasseler Staatsanwaltschaft zu allen relevanten Akten. Aus den dabei gewonnenen Erkenntnissen schilderte sie schließlich in ihrem Buch „Mit dem Gesicht zur Sonne" den Prozessverlauf, daraus ergibt sich auch die hier vorgenommene Schilderung.

Während der Prozess seinen Fortgang nahm, begann Yvonne mit einer Psychotherapie. Zu viel hatte sich mittlerweile angestaut, um alleine damit fertig zu werden. Das Gerichtsverfahren war erwartungsgemäß nicht in den dafür angesetzten 13 Tagen abgeschlossen, sondern sollte weitere 13 Tage in Anspruch nehmen, bis Ende November schließlich die Plädoyers verlesen wurden. Der Staatsanwalt forderte für Maris „Anstiftung zum Mord mit zwölf Jahren und sechs Monaten Haft" und für Rüdiger Baumann „lebenslang". Alissas Anwalt – sie war als Nebenklägerin aufgetreten – beantragte für beide Angeklagte lebenslang und forderte überdies, Rüdiger Baumann die „besondere Schwere der Schuld" anzulasten. Gleiches forderte auch Amélies Anwalt der Nebenklage, der vom Jugendamt bestellt worden war. Maris' Anwalt sprach sich für eine

„Anstiftung zum Totschlag" mit nicht mehr als acht Jahren Haft aus. Und Rüdiger Baumann? Er hatte bis zum Ende des Prozesses darauf beharrt, ihn treffe überhaupt keine Schuld. Seine Anwälte forderten den uneingeschränkten Freispruch.

Am 10. November 2003 wurde das Urteil verkündet. Yvonne nahm persönlich daran teil, vorab ließ sie sich ein Beruhigungsmittel verschreiben. Sie wollte das Ende der Geschichte hören – und die Begründung des Richters. Maris wurde wegen der Anstiftung zum Totschlag zu einer Freiheitsstrafe von neun Jahren und sechs Monaten verurteilt. „Der Angeklagte Baumann ist der Anstiftung zum Totschlag schuldig, er wird zu einer Freiheitsstrafe von zwölf Jahren verurteilt." Die Indizien und Zeugenaussagen waren so erdrückend, dass sich ein klarer Schluss ziehen ließ. Seine Tochter verharrte im Augenblick der Urteilsverkündung reglos. Vor ihren Augen erwuchs mit einem Mal ein ganz klares Bild. Die Urteilsbegründung zeichnete eine Geschichte nach, die absolut plausibel klang. Eines fügte sich zum anderen, es blieb kein Zweifel. In diesem Moment begriff Yvonne Holthaus: Er musste es gewesen sein. Der Vater hat es ihr bis heute nicht bestätigt.

Mit der Urteilsverkündung war das Ende der Fahnenstange noch nicht erreicht. Der gesamte Fall musste noch einmal neu aufgerollt werden, weil der Bundesgerichtshof das erste Urteil für nichtig erklärte. Im Juli 2005 stand die Revision vor dem Landgericht Kassel an. Dabei ging es nur noch um Rüdiger Baumann. Es wurde nun nicht wegen Anstiftung zum Totschlag, sondern wegen Anstiftung zum Mord verhandelt. Die Mordmerkmale Habgier, Heimtücke und niedere Beweggründe sollten geprüft werden, laut Begründung des BGH sei diesen in der ersten Verhandlung nicht genügend Aufmerksamkeit geschenkt worden. Yvonne wurde erneut zu Zeugenaussagen geladen. Mittlerweile war sie so zermürbt, dass sie die Sache nur noch hinter sich bringen wollte. Kontaktversuche ihres Vaters ignorierte sie zu diesem Zeitpunkt bereits. Die Verhandlungen nahmen eine entscheidende Wende, als Rüdiger Baumann schließlich ein Geständnis unterschrieb. Staatsanwaltschaft und Verteidigung hatten sich offenbar darauf verständigt, dass es bei einer Verurteilung wegen Anstiftung zum Totschlag bliebe, wenn Rüdiger Baumann gesteht. Ansonsten hätte ihm eine Freiheitsstrafe von 20 Jahren gedroht. Seiner Tochter ließ Rüdiger Baumann allerdings ausrichten, das Geständnis sei lediglich Taktik gewesen und nicht die Wahrheit. Yvonne hatte sich damals bereits distanziert, nannte ihren Vater ganz bewusst nur noch „Vater" – Daddy gehörte längst einer anderen, vergangenen Zeit an.

Die Rückkehr ins Leben und abermals ein Schicksalsschlag

Man mag sich fragen, wie Yvonne Holthaus es geschafft hat, mit dieser Erkenntnis in ein geregeltes Leben zurückzukehren. Sie tat, was ihr immer am meisten geholfen hat: Sie stürzte sich in Aktivität. Dass sie mit ihrer Familie schon lange kein enges Verhältnis mehr verbunden hatte, versuchte sie gar nicht erst zu ändern. Stattdessen wandte sie sich noch fokussierter dem eigenen Leben zu. Ihre Eigenständigkeit machte sie auch ihrem Freund Milan gegenüber deutlich, indem sie begann, nach einer eigenen Wohnung Ausschau zu halten. Die Konflikte im Elternhaus

Milans mit der Mutter waren zu groß geworden. Yvonne hatte sich vorgenommen, endlich ihre beruflichen Träume in die Tat umzusetzen. Dafür verplante sie ihre Freizeit lückenlos mit Fort- und Weiterbildungen. Über ein Fernstudium via Telekolleg holte sie das Fachgebundene Abitur nach, das sie nach eineinhalb Jahren mit einem Schnitt von 2,2 abschloss. Nebenbei machte sie Kurse in NLP, Neurolinguistisches Programmieren, absolvierte den Heilpraktiker für Psychotherapie und machte noch eine Klinische Hypnose-Ausbildung. Für ihre private Leidenschaft setzte sie obendrein den Schein zur Tauchlehrerin drauf. Woher sie all die Energie genommen hat, ist im Nachhinein schwer zu sagen. Ihr Psychotherapeut attestierte ihr einmal eine erstaunlich gute Allgemeinverfassung – gemessen an all dem, was geschehen war.

Viel Kraft schöpfte sie aus ihrer wiederhergestellten Privatsphäre, nachdem sie endlich trotz der laufenden Insolvenz eine eigene kleine Wohnung gefunden hatte. Die Beziehung mit Milan geriet trotz vieler Rettungsversuche und Neuanfänge nach und nach in eine Sackgasse. Das Ende stand unweigerlich bevor. Trotz aller Vertrauensbrüche und Unzuverlässigkeiten, die ihr Freund an den Tag legte, hat er Yvonne dennoch einen großen Freundschaftsdienst erwiesen. Indem er ihr auf eigene Initiative hin 10 000 Euro zur Verfügung stellte, konnte Yvonne auf die Einstellung des Insolvenzverfahrens hinwirken. Damit ermöglichte er ihr den Schritt in die vollkommene Freiheit. Yvonne hat ihm später das Geld zurückgezahlt. Er hat ihr die nötige Zeit dazu gelassen und die Vereinbarungen fair eingehalten – auch als die Beziehung schon beendet war.

Im Sommer 2006 konnte Yvonne Holthaus bereits eine

kleine Praxis eröffnen, in der sie sich nebenberuflich als Anwärterin für Psychotherapie einen Klientenstamm aufbaute. Hauptberuflich ging sie weiter ihrem gesicherten Bürojob nach, zu groß war die Angst, mit einer Selbstständigkeit zu scheitern. Die Erfahrungen der Privatinsolvenz saßen zu tief. Da Yvonne wenig Freizeit blieb, schaute sie sich im Internet nach neuen Bekanntschaften um. Über eine Partnerbörse lernte sie Volker kennen – ihren heutigen Ehemann. Die gemeinsame Leidenschaft fürs Tauchen gab den Ausschlag, sich mit dem Profil des Fremden näher zu befassen. Ersten Email-Kontakten folgte ein Telefonat – es dauerte neun Stunden: „Danach war alles klar." Volker sollte sich als der Richtige erweisen. Auch die Distanz von 101 Kilometern, die zwischen den Wohnorten der beiden lag, konnte die Liebenden nicht aufhalten. Dank Volkers Ermutigung wagte Yvonne mit ihrer beratenden Tätigkeit als Heilpraktikerin für Psychotherapie und Hypnose im Januar 2009 doch noch den Schritt in die Selbstständigkeit. Sie sollte es nicht bereuen.

Am 27. November 2009 heirateten die beiden. Volkers Vater führte Yvonne zur Trauung. Ihre beste Freundin Babe war Trauzeugin. Im September 2009 dann die freudige Überraschung: Yvonne bemerkte, dass sie schwanger war. Es begann eine Zeit voller Glück. Das Kind in ihrem Inneren wuchs. Es sollte ein Junge werden. Yvonne und Volker einigten sich darauf, dass er Nico heißen würde. Endlich schien einmal im Leben das Glück auf ihrer Seite zu sein.

Bis der 16. Dezember 2009 kam. Ein Kontrolltermin beim Arzt stand an. Volker begleitete Yvonne. Beide waren neugierig darauf, ihren Nico im Ultraschall zu sehen.

Als es so weit war, stutzte der Arzt. Sein Gesichtsausdruck alarmierte die werdenden Eltern sofort. Der Arzt rief einen Kollegen hinzu. Was die beiden sahen, war eine Seltenheit. Eine furchtbare Außergewöhnlichkeit. Teratom lautete die medizinische Bezeichnung. Die Ärzte vermuteten einen Tumor in Nicos Halsbereich. Ein MRT beim Spezialisten brachte die grausame Gewissheit. Der Tumor war so ausgeprägt, dass man ihn nicht entfernen konnte. Es wäre kein gesundes Gewebe mehr übrig geblieben. Während einer zehnjährigen Studie an 60 000 Frauen waren geradeaml acht Fälle eines derartigen Teratoms bekannt. Wieder einmal hatte sich das Schicksal Yvonne ausgesucht. Das Weihnachtsfest im Kreis von Volkers Familie sollte für Yvonne das schlimmste ihres Lebens werden. Die Schwägerin war hochschwanger und eine befreundete Nachbarin hatte das gerade entbundene Baby mitgebracht. Niemand sprach Yvonne auf ihre Situation an, alle schwiegen taktvoll. Für sie selbst war es dennoch unerträglich. Am 28. Dezember teilten ihr die Ärzte mit, dass keinerlei Hoffnung mehr bestand. Der Schwangerschaftsabbruch war unerlässlich, wollte Yvonne nicht ihr eigenes Leben riskieren.

Am 30. Dezember 2009 gebar sie Nico. Ihr Körper sträubte sich ganze 36 Stunden lang dagegen, das kleine Wesen freizugeben. Eigentlich hatten sie und Volker beschlossen, das Kind nicht sehen zu wollen. Yvonne fürchtete sich, das Bild nie wieder aus dem Kopf zu bekommen. Als Yvonne Stunden nach den entsetzlichen Schmerzen der Geburt erwachte, hatte sie dennoch nur einen Wunsch: Nico im Arm halten. Und es hat ihr gut getan. Sie und Volker verbrachten eine Stunde mit ihrem Sohn, als Familie. Dann sagte Yvonne ihrem Sohn für immer Lebewohl.

„Ich weine um Nico, ich trauere um ihn. Kein Silvester wird mehr sein wie früher. Aber es ist in Ordnung. Es ist wirklich okay." Der Blick in das Gesicht von Yvonne Holthaus lässt keine Zweifel, dass sie meint, was sie sagt. Sie hat Nico nicht vergessen, aber sie kommt mit seinem Tod zurecht. Wie mit so viel anderem in ihrem Leben. Und sie stellt schon lange nicht mehr die Frage, warum sie es ist, die diese Dinge durchmachen musste. „Es gibt andere Menschen, die noch viel mehr durchmachen mussten", ist eine der Antworten, die sie gelegentlich gibt, wenn sie gefragt wird, wie sie mit all dem Erlebten umgeht. Ihre Widerstandsfähigkeit begründet sie selbst schlichtweg mit Sturheit: „Ich habe diesen unglaublichen Sturkopf, diesen festen Willen, dass mich auf keinen Fall irgendwas unterkriegt. Das ist eine Sache, die ich nicht nur mir selbst, sondern auch allen anderen immer wieder beweisen will."

Nach Nicos Tod hat das Ehepaar auch räumlich einen Neuanfang begonnen. In Obernzell bei Passau fanden Yvonne und Volker Holthaus eine Bleibe, die sie seitdem gemeinsam mit Volkers Eltern bewohnen. Die Nähe zu Österreich – Volkers Schwester lebt dort – sagte ihnen sofort zu. Genau ein Jahr nach Nicos Tod, an Silvester 2010, stellte Yvonne fest, dass sie wieder schwanger war. Am 1. September 2011 wurde Silas Raphael geboren. Der Sohn ist das ganze Glück seiner Eltern. Yvonne hat nach seiner Geburt entgegen früherer Pläne nie mehr den Wunsch verspürt, noch ein Kind zu bekommen: „Nach alldem, was wir erlebt haben, ist ein gesundes Kind für mich so ein immenses Glück, dass ich mir nichts Größeres vorstellen kann und möchte."

Die Geschichte könnte an dieser Stelle zu Ende sein. Sie hält aber eine weitere Wendung bereit. All die Jahre hat

Yvonne ihre eigene Familiengeschichte nie die Oberhand über ihre innere Einstellung gewinnen lassen. Dass sie nach dem missglückten Briefkontakt beschlossen hat, ihren Vater Rüdiger nicht mehr sehen zu wollen, war im Grunde ein Abschluss für sie. 2017 wurde Rüdiger aus der Haft entlassen. Für Yvonne brachen mit dieser Nachricht Ängste auf, die sie niemals für möglich gehalten hätte. Zwar gibt es eine gerichtliche Verfügung, dass er sich seiner Tochter nicht nähern darf, Yvonne fühlt dennoch quälende Ungewissheit. Details zu ihrer Person sind bekannt und für jeden, der sich für sie interessiert, auch leicht nachzuvollziehen. Sie hat ein Buch geschrieben und eine Fernsehdokumentation über ihr Leben gedreht. Wo sie lebt und was sie macht, ist mit einem Internetklick einsehbar. Sie fürchtet, ihr Vater könnte ihr etwas Böses wollen oder – was weitaus schlimmer wäre – sich Silas nähern.

Über diese Ängste ärgert sie sich, gibt sie geradeheraus zu: „Ich gebe meinem Vater dadurch eine Macht, die ich ihm niemals geben wollte." Die Angst lässt sich trotz dieser Erkenntnis im Moment nicht kleiner halten. Ihre Psycho- und Hypnosepraxis, die sie anfangs mit großem Erfolg in Obernzell betrieben hat, hat Yvonne 2017 aufgegeben. War es früher ihr großer Traum, Menschen mit seelischen Leiden zu helfen, übersteigt genau das mittlerweile ihre Kräfte. „Wenn ich mir etwas wünschen könnte, dann, dass ich einmal vollkommen leer im Kopf wäre", sagt sie nachdenklich. Ihre Gedanken sind immer am Rotieren. Alles, was ihre Klienten ihr anvertraut haben, hat ihr Kopf restlos gespeichert. Wenn sie einen von ihnen auf der Straße trifft, spucken ihre Gedanken sofort eine ganze Schicksalsgeschichte aus: „Das Wissen über die Anderen wurde irgendwann zu viel."

Seit 2017 geht Yvonne nun voll und ganz dem nach, was sich nach und nach zur Leidenschaft entwickelt hat. Die Arbeit mit Wildvögeln. Anfangs war es nur ein Steckenpferd, das mit einem verletzten Vögelchen begonnen hat. Langsam ist Yvonne zu einer Expertin geworden und hat mehr und mehr Gleichgesinnte gefunden. Für die Vögel, die keine Lobby haben, möchte sie auch Öffentlichkeitsarbeit betreiben. Im Internet ist noch vieles über sie einsehbar. Mit Blick auf die Zukunft möchte sie aber im Moment keine weiteren Bilder von sich in der Öffentlichkeit wissen.

Die nächste Herausforderung liegt im Privaten. Silas soll die ganze Familiengeschichte erfahren. Noch hat er nicht danach gefragt. Yvonne will mit ihm sprechen, bevor er es tut. Wie sie das macht, weiß sie noch nicht. Manchmal denkt sie an das, was sie ihren Klienten mit auf den Weg gegeben hat – sich bewusst zu werden, dass das Leben ständig im Fluss ist: „Frag dich heute, wo du vor fünf Jahren warst. Damals hättest du doch niemals gedacht, heute an dieser Stelle zu stehen. Diese Erkenntnis tut gut – und sie bewahrheitet sich immer wieder."

Zwischen Herrgottswinkel und Christopher-Street-Day

Gudrun Zollner, die Moderne unter den Konservativen

Vor dem Bundesadler:
Die vier Jahre in Berlin gehörten
für Gudrun Zollner zu ihren
aufregendsten Erfahrungen.
(Foto: DBT/H. J. Müller)

Neben dem Herrgottswinkel mit Kreuz und Heiligenfiguren hängt ein schillernder Kunstdruck. Gustav Klimt neben dem lieben Gott. Die Couch mit neon-grünblauem Muster zählt ebenso zum Interieur wie die elitär anmutende Büchersammlung im dunklen Holzregal. All das passt wunderbar zusammen, denn hier wohnt Gudrun Zollner. Die ehemalige Bundestagsabgeordnete, die im Parteivorstand der CSU sitzt, in ihrer Freizeit am Christopher-Street-Day teilnimmt und als Mädchen Nonne werden wollte. Ihre Lieblingsmission: Möglich machen, was unmöglich erscheint. Ihre beste Motivation: Wenn jemand ihr sagt, dass etwas nicht geht. Zu kontrastreich für die CSU? Zu modern für eine konservative Partei? Normalerweise schüttelt Gudrun Zollner auf diese Frage vehement den Kopf, bisweilen lächelt sie nur noch, weil sie schon so oft dasselbe gefragt wurde.

Berlin im Juli 2019: 40 Männer und Frauen beraten über ein Gesetz zum Verbot sogenannter Konversionstherapien. Bundesgesundheitsminister Jens Spahn hat eine Expertenkommission einberufen. Mit am Tisch sitzt die aus dem niederbayerischen Wallersdorf stammende Gudrun Zollner. Sie ist keine Psychotherapeutin, keine Theologin, keine Rechtswissenschaftlerin. „Aber du weißt, wovon du sprichst", hat Jens Spahn gesagt, als er seine ehemalige Bundestagskollegin in das Gremium berufen hat. Eigentlich gibt es für Gudrun Zollner keinen schöneren Erfolg, als wenn Außenstehende ihre größte Stärke anzuerkennen vermögen: Sie weiß, wovon sie spricht. Im Grunde gibt es kaum ein Szenario, zu dem sie nicht ein Lebensereignis zitieren könnte.

Gudrun Zollner wurde als Tochter des Unternehmerpaars Franz und Maria Zollner geboren. Rechts: Im Alter von vier Jahren.

Gudrun Zollner hat Höhen und Tiefen einer Ehe durchlebt, als Alleinerziehende zwei Buben groß gezogen, selbstständig einen Betrieb geführt und dessen Scheitern erfahren müssen. Sie ist für vier Jahre in den Bundestag gekommen und hat für Frauenrechte, für Alleinerziehende und für die Gleichberechtigung Homosexueller gekämpft – und vielfach gegen den Widerstand der eigenen Partei. Dass sie mit zu den wenigen CSU-Abgeordneten gehörte, die 2017 bei der Entscheidung über eine „Ehe für alle" im Bundestag mit „Ja" stimmten, sollte der Mutter eines schwulen Sohnes in den eigenen Reihen noch mehr Widersacher bescheren. „Ich würde alles wieder genauso machen", sagt sie später im Brustton der Überzeugung. Das Leben hat sie stark gemacht – auch wenn sie sich wünscht, manches wäre an ihr vorübergegangen.

Der dritte Versuch zum Sohn

Die knapp 7000 Einwohner zählende Marktgemeinde Wallersdorf im Landkreis Dingolfing-Landau ist ein Ort, in dem niemand auf Dauer fremd bleibt. Man kennt sich. Gudrun Zollner war bereits als Kind keine Unbekannte. „Du musst immer alle grüßen – auch wenn du sie nicht kennst. Sie kennen dich." Es war typisch für Mutter Maria Zollner, dass sie Anweisungen aussprach, lieber noch Verbote. Gudrun Zollner war Tochter eines bekannten Unternehmerpaares. Was die Zollner-Kinder taten, wurde von vielen Augen beobachtet. Die Bürde, eine gute Unternehmertochter zu sein, war damit in die Wiege gelegt. Was eine gute Tochter ausmachte, war bereits mit dem Status „Tochter" hinreichend definiert. Sie würde später einmal heiraten, am besten jemanden, der ins Unternehmen passt, und Kinder bekommen. Für eine Führungsposition war eine Frau nicht vorgesehen.

Für den Fuhrpark der Spedition und Fahrzeuge im Allgemeinen konnte sich Gudrun Zollner schon als kleines Mädchen begeistern.

Das war nicht allein die Einstellung von Franz Zollner, der 1952 die noch heute bestehende Spedition gegründet hat. Es entsprach schlichtweg dem Zeitgeist. Selbstredend hat sich der Unternehmensgründer einen Sohn gewünscht, der

Gudrun Zollner bei ihrer Erstkommunion: Aus dem Glauben schöpft sie heute noch Kraft.

den Familienbetrieb eines Tages übernehmen würde. Nachdem das Ehepaar bereits zwei Töchter im Alter von sieben und acht Jahren hatte, brachte Maria Zollner am 21. Juli 1960 in der Geburtsklinik im benachbarten Straubing noch ein Mädchen zur Welt: Gudrun Anna Therese Zollner. „Ich war der dritte Versuch zum Sohn." Gudrun Zollner sagt das ohne Umschweife.

Dieser Satz will immer sofort aus ihr heraus, wenn sie zu ihrer Kindheit befragt wird. Eine Erwartungshaltung zu erfüllen, insbesondere eine, die auf Rollenklischees basiert – dagegen hat sie sich in ihrem Leben stets am meisten gesträubt. „Ich wollte immer beweisen, dass ich auch als Frau in der Lage bin, all das zu leisten, was mein Vater eher einem Sohn zugetraut hätte." Diese Haltung ist ihr in Fleisch und Blut übergegangen, ist ihr Credo und Antrieb gleichermaßen. Heute noch.

22. September 2013: An diesem Sonntag wurde der 18. Deutsche Bundestag gewählt. „Merkels Union gewinnt die Bundestagswahl triumphal", schrieb „Die Welt", nachdem das vorläufige amtliche Endergebnis feststand. CDU und CSU kamen zusammen auf 41,5 Prozent. Zur damaligen Legislaturperiode schafften es weder AfD noch FDP in das Parlament. Gudrun Zollner verfolgte die Berichte im Fernsehen. Kurz vor sechs Uhr hat sie das Wahllokal besucht – gerade noch rechtzeitig. Ihre Mutter hatte sie begleitet, mit dem Rollator, daher ging es nur gemächlich voran. Ihre zwei Stimmen hat Gudrun Zollner an die CSU verteilt.

Wenige Stunden zuvor hat Gudrun Zollner einen Anruf von ihrem Sohn bekommen. Aus der Wahlkabine. Flüsternd. „Mama, wo steht dein Name?! Ich find' dich auf dem Wahlzettel nicht!" Gudrun Zollners Name stand nicht auf dem Wahlzettel, dafür auf Platz 40 der CSU-Landesliste. Ein Platz, der unter normalen Umständen keine realistische Chance auf ein Mandat eingeräumt hätte. Eigentlich hatte Gudrun Zollner ihre Partei vor allem im Wahlkampf unterstützen wollen.

Als Gudrun Zollner die Diagramme im Fernsehen sah, die Gedankenspiele der Politiker in den Interviews hörte, bekam sie Herzklopfen. Sollte wirklich das Unmögliche wahr werden? In den örtlichen Parteizentralen wurde fieberhaft zu rechnen begonnen. Sollte das sensationelle Wahlergebnis tatsächlich reichen, damit Listenkandidatin Gudrun Zollner den Sprung nach Berlin schafft? Unaufhörlich vibrierte das Handy. „Gudrun, du brauchst eine Wohnung in Berlin!", schrieb der Buchhalter von der Landesleitung der Jungen Union. Im Moment brauchte sie vor allem eines: einen Schnaps. Viele Nachfragen und erste Glückwünsche gingen ein. Am nächsten Morgen dann die Gewissheit: Gudrun Zollner war Mitglied des 18. Deutschen Bundestags. Ihre Heimatgemeinde jubelte. Bürgermeister, Freunde und Familienmitglieder organisierten kurzerhand eine Überraschungsparty. Ein Gratulant nach dem anderen gab sich die Klinke in die Hand. Eine Bundestagsabgeordnete für Wallersdorf. Seit 1949 war lediglich zwei anderen CSU-Frauen aus Niederbayern vor ihr ein Bundestagsmandat zuteil geworden.

Gudrun Zollner packte in Windeseile einen Koffer, hatte keine Ahnung, wo sie übernachten sollte in der Hauptstadt, die sie bis dahin nur einmal in ihrem Leben besucht hatte. Damals hatte noch die Mauer gestanden. Bereits am Dienstag nach dem Wahlsonntag trat sie in Berlin an.

Ihr Vater erlebte nicht mehr, was seine Tochter geschafft hat. Ihre Mutter sollte später einmal zu ihr sagen: „Pass auf dich auf in Berlin. Lass dich da nicht unterkriegen." Zu dem Zeitpunkt war Gudrun Zollner bereits Mitte 50 und empfand das, worauf sie so lange hingearbeitet hat: „Ich hab's geschafft. Ich hab bewiesen, dass ich's kann."

Eine Freiheitsliebende wird erwachsen

Im Grunde hat sie von klein auf begonnen, sich für das zu begeistern, was für sie nicht vorgesehen war. Zu Schulzeiten war sie seltener mit Mädchen unterwegs, erinnert sich heute auch nicht mehr an eine beste Freundin. Stattdessen an eine große Clique, die hauptsächlich aus Jungs bestand. Sie entwickelte sich zu einer begeisterten Leichtathletin, verdankte es einer in der Region bekannten Turnvereinsfunktionärin, dass sie nicht wie die beiden Schwestern nach der Grundschule in ein Mädcheninternat musste. Gudrun Zollner war eine talentierte Läuferin, so begabt, dass die Sportlehrerin alles daran setzte, dass ihre Schülerin auf die Landauer Realschule gehen durfte und weiterhin in ihrer Leichtathletikabteilung blieb. Sogar das Stichwort „Olympia" soll in Zusammenhang mit ihrem läuferischen Potenzial gefallen sein.

Die Sportlehrerin hatte natürlich nicht damit gerechnet, dass der Schulbesuch in der benachbarten Stadt den ohnehin freiheitsliebenden Geist der jungen Gudrun weiter beflügelte. Mit einem Mal war ihr Interesse an Leichtathletik nachrangig. Die Teenagerin entdeckte das Rauchen für sich, was Gudrun Zollner heute noch gerne und oft tut, und nutzte jede Chance, sich außer Haus im Freundeskreis aufzuhalten. Auch die spärlichen Gelegenheiten zum Ausgehen – damals noch sonntagnachmittags – ließ Gudrun Zollner nicht aus.

Ging es um Liebeskummer und Beziehungsgeschichten, war sie obendrein die Ansprechpartnerin in der Schule. Brannte es, wurde Gudrun geholt: „Du bist die Einzige, auf die er hört", hieß es, wenn ein Freund Hilfe brauchte.

Bei ihren Ratschlägen musste Gudrun Zollner improvisieren. Sie selbst hätte sich oftmals mehr Antworten gewünscht, ging es um Themen, die Heranwachsende beschäftigen. Weder in ihrer Mutter noch in den älteren Schwestern fand Gudrun Zollner enge Vertrauenspersonen. Was die Mutter vermittelte, war meist mit Verboten verbunden. Sexualität war ein Tabu, die einzige Informationsquelle war die „Bravo", die sie heimlich las. „Der Zeitgeist war schon ziemlich prüde", sagt Gudrun Zollner im Nachhinein.

Kaum zu glauben, dass sie nur einen Atemzug später mit vollem Ernst erwähnt: „Ich wollte früher immer Klosterschwester werden." Die Nonnen, die das Internat der älteren Schwestern führten, haben sie beeindruckt. Unglaublich freiheitsliebend und rebellisch einerseits – aber andererseits der Berufswunsch Nonne. Es ist einer der Kontraste, die man nicht mehr als Kontrast sieht, wenn man Gudrun Zollner kennt. „Schwester Fortunata hieß die Klosterfrau, die meine Schwestern im Internat immer in Empfang genommen hat." Sie frohlockt. Sogar den Namen hat sie sich gemerkt.

An der Realschule hat Gudrun Zollner den Sozialzweig besucht. Die Betriebswirtschaftsstunden hat sie heimlich gegen Mathematik eingetauscht. Später in der Berufsschule musste sie zu ihrem Übel das Verpasste nachholen. „Als ich gesehen hab, wie pedantisch der Betriebswirtschaftslehrer allein die Überschrift unterstreicht, hab ich gewusst, ich halt's hier nicht aus." Ebenso verweigerte sie das frauentypische Prüfungsfach Erziehungskunde, erkämpfte sich stattdessen eine Prüfung in Kunstgeschichte. In einem Interview während ihrer Zeit als Bundestagsabgeordnete sagte sie 2017, sie wäre früher gerne Journalistin oder Archäologin geworden.

Nichts von alldem war vorgesehen, als Franz Zollner für seine minderjährige Tochter nach deren Realschulabschluss 1976 einen Lehrvertrag mit der in Landau ansässigen Firma Eicher unterschrieb.

Es war Gudrun Zollner bestimmt, zu allererst Industriekauffrau zu werden. Gebracht hat ihr diese Zeit wenig an Erfahrungen, die sie wirklich machen wollte. Lediglich erinnert sie sich daran, einen als besonders cholerisch geltenden Abteilungsleiter durch ihre Neugier und Unbefangenheit offensichtlich für sich eingenommen zu haben. Der hätte Gudrun Zollner nach der Ausbildung gerne als Sekretärin behalten – fragte dafür bei ihrem Vater an. Zu spät – denn sie hatte bereits die nächste Lehre vor sich. Sie stieg zu Hause in der Spedition mit ein, angetrieben von dem Willen, ihrem Vater zu zeigen, dass sie das Zeug hat, in einer von Männern dominierten Branche zu bestehen.

Franz Zollner schickte seine Tochter in jede Abteilung und ließ sie überall bei null anfangen, getreu seinem Motto, ein Chef müsse notfalls jede einzelne Position im Unternehmen, auch die niederen Tätigkeiten, selbst übernehmen können. Gudrun Zollner startete ganz vorne, obgleich sie bereits eine Ausbildung hatte.

Im Nachhinein ist sie dankbar für vieles, was ihr der Vater vermittelt hat. Der war nicht nur mit Leib und Seele Unternehmer. Franz Zollner war neben seinem Beruf im Geflügelzuchtverein aktiv und in der Kommunalpolitik engagiert. Er war Mitglied der SPD. Als Sozialdemokrat war ihm eine soziale Unternehmenskultur wichtig. Das zählt zu den Dingen, die Gudrun Zollner verinnerlicht hat. Wie der Vater seinen Betrieb geführt hat, war ihr in vielerlei Hinsicht ein Vorbild. In einer Sache unterschied sie sich aber trotz sozialer Prägung von ihm: Die Parteipolitik der SPD weckte kein Interesse in ihr. Bei Eicher war sie kurzzeitig Mitglied im Jugendbetriebsrat gewesen, allerdings ohne große Leidenschaft.

Über die Jahre hat Gudrun Zollner viele Ähnlichkeiten mit ihrem Vater entdeckt, gleiche berufliche Interessen und der gleiche Ehrgeiz, diese zu verwirklichen, etwa. Dinge, die Vater und Tochter unweigerlich miteinander verbunden haben. Es gab eine Menge davon. Auch wenn das Verhältnis nicht in erster Linie von zärtlichen Gesten geprägt war, war es doch ein enges. „Mein Vater war wie viele seiner Generation kein Mensch für große Umarmungen. Er hat den Krieg miterlebt und war in russischer Gefangenschaft. Er hat wahrscheinlich Erfahrungen gemacht, die man sich heute nicht mehr vorstellen möchte." Nachdenkliche Worte.

Die Liebe des Vaters hat Gudrun Zollner oft auch an seiner Sorge gespürt. Natürlich war er nicht begeistert, als seine 18-jährige Tochter den Motorradführerschein machte. Gudrun Zollner setzte sich durch, suchte nach einer Maschine, die sie selbst finanzieren konnte. Die Yamaha RD 400, die sie schließlich aussuchte, bestand anfangs lediglich aus dem Rahmen und zwei Wäschekörben voller Einzelteile. Mit Begeisterung hat Gudrun Zollner wochenlang an dem Motorrad gebastelt. Fortan fuhr sie mit ihren Motorradfreunden durch die Gegend und sorgte überall für Aufsehen, wenn sie den Helm vom Kopf nahm

– eine Frau auf einem Motorrad war außergewöhnlich. Die ersten Blessuren blieben aber nicht aus. Bei einer Ausfahrt im Bayerischen Wald hatte Gudrun Zollner einen schweren Unfall. Sie kam mit einigen Brüchen davon. Es hätte weitaus schlimmer ausgehen können. Damals hat sie einen Nachbarn angerufen und um Hilfe gebeten – nicht die Eltern. Als der Vater von dem Unfall erfuhr, war der Ärger riesig. Sollte noch einmal ein Motorrad in seiner Garage stehen – er würde eigenhändig dafür sorgen, dass die Maschine verschwindet.

Beruflich versuchte Gudrun Zollner in jeder Hinsicht, den Ansprüchen gerecht zu werden, die die Männerbranche mit sich brachte. Sie zog jede der ihr auferlegten Herausforderungen mit Sturheit durch. Insbesondere, wenn sich die Kollegen einen Spaß daraus machten, die Tochter vom Chef mit den Härtefällen zu konfrontieren. Auch während der zweijährigen Zusatzausbildung in Passau zur Speditionskauffrau schickten die Männer die junge Gudrun gerne vor, wenn mit ausländischen Lkw-Fahrern Wortgefechte auszutragen waren.

In der wenigen Freizeit, die ihr blieb, ließ Gudrun Zollner weiterhin keine Gelegenheit zum Feiern aus. Mal war sie hier, mal da. Eine Weile war sie jeden Abend Stammgast in ihrer Lieblingsbar in Straubing. Mittlerweile lebte sie in einer Betriebsleiterwohnung auf dem Firmengelände. Den Wallersdorfern entging nichts. Kaum stand ein fremdes Auto vor ihrer Tür, wurde gemunkelt: Hat die Tochter vom Zollner schon wieder einen neuen Freund?

Mit 24 Jahren lernte sie einen Mann aus Salzburg kennen, in den sie sich verliebte. Künftig verbrachte Gudrun Zollner beinahe jedes Wochenende in Österreich und erfüllte sich dort einen Traum, der zugleich Alibi für ihre Salzburg-Aufenthalte wurde: Sie kaufte sich ein Pferd.

In Wallersdorf gab es häufig Krach mit dem Vater. Der hatte kein Verständnis für die wochenendlichen Touren seiner Tochter. Noch weniger für einen Mann, der so weit weg lebte und niemals der passende Nachfolger für das Unternehmen werden würde. Gudrun Zollner zog einen Schlussstrich – allerdings nicht unter ihre Familie. Sie entschied sich gegen die Liebe in Salzburg. 1986 beendete sie die Beziehung. Zu dem Mann hat sie heute noch Kontakt. Dessen Mutter war von Anfang an eine enge Freundin für sie. Womöglich fand sie in dieser Beziehung etwas, das ihr zu Hause fehlte.

Weggehen aus Wallersdorf? Gudrun Zollner schüttelt entschieden den Kopf. Es war nie eine Option für sie, ihre Heimat zu verlassen. „Ich bin immer wieder gerne zurückgekommen. Selbst wenn ich im Urlaub bin, freue ich mich jedes Mal, wieder nach Hause zu fahren."

Seit 2017 lebt sie an einem Ort voller Erinnerungen. Nach dem Tod ihrer Mutter Anfang 2017 ist Gudrun Zollner zurückgezogen in das Haus, in dem sie aufgewachsen ist. Seitdem steht zwischen den dunklen Holzmöbeln die neonfarbene Couch. Nach ihrem Einzug in den Bundestag 2013 hat Gudrun Zollner ein Bürgerbüro wenige Schritte vom Marktplatz Wallersdorf eröffnet. Die Räume waren der Sitzungssaal des früheren Rathauses – dort, wo ihr Vater als Kommunalpolitiker viel Zeit und Herzblut investiert hat. Gudrun Zollner hat das Wohnhaus ihrer Mutter etwa zeitgleich mit dem Ende ihres Bundestagsmandats übernommen. Über dem Klavier im Wohnzimmer hängt das Bild mit den blauen Pferden, das ihr Sohn Max gemalt hat – vormalig war es Bestandteil von Zollners Bürgerbüro. Im Flur steht das Körbchen der betagten Jack-Russel-Dame Emma.

Langsam kommt Gudrun Zollner in ihrem Elternhaus an. „Ich bin immer noch am Einrichten." Was sich schwierig gestaltet, weil sie einen Terminkalender hat, der kaum freie Stellen aufweist. Das Spiegelbild dazu bildet der große Esstisch, auf dem sich Stapel von Papieren aneinanderreihen. Gudrun Zollner hat einen Vollzeitjob beim Bildungswerk der Bayerischen Wirtschaft, ist ehemalige Bundestagsabgeordnete, Markträtin, Kreisrätin, stellvertretende Bezirksvorsitzende der CSU Niederbayern, Mitglied im Parteivorstand der CSU, stellvertretende Landesvorsitzende der Frauen-Union, sitzt der FreiwilligenAgentur vor, ist nebenbei Leistungsrichterin für Pferdesport und vieles, vieles mehr. Irgendjemand will immer etwas von ihr haben. Wenn Gudrun Zollner E-Mails schreibt, dann kann das gut und gerne um zwei Uhr morgens sein – ohne dass sie das selbst als außergewöhnliche Zeit empfindet. Oftmals trinkt sie zur selben Stunde ein Glas Wein, raucht und redet mit einem ihrer Söhne über Gott und die Welt. Wenn sie allein ist, schläft sie manchmal einfach ein – und schlägt Stunden später auf der Couch die Augen wieder auf.

Der wichtigste Mann in ihrem Leben? Es gibt zwei. Ihre Söhne Maximilian und Sebastian. Die beiden anderen wichtigsten Männer hat sie verloren. Das war der Tiefpunkt in ihrem Leben. Gudrun Zollner erlebte ihn Mitte 30.

Als Mutter allein: „Da fehlt halt der Vater"

Über die meisten Themen, zu denen ein Abgeordneter im Plenum spricht, muss er sich Wissen aneignen. Am 19. März 2015 sprach Bundestagsabgeordnete Gudrun Zollner über ein Thema, zu dem sie keine Recherche benötigte. „Ich spreche aus eigener Erfahrung. Ich habe die Höhen und Tiefen selbst durchlebt und ich kenne die Sorgen, Nöte und Ängste, die man hat, wenn man zwei Kinder ab einem Alter von sechs und sieben Jahren ohne Partner großziehen muss." Gudrun Zollner hielt eine Rede über die Teilhabe von Kindern Alleinerziehender. „Heute sind meine Söhne 23 und 24 und ich bin stolz auf sie." Sie fügte noch hinzu, dass sie auch ein bisschen stolz auf sich selber ist. Dazwischen gab es ersten Applaus. Gudrun Zollner sprach nicht nur über den Rechtsanspruch auf einen Kinderbetreuungsplatz ab dem ersten Lebensjahr und über die rund 100 Millionen, die im Nachtragshaushalt insbesondere für Kindertagesstätten und längere Öffnungszeiten bereitgestellt wurden. Sie sprach auch von den 1,6 Millionen „Ein-Eltern-Familien", die sie genauso nannte: „Auch Alleinerziehende und deren Kinder sind Familien." Wieder Applaus. Hilfen für Alleinerziehende seien ihr und ihrer Partei eine Herzensangelegenheit. Der geneigte Zuhörer konnte sich an dieser Stelle natürlich fragen, ob da wirklich gerade eine CSU-Abgeordnete aus dem tiefsten Niederbayern spricht. „Bitte keine ideologischen Attacken, welche Partei welches Familienmodell favorisiert", sagte Gudrun Zollner just an dieser Stelle – als ob sie es geahnt hätte.

Dass sie tatsächlich eines Tages einen Mann heiraten würde, der aus der Speditionsbranche stammt und damit "ins Geschäft passt", hat sie selbst eigentlich immer ausgeschlossen.

Nach dem Abschluss ihrer Ausbildungen hat Gudrun Zollner sich 1982 – im Alter von knapp 22 Jahren – einen eigenen Lkw angeschafft und als selbstständige Transportunternehmerin begonnen. Die Zweifel des Vaters, diese Geschäftsidee könnte für seine junge Tochter eine Nummer zu groß sein, wusste sie zu beseitigen. Schließlich müsse sie ja üben, sollte sie tatsächlich eines Tages die Spedition des Vaters übernehmen. Mittlerweile hatten Gudrun Zollner und ihr Vater sogar eine andere gemeinsame Leidenschaft entdeckt: 1986 eröffneten sie einen Pferdehof mit Pensionsbetrieb.

Als sich Gudrun Zollner eines Tages dort aufhielt, kam ein Mann vorbei, der aus dem Ort stammte. Sie kannte den

Pferde zählen immer noch zu ihren Lieblingstieren.

Wallersdorfer vom Hörensagen. Er war acht Jahre jünger als die damals 28-jährige Gudrun Zollner und der Neffe eines weiteren großen Speditionsunternehmers in der Ortschaft. Es blieb nicht bei der einen Begegnung. Der junge Mann kam wieder und wieder. Gudrun Zollner konnte nicht umhin, an seiner Beharrlichkeit Gefallen zu finden. Langsam entwickelte sich eine Beziehung daraus.

Den Vorschlag „Lass uns heiraten" hat Gudrun Zollner zwar prompt mit den Worten „Du spinnst" abgewehrt. Am 19. September 1989 hat sie dennoch „Ja" gesagt. Die Hochzeitsnacht verbrachten die beiden auf dem Weg nach Italien, wo ein Zöllnerstreik das Unternehmen auf Trab hielt. Die Spedition an erster Stelle – das sollte Gudrun Zollner in den kommenden Jahren noch häufig leidvoll erfahren. Ihrem Nachnamen hat sie mit der Eheschließung den Namen des Mannes hinzugefügt. Ihre Söhne tragen seinen Nachnamen noch heute.

Künftig führten sie und ihr Mann die Geschäfte ihres selbstständigen Transportunternehmens gemeinsam. Mit 30 Jahren wurde Gudrun Zollner zum ersten Mal schwanger. Es war eine Wunschschwangerschaft. Sie wollte trotz beruflichen Ehrgeizes immer eine Familie haben. Gudrun Zollner freute sich auf das Kind, hatte mit ihrem Mann immer wieder besprochen, wie sie sich ihr Leben vorstellte. Erst die Familie, dann die Arbeit. Gemeinsam für die Kinder da sein. Als Familie Urlaube verbringen.

In der zwölften Schwangerschaftswoche fand ihre Vorfreude ein jähes Ende. Bei einer Untersuchung erfuhr sie, dass das Herz des Kindes nicht mehr schlug. Gudrun Zollner erlitt eine Fehlgeburt.

Trotz der schmerzhaften Erfahrung blieb der Wunsch, ein Kind zu bekommen. Die zweite Schwangerschaft war mit Angst behaftet. Jeder Anflug von Unwohlsein, jedes Kneifen im Bauch rief ihr die Erfahrung der Fehlgeburt vor Augen. Im Frühjahr 1991 wurde ihr Sohn Maximilian geboren, den alle Max nennen. Einen Monat vor dem errechneten Termin. Der Kleine hatte Luft in der Lunge und im Herz und war schwach. Per Kaiserschnitt hat Gudrun Zollner ihn in Straubing entbunden. Als sie aufwachte, erfuhr sie, dass ihr neugeborener Sohn bereits auf dem Weg zur Kinderintensivstation nach Deggendorf war. Die Chancen, dass er es schaffen würde, standen 50 zu 50. Die folgenden Wochen waren ein Alptraum für die junge Mutter.

Sie erinnert sich noch genau an das hilflose Gefühl, als sie das kleine Wesen auf Geheiß einer Kinderkrankenschwester zum ersten Mal an ihre Brust legte. „Das Stillen hat überhaupt nicht geklappt. Ich war am Ende und der Kleine hat nur geschrien." Verzweifelt hat Gudrun Zollner damals eine Großtante angerufen, die als Hebamme arbeitete, und dieser ihr Leid geklagt. Danach ging es langsam aufwärts. Auch der damals weit verbreiteten Ansicht, dass Frauen während des Stillens nicht erneut schwanger werden, hat Gudrun Zollner Glauben geschenkt.

Dass sie bereits neun Monate nach Max' Geburt wieder ein Kind erwartete, war für Gudrun Zollner eine Überraschung. Sie hatte sich gerade erst ein Pferd gekauft. Die Ankaufsuntersuchung von Vollbluthengst Lothar hat sie ausgiebig gefeiert, ehe sie tags darauf ihre Ärztin aufsuchte, die ihr die Nachricht der erneuten Schwangerschaft überbrachte. Geplant war das nicht. Eine Abtreibung wäre aber nicht infrage gekommen. Also hat Gudrun Zollner 1992 Sebastian zur Welt gebracht. Dass der kleine Max damit nicht mehr alleine im Zentrum des Interesses stand, hat für frühe Rivalität zwischen den Brüdern gesorgt.

Von Anfang an hätten die Söhne kaum unterschiedlicher sein können. Sebastian war ziemlich schnell der „Bua". Ein lebhafter, wilder Bub, in dem die Großeltern alles sahen, was einen Jungen ausmacht, und den Kleinen daraufhin freudig vereinnahmten. Maximilian war anders.

Gudrun Zollner versuchte, ihm alles an Liebe zu geben, was sie vermochte. „Natürlich war er oft spürbar eifersüchtig auf seinen Bruder, den alle verhätschelt haben. Instinktiv habe ich mich dann besonders um Max gekümmert." Auf ihren Mann konnte sie bei alldem wenig zählen. Schon bald nach der Geburt der Söhne stellte sich heraus, dass allen gemeinsamen Plänen zum Trotz die Zukunftsvorstellungen nicht harmonierten. Nicht nur, was die Unternehmensphilosophie anbelangte. In der Spedition gab es immer wieder Ärger, weil Gudrun Zollner vieles in ganz anderer Weise ausführen wollte, als ihr Mann es tat. Privat war sie mittlerweile dazu verdammt, alleine die klassische Mutterrolle auszufüllen – mit einem Partner, der ganz offensichtlich auch geprägt war von Rollenbildern, gegen die Gudrun Zollner immer angekämpft hat. „Mein Mann hätte niemals den Kinderwagen geschoben, weil er der Ansicht war, dass ein Mann so etwas nicht macht", erzählt sie heute. Verreist ist sie mit ihrem Mann und den Kindern nie, stattdessen hat sie eine Freundin mit in den Urlaub genommen.

Dem Altersunterschied misst sie für das Scheitern ihrer Ehe hingegen keine Bedeutung bei. Es sei die unterschiedliche Lebensphilosophie im Allgemeinen gewesen. Gudrun Zollners Vater war mittlerweile 69 Jahre alt und plante, sein Unternehmen an eine der Töchter zu übergeben. Sogar der Termin stand schon fest. Es hätte der 23. Februar 1998 werden sollen, sein 70. Geburtstag.

Im Dezember 1997 veränderte sich mit einem Schlag alles. Am 15. Dezember erlitt Franz Zollner einen Herzinfarkt. Er starb. Gudrun Zollner war zutiefst schockiert, als sie die Nachricht vernahm – und hat die wohl schlimmste Verletzung ihres Lebens erfahren, als ihr Mann in diesem Moment nicht an ihrer Seite war, weil er auswärts unterwegs war. „Er ist nicht nach Hause gekommen", sagt Gudrun Zollner. Es klingt so, als könne sie es heute noch nicht ganz fassen. „Das hat mir furchtbar wehgetan. Innerhalb von wenigen Wochen habe ich die zwei wichtigsten Männer in meinem Leben verloren."

In der Folgezeit drohte alles über ihr zusammenzubrechen. Ihr eigenes Unternehmen ging den Bach runter. Die Familie war sich uneinig, wie es mit der Spedition des Vaters weitergehen sollte. Mutter Maria Zollner war traumatisiert vom unerwarteten Tod ihres Mannes. Maximilian und Sebastian waren kaum zu bändigen. „Ich halt's nicht mehr aus. Ich muss hier raus." Gudrun Zollner war so verzweifelt, dass sie nur noch einen Ausweg sah. Sie rief einen Freund an, der Jahre zuvor als Trainer auf dem Reiterhof gearbeitet hatte. Er lebte in New Mexico. Gudrun Zollner buchte einen Flug und brachte ihre Kinder zu den Schwiegereltern. Obwohl die Ehe ihres Sohnes zerrüttet war, haben die beiden ihre Schwiegertochter mit den Kindern unterstützt. Zwei Wochen hat Gudrun Zollner daraufhin auf der Ranch ihres Bekannten in New Mexico zugebracht. Sie hat sich um die Pferde gekümmert, ist durch die Gegend gereist. Das Foto einer Goldgräberhütte hängt heute noch in ihrem Wohnzimmer gleich über dem Fernseher. Besonders zur Mutter ihres Bekannten hat sie damals ein enges Verhältnis entwickelt. Zuhause in Wallersdorf sorgte ihr Ausbruch für pures Unverständnis. Die Frage, wie sie in so einer Situation wegfahren konnte, musste sie sich noch lange anhören.

Es war ohnehin nur eine kurze, wenn auch intensive, Auszeit. Ein Perspektivwechsel und eine Chance, Kraft zu tanken, die sie dringend benötigte. Denn der Scherbenhaufen war noch da und nicht kleiner, als Gudrun Zollner zwei Wochen später wieder niederbayerischen Boden unter den Füßen hatte.

19. März 2015: In ihrer Bundestagsrede über die Teilhabe von Kindern Alleinerziehender sprach Gudrun Zollner, als würde sie Passagen aus einem Tagebuch vorlesen. „Zur eigenen ersten Ohnmacht, auf einmal wieder allein zu sein, kommt der Druck, alles richtig machen zu wollen. Denn die Kinder sollen nicht auch unter der Situation leiden müssen. Damit aber nicht genug. Auch finanziell ändert sich im Leben alles schlagartig. Wo man vorher noch zu zweit für den Lebensunterhalt gesorgt hat, fällt dann meist der größere Einkommensteil weg. Kosten wie Miete, Versicherung, Auto bleiben aber gleich. Da muss man nicht BWL studiert haben, um zu wissen, dass es eng wird."

Die Reform des Unterhaltsvorschussgesetzes sollte für Gudrun Zollner eines ihrer Herzensanliegen als Bundestagsabgeordnete werden. Als Mitglied des Familienausschusses hat sie sich intensiv dafür eingesetzt.

Das Leben – ein Existenzkampf. „Es gab Zeiten, da wollte ich nicht mehr." Worte, die an Jahre erinnern, die Gudrun Zollner gerne anders, manchmal sogar gar nicht mehr gelebt hätte. „Ich bin aber nicht gefragt worden." Die Ehe und das Transportunternehmen gescheitert, musste sie mit Anfang 40 ganz von vorne anfangen. Möglichkeiten der freien Entfaltung? Mitnichten. Nicht nur der finanzielle Druck, den beiden Söhnen ein halbwegs normales Leben bieten zu wollen, lastete auf ihr. Die Angst, als Mutter durch die Doppelbelastung von Kindern und Beruf zu versagen, nagte. Die Hoffnung, das Speditionsunternehmen des Vaters zu übernehmen, war mittlerweile dahin. Maria Zollner hatte eine andere ihrer drei Töchter als Nachfolgerin für den Vater bestimmt.

Man könnte meinen, solche Erfahrungen hätten das Potenzial, zu einem endgültigen Zerwürfnis zwischen einer Tochter und deren Mutter zu führen. Gudrun Zollner hat es abgebucht als Tiefschlag, für dessen Ursache sie Jahre später sogar Verständnis aufbringt: „Aus der Sicht meiner Mutter war es die logische Entscheidung."

Als Mutter von zwei kleinen Kindern stand Gudrun Zollner vor der Herausforderung, eine Arbeit zu finden, die sich mit den Schulzeiten vereinbaren ließ. Ganztags- oder Nachmittagsbetreuungen waren in den 90ern auf dem Land noch Mangelware. Gudrun Zollner übernahm diverse Teilzeitjobs, gab Reitunterricht, versuchte an den Nachmittagen, so gut es ging, für ihre Buben da zu sein.

Es waren Jahre, in denen jede Entscheidung die verkehrte war, ging es nach den Ansichten derer, die fleißig die Augen offenhielten. Verbrachte Gudrun Zollner Zeit mit den

Kindern, wurde gemunkelt, woher die Alleinerziehende denn das Geld für ihren Lebensunterhalt nehme. Ging die Mutter zweier Schulkinder arbeiten, gab es ebenfalls Kopfschütteln. Zustimmendes Nicken gab es auch. Immer dann, wenn Gudrun Zollner einmal Ärger mit den heranwachsenden Jungs hatte: „Ja, da fehlt halt der Vater", waren sich die Beobachter dann einig. „Wie soll denn ohne Vater was aus den Kindern werden?"

„Und es ist doch etwas aus ihnen geworden." Wenn Gudrun Zollner das Jahre später sagt, schwingt viel Befriedigung in ihrer Stimme mit. „Bin so stolz auf meinen Filius", schreibt sie im Mai 2019 auf Facebook. Sebastian hat seine Meisterfeier als Metallbauer, Maximilian betreibt zu diesem Zeitpunkt schon seit Jahren mit großem Erfolg seinen eigenen Friseursalon im Ort. Beide Kinder sind früh von zuhause ausgezogen – und finden sich dennoch fast täglich bei ihrer Mutter ein. Es kann 22 Uhr und später sein, wenn Max spontan klingelt, schaut, was seine Mama im Kühlschrank hat, sich mit einem Glas Wein bei ihr auf der Couch niederlässt und erzählt. Alles. Vor Mama hat man keine Geheimnisse. Wenn er dann wieder geht, fühlt er sich meistens besser. Was macht ihre Mutter aus? Max reagiert zurückhaltend auf Fragen, mit der Presse hat er schon negative Erfahrungen gemacht. Sebastian sagt ohne Umschweife: „Die Mama gibt nie auf. Das macht sie aus. Sie bringt nix um."

Ab 2003 tat sich beruflich ein Lichtblick für sie auf. Über das Arbeitsamt kam sie mit dem beruflichen Fortbildungszentrum (bfz) des Bildungswerks der Bayerischen Wirtschaft in Kontakt und wurde dort kaufmännische Angestellte in Landshut. Zu diesem Zeitpunkt war Gudrun Zollner in der Öffentlichkeit bereits ein bekanntes Gesicht. 1999 ist sie in die CSU eingetreten – angetrieben von den eigenen Erfahrungen und mit der Motivation, aus dieser Welt in vielerlei Hinsicht eine bessere zu machen. Angefangen hat sie unter ihresgleichen, bei der Frauen-Union war sie Mitglied in der ersten Staffel eines Mentoringprogramms, das sie bald schon selbst betreuen sollte. Von dort hat sie sich rasch hochgearbeitet und Ämter auf Bezirks- und Landesebene in der Frauen-Union, in der Mittelstandsunion und in der CSU angenommen. 2008 ist sie zum ersten Mal in den Marktrat gewählt worden, 2014 in den Kreistag. Da war sie schon Bundestagsabgeordnete.

Warum ausgerechnet zur CSU? „Weil ich etwas verändern wollte." Wer etwas verändern will, muss dorthin gehen, wo die Macht ist. Klingt logisch. Bayern ist schließlich CSU-Land. Dennoch, was macht eine Frau, die sich ihr Leben lang gegen die klassische Frauenrolle gewehrt hat,

Ganz nah dran: Gudrun Zollner bei einem Abendtermin mit dem damaligen Bundespräsidenten Joachim Gauck.

Auge in Auge mit der höchsten Frau Deutschlands: Auch die Zusammenarbeit mit Bundeskanzlerin Angela Merkel gehörte zum Bundestagsmandat dazu.

in einer Partei, deren Welt- und Familienbild traditionell geprägt ist? Kritiker mögen es sogar altbacken nennen. Was macht eine Frau mit rebellisch-modernen Ansichten in einer konservativen Partei? Gudrun Zollner antwortet jedes Mal – obgleich ihr diese Frage schon hundertmal gestellt wurde – mit gleichem Elan, fast schon mit ein bisschen Entrüstung: „Konservativ und modern ist für mich kein Widerspruch." Sie mag es, Werte zu bewahren, die Sinn in ihren Augen machen – und mit der Zeit zu gehen, wo es nötig ist. Dass sie in dieser Hinsicht oft andere Vorstellungen hat als Parteikollegen, sieht sie nicht als Problem. Vielen ist sie zu liberal – ganz besonders bei ihrer Haltung zum Thema Homosexualität und Ehe.

Die Löwenmutter

Die finanziellen Engpässe waren mit Gudrun Zollners Arbeit beim Bildungswerk der Bayerischen Wirtschaft zwar weniger gravierend, aber nicht vergessen. Großen Wünschen ihrer Kinder musste sie immer noch eine Absage erteilen oder sie bis Weihnachten vertrösten, für ein Fahrrad etwa war unterm Jahr einfach nicht genügend Geld da.

In der Familie warteten damals noch weitere Herausforderungen. „Dass mein Sohn anders ist, anders auch als der zweite, war mir immer klar", sagte Gudrun Zollner im März 2015 in einem Interview mit dem Lesben- und Schwulenverband. Zuvor hatte sie als Bundestagsabgeordnete auf einer Fachtagung über „Homosexualität und Familie" als Botschafterin der CSU gesprochen. Die Süddeutsche Zeitung hat ein Seite-3-Porträt über die Politikerin veröffentlicht, die sich „mit Themen befasst, mit denen man sich besser nicht befassen sollte, wenn man in der CSU noch was werden will".

Gudrun Zollners Sohn Max ist schwul. Geahnt hatte sie es schon länger, angesprochen hat sie ihn darauf, als er 15 Jahre alt war und seinen ersten Freund hatte. „Da war mir alles klar", erzählt Gudrun Zollner im Nachhinein. Dankbar sei er gewesen, als sie das Gespräch gesucht und ihm signalisiert hat: Alles ist gut.

Sorgen hat sie sich insgeheim dennoch gemacht. „Wie wird so ein kleiner Ort wie Wallersdorf darauf reagieren? Wird mein Sohn es immer schwer haben?" Für die erste Überraschung sorgte die Oma der Buben. Während sich Gudrun

Zollner überlegte, wie sie ihrer Mutter möglichst schonend beibringen könnte, dass der Max nun einen Freund hat, reagierte die Oma komplett gelassen. „Als Familie Geschlossenheit demonstrieren", nennt Gudrun Zollner ihren Weg, um den Leuten den Wind aus den Segeln zu nehmen. Bei Angriffen wird sie zur Löwenmutter. Schon die Miene lässt keinen Zweifel darüber, dass sie die geringste Anspielung niemals dulden würde. Mit stolzgeschwellter Brust marschiert sie mit ihren Söhnen bei öffentlichen Anlässen wie dem Wallersdorfer Volksfest auf. Früher hat sie Blut und Wasser geschwitzt bei dem Gedanken, dass ihr Sohn abends alleine nach Hause geht. „Heute weiß ich, dass sein jüngerer Bruder ihn immer beschützt hat." So unterschiedlich die beiden sind und so konfliktreich ihre Kindheit abgelaufen ist, so stark ist mittlerweile der Zusammenhalt zwischen den Brüdern. Das gilt auch für das Verhältnis zwischen der Mutter und den Söhnen.

Sebastian hat sie oft herausgefordert. Gudrun Zollner musste nicht nur erkennen, dass ihr Sohn ihre rebellische Art hatte. „Durch Sebastian ist mir auch klar geworden, dass eine Mutter niemals den Vater ersetzen kann. Das männliche Vorbild und die Anerkennung des Vaters haben ihm spürbar gefehlt." Gudrun Zollner hat versucht, die Lücke zu füllen, so gut es ging. Viele Wochenenden hat sie mit Sebastian, der sich als begabter und ehrgeiziger Reiter erwies, auf Turnieren verbracht. Sie hat sich bereitwillig als Hexe verkleidet, um den etwa achtjährigen Basti an Halloween zu begleiten.

„Wenn irgendwas ist, bitte ruf mich an", hat sie ihm immer wieder gesagt, als die Jahre kamen, in denen der jugendliche Sebastian vielfach Grenzen ausgetestet und überschrit-

Gudrun Zollner mit Regenbogenschal und fantasievollem Mantel: Hier war sie Teilnehmerin der Sitzung der Frauenrechtskommission der Vereinten Nationen in New York.

ten hat. Er hat sie tatsächlich angerufen. Die Anlässe waren nicht immer erfreulich. Ihren Sohn hängen zu lassen, wäre der alleinerziehenden Mutter trotz aller Nerven, die sie das gekostet hat, niemals in den Sinn gekommen. „Ich konnte mich immer auf dich verlassen", hat ihr Sebastian Jahre später einmal gesagt. Das gilt auch heute noch. Dass Gudrun Zollner sich als Bundestagsabgeordnete sehr bewusst für Frauenrechte, Alleinerziehende und für die Gleichberechtigung Homosexueller engagiert hat, dürfte schon auch den eigenen Erlebnissen entspringen, obgleich sie immer betont hat: „Ich brauche ja kein Alibi, um mich dafür einzusetzen."

Im Juni 2017 fiel eine historische Entscheidung im Bundestag. Homosexuelle Männer, die nach dem Paragraphen 175 wegen einvernehmlicher sexueller Handlungen im

Nachkriegsdeutschland verurteilt wurden, können seit diesem Beschluss rehabilitiert werden. Allerdings mit einer Einschränkung: Die Unionsfraktion setzte nachträglich das Schutzalter von 14 auf 16 Jahre nach oben. Betroffene klagten trotz des historischen Schritts über neuerliche Diskriminierung. Der Straftatbestand war erst 1994 endgültig abgeschafft worden. Als Gudrun Zollner Ende April 2017 im Plenum über das Thema sprach, trug sie ein Halstuch in Regenbogenfarben. Sie berichtete über ein Treffen mit einem älteren Mann, der ihr gesagt habe: „Ich möchte in Frieden mit meinem Vaterland sterben dürfen." Ein nach Paragraph 175 verurteilter Homosexueller. Für viele seien die Verurteilungen der soziale Tod gewesen, manche hätten sie tatsächlich in den Suizid getrieben. „Es gibt keine Opfer – außer die Verurteilten selbst", sagte Gudrun Zollner. Ihre Rede schloss sie trotz ernsten Themas mit einem Lächeln. „Danke, dass ich heute als Nicht-Juristin und als CSU-Politikerin sprechen durfte. Dankeschön." Eine entscheidende Passage des Gesetzestextes zur Rehabilitierung stammte aus ihrer Feder. Sie war ihr geglückt – ganz ohne juristische Kenntnisse.

Jahre nach dem Gespräch mit ihrem Sohn hat Gudrun Zollner erfahren, dass auch Max die Auswirkungen von Kleingeist und Intoleranz spüren musste. Was sie dabei als Mutter empfinden musste, hat sich tief eingebrannt. Natürlich hat es Gudrun Zollner begleitet, als sie am 30. Juni 2017 – dem letzten Tag vor der Sommerpause der zu Ende gehenden Legislaturperiode – bei einer weiteren historischen Entscheidung ihre Stimme abgab. Die Eheöffnung für Homosexuelle. Ganz Deutschland war bewegt, als Bundeskanzlerin Angela Merkel für die Entscheidung über eine „Ehe für alle" völlig überraschend im Rahmen einer Talkshow den Fraktionszwang aushebelte. „(...) ich möchte die Diskussion gerne mehr in die Situation führen, dass es eher in Richtung einer Gewissensentscheidung ist", sagte die Kanzlerin und öffnete damit Tür und Tor, dass die Entscheidung auf Drängen von SPD, Grünen und Linken noch vor der Sommerpause auf den Tisch kam.

Während die einen mutmaßten, Merkel habe taktiert, ein Thema vorwegzunehmen, das ansonsten in die Koalitionsverhandlungen gefallen wäre, waren viele Unionspolitiker schlichtweg auf den Koalitionspartner sauer. Die SPD schlage sich auf die Seite der grünen und linken Opposition, die eine „Ehe für alle" seit langem forderte. Reihum befragten diverse Zeitungen des Landes bekannte CSU-Politiker – sagen sie „Ja" oder „Nein" zu einer Ehe für alle? Die strammen Konservativen waren dagegen. Fuhren Geschütze wie das Grundgesetz auf, das Ehe als Institution, die das Weitergeben des Lebens ermöglicht, unter besonderen Schutz stellt. Fortpflanzung geht schließlich nur mit Mann und Frau.

Gudrun Zollner erlebte diese Tage mit innerlicher Zerrissenheit. Die Hauruck-Entscheidung eines für sie und viele andere so bedeutenden Themas vor der Sommerpause behagte ihr nicht. Noch 2015 hatte sie sich dafür ausgesprochen, dass Homosexuelle heiraten dürfen – man das Ganze aber statt „Ehe" doch einen „Lebensbund" nennen sollte. Warum die Einschränkung? „Weil ich mir immer sicher war, dass es mit einer Ehe nicht klappt. Und weil ich von vielen Betroffenen wusste, dass sie heiraten wollten – das Heiraten war ihnen wichtig, nicht das Wort Ehe. Darum habe ich nach einer Möglichkeit gesucht." Mit einem Mal präsentierte sich nun die Möglichkeit auf dem Silbertablett.

Mehr noch. Das unmöglich Scheinende, die „Ehe für alle", war plötzlich greifbar. Bei der Abstimmung votierten 393 Abgeordnete für die Gesetzesvorlage, 226 stimmten mit „Nein" ab, vier enthielten sich. Von den Abgeordneten der Fraktion aus CDU und CSU war lediglich gut ein Viertel für eine „Ehe für alle": 225 stimmten mit "Nein", 75 mit "Ja", vier enthielten sich, fünf stimmten nicht ab. Nur sieben CSU-Politiker stimmten mit „Ja". Gudrun Zollner war dabei. Ihr Herz hatte entschieden. „Ich hätte als Mutter niemals anders abstimmen können. Und ich würde es heute wieder genauso machen."

Mit ihrer Ja-Stimme hat Gudrun Zollner dazu beigetragen, dass die „Ehe für alle" möglich wurde. Dass diese Entscheidung für sie persönlich gravierende Konsequenzen haben würde, zeichnete sich in diesem Moment mit den ersten Anfeindungen bereits ab.

Gudrun Zollner packte noch am selben Abend ihre Tasche in Berlin und flog nach Hause. Bereits am nächsten Tag stand eine Veranstaltung der Frauen-Union im heimatlichen Straubing im Kalender. Gudrun Zollner veranstaltete zum Abschluss einen Umtrunk mit ihren Berliner Büromitarbeitern. Für Wehmut blieb keine Zeit. In drei Monaten würde Bundestagswahl sein und alle wussten, dass die Chefin mit ihrem Listenplatz sehr schlechte Karten haben würde, sollten die Wahlergebnisse ähnlich wie in den Umfragen ausfallen. Gudrun Zollner zeigte in dieser Phase öffentlich viel Optimismus: „Ich glaube daran, dass ich wieder reinkomme. Alles andere wäre die falsche Einstellung." Es passte zu ihrem Motto, demnach sie stets behauptete: „Die beste Motivation besteht darin, dass jemand sagt, etwas geht nicht."

Der Traum Bundestag geht zu Ende

Den Abend des 24. Septembers 2017 verbrachte Gudrun Zollner im Haus ihrer Mutter, das zu diesem Zeitpunkt gerade ihr neues Domizil wurde. Ein sonniger Herbsttag lag hinter ihr. Den Nachmittag hatte sie auf einer Veranstaltung verbracht und war dabei immer wieder angesprochen worden: „Hoffentlich kommst du wieder rein in den Bundestag." Gudrun Zollner lächelte die böse Ahnung beiseite, ging erhobenen Hauptes im rosafarbenen Trenchcoat zur Wahl, abends, kurz vor der Schließung des Wahllokals. Sie versuchte, nicht daran zu denken, dass sie diesen Gang vor vier Jahren gemeinsam mit ihrer Mutter zurückgelegt hatte, die ihr nie wieder sagen würde, dass sie in Berlin auf sich aufpassen soll.

Als die ersten Hochrechnungen im Fernsehen liefen, war Gudrun Zollner schockiert, obgleich die Umfragen im Vorhinein genau das verheißen hatten. Die CSU stürzte ab, die AfD gewann. So berauschend der Erfolg vier Jahre zuvor gewesen war, so abgrundtief schlecht war das Wahlergebnis nun. Dieses Mal brauchte Gudrun Zollner nicht die Rechnereien bis in den frühen Morgen abzuwarten. Der Traum, das weiterzumachen, wofür sie vier Jahre lang Herzblut und nahezu jede Minute ihrer Lebenszeit investiert hatte, war dahin. Aus der Region war abermals ein CSU-Abgeordneter nach Berlin gekommen, der seit vielen Jahren den Wahlkreis innehat. Eine CSU-Frau aus Niederbayern schaffte es hingegen nicht mehr.

Gudrun Zollner und viele ihrer Kolleginnen, die auf Listenplätzen kandidierten, aber keine Wahlkreise hatten, waren außen vor. Es nützte in dieser Situation auch nichts, dass sie stets mit kämpferischem Trotz betont hatte: „Ich gebe nicht auf, sonst hätten ja die Anderen Recht bekommen." Die Anderen, das waren all diejenigen, die nicht an ihre Politik glaubten. Denen sie mit ihrer Direktheit auf die Füße getreten war. Die ihr vorwarfen, zu liberal zu sein.

„Es gibt Momente, da würde ich am liebsten alles hinwerfen." Es kommt nicht oft vor, dass Gudrun Zollner so etwas offenbart. Dass sie nach außen zeigt, dass sie zwar stark, aber nicht „hart" ist. Der sprichwörtliche weiche Kern kommt nur zum Vorschein, wenn sie schwache Momente hat. Dann spricht sie auch die Frage aus, die sie sich oft stellt: „Warum tue ich mir das eigentlich an?"

Das Ende ihrer Bundestagszeit sei kein Grund, um aufzugeben, ließ sie bald wissen. Beobachter stellten sich die Frage: Steht sie nun abermals vor einem Nichts? Muss sie wieder ganz von vorne anfangen? Wenige Monate vor der Wahl hatte sie in einem Interview angedeutet, sie habe einen Plan B. Das Leben habe sie gelehrt, dass man immer eine Alternative brauche, wolle man nicht perspektivlos vor dem Scherbenhaufen stehen, wenn ein Traum scheitert.

Die folgenden Monate verbrachte sie angeschlagen. Während sie Regale in ihrem Büro ausräumte, knickte sie so heftig um, dass sie wochenlang mit Gips und Krücken zubringen musste. Tapfer humpelte sie bei Wind und Wetter zu Straßeneröffnungen, um als Ehrengast das Band zu durchschneiden. Absagen? Nie.

Gudrun Zollner spricht im Plenum:
Von 2013 bis 2017 war sie Mitglied
des Deutschen Bundestags.

Eine noch größere Ohrfeige als das verpasste Bundestagsmandat musste sie Anfang 2018 hinnehmen. Der Plan B war mittlerweile offiziell. Gudrun Zollner wollte Landtagskandidatin werden. Im Oktober sollte der ehemalige Staatsminister und über 40 Jahre dienende Landtagsabgeordnete Erwin Huber in den Ruhestand gehen. Gudrun Zollner sah die Chance, weiterhin hauptberuflich Politik machen zu können. Allerdings taten sich im Stimmkreis drei weitere Bewerber aus der CSU hervor, die mehr Unterstützung im Parteienkreis fanden.

Mit einem Mal war ein Thema präsent, das Gudrun Zollner mit Ende der Legislaturperiode für sich eigentlich ad acta gelegt hatte. Eigentlich. Die „Ehe für alle". Mit einem Mal musste sie sich des Vorwurfs erwehren, sie habe die Partei und deren Werte verraten. Aus persönlicher Betroffenheit heraus hätte sie überdies gar nicht erst abstimmen dürfen, ließ man sie wissen. Amtsinhaber Huber äußerte keine Wunschnachfolge, betonte, die CSU-Delegierten würden schon den oder die Richtige küren.

Gudrun Zollner ging in die Vollen. Bei einer der Kandidatenvorstellungsrunden beendete sie ihren Auftritt, indem sie ihre Abstimmung bei der „Ehe für alle" erklärte. „Bitte verstehen Sie, dass ich als Mutter für meinen Sohn entschieden habe."

Anfang des Jahres meldete sie sich in einer nachdenklichen Botschaft auf Facebook zu Wort, sprach davon, dass 2017 ein trauriges Jahr für sie gewesen sei. Begonnen habe es mit dem Tod der Mutter im Februar. Im September habe sie ihr Mandat und ihre Mitarbeiter ihren Arbeitsplatz verloren. Verloren habe sie überdies auch den Glauben an manche Freundschaft. Man kann nur ahnen, was sie damit meinte.

Als die Kampfentscheidung anstand, war Gudrun Zollner sichtlich nervös. Das Rennen machte Kandidatin Petra Loibl, die im Oktober auch die Wahl gewann. Gudrun Zollner erreichte das zweitschlechteste Stimmenergebnis und war als Landtagskandidatin damit raus. Nicht einmal in die Stichwahl kam sie. Die Delegierten hatten ihr die Unterstützung versagt. Zollner gratulierte ihrer Kontrahentin und verbrachte den restlichen Teil der Versammlung mit unergründlicher Miene weiterhin am Kopf des Saals, dort, wo der CSU-Kreisvorstand saß, dem sie angehört. Der Wallersdorfer Bürgermeister legte ihr kurz aufmunternd den Arm um die Schulter. Gudrun Zollner lächelte. Während sich die Gratulanten schlussendlich um die Siegerin scharten, packte sie die bunte Handtasche unter den Arm und verließ den Saal. Die Krücken hatte sie an diesem Tag abgelegt und Highheels angezogen. Draußen steckte sie sich eine Zigarette an. „Dieses Ergebnis stand von Anfang an fest", sagte sie.

Im März 2018 kehrte sie zurück zu ihrem ehemaligen Arbeitgeber. Sie hatte ein Anrecht auf eine Stelle. Das Angebot einer ebenfalls ausgeschiedenen Bundestagskollegin, in Kiel als Frauenbeauftragte anzufangen, wehrte sie ab. Sie wollte ihr Leben in Wallersdorf nicht einfach aufgeben. Genauso wenig konnte sie von heute auf morgen beiseite wischen, was vier Jahre lang ihr Lebensinhalt war. Wann immer es ging, verfolgte sie die Sitzungen im Bundestag über die einschlägigen Fernsehsender, schickte SMS nach Berlin zu den ehemaligen Kollegen, etwa wenn sie sich über die Redebeiträge der AfD empörte.

Wenige Wochen nachdem sie in den alten Beruf zurückgekehrt war, bremste ihr Körper sie ein. Sie musste nach Mainkofen ins Bezirksklinikum. „Nein, ich habe keinen Herzinfarkt, keinen Schlaganfall, kein Burnout. Ich lasse mich nur durchchecken", wehrte sie öffentlich Gerüchte ab und sprach wenig später von Lagerungsschwindel. Eigentlich harmlos. Der Arzt habe ihr empfohlen, mehr zu trinken. Sie machte Witze – und war gerührt, dass halb Wallersdorf Glückwünsche und virtuelle Umarmungen schickte.

Am Muttertag flog sie zum ersten Mal nach langer Abstinenz wieder nach Berlin. Sie war eingeladen zu einer Veranstaltung der Magnus-von-Hirschfeld-Stiftung. Als ehemalige Kollegen sie begeistert über das Wiedersehen in die Arme schlossen, musste sie sich die Tränen verkneifen. SPD-Justizministerin Katharina Barley lobte Gudrun Zollner für ihre gute Arbeit, fragte, wo sie nun tätig sei. Wenn sie Juristin wäre, würde sie Zollner einstellen, behauptete Barley. Gudrun Zollner resignierte ein weiteres Mal: „Man wird mir immer wieder vorhalten, dass ich keine Akademikerin bin."

„Nur wer den Kopf hebt, kann die Sterne sehen"

In der Folgezeit kehrte Gudrun Zollner dorthin zurück, wo sie angefangen hatte. Sie legte ihren Fokus wieder vermehrt auf die Kommunalpolitik. Überdies hat sie erkannt, dass ihre Lieblingsthemen auch ohne Bundestagsmandat zu ihr kommen.

Langsam, ganz langsam wird Berlin indes zu einer grandiosen Erinnerung, verbunden mit Dankbarkeit, ohne Schmerz. Wäre sie gleich nach ihrem Abschied gefragt worden, wäre sie ohne „Wenn" und „Aber" nach Berlin zurückgekehrt. Heute ist sie sich nicht mehr sicher, ob sie sich den Kämpfen dort ein weiteres Mal stellen wollen würde. Immer noch erreichen sie Interviewanfragen aus ganz Deutschland, wenn es um Homosexualität, die „Ehe für alle" oder um Frauenförderung geht. Meistens weist sie dann erstmal darauf hin, dass sie ja gar keine Abgeordnete mehr ist. „Aber alle haben Ihren Namen zu diesem Thema genannt", bekommt sie dann als Antwort.

Im Herbst 2018 wurde sie offiziell als erste Förderin der Lesben und Schwulen in der Union ausgezeichnet. Bei der

Verleihung dieses Ehrentitels wurde ihr großer Einsatz („manchmal auch gegen die eigene Partei") gewürdigt. Sie bekam Stehapplaus und weinte Freudentränen. Dass sie beim darauffolgenden Christopher-Street-Day nicht mitfuhr, war einzig und allein der Tatsache geschuldet, dass sie an diesem Tag zu einem Austausch mit marokkanischen Parlamentarierinnen in Rabat weilte. Sie war die einzige ehemalige Mandatsträgerin, die für das Frauenförderprogramm berufen wurde.

Die wichtigsten Männer in ihrem Leben sind nach wie vor ihre Söhne. Zu einer langfristigen Beziehung hat sie sich in all den Jahren nicht mehr durchringen können. Im Haus ihrer Mutter fühlt sich Gudrun Zollner sehr wohl. Der Sessel aus der Berliner Wohnung hat in Wallersdorf eine neue Bestimmung gefunden: Er gehört Kater Mumin. Gudrun Zollner ist beruhigt, dass sich alles fügen wird. Bislang hat sie jede Krise in ihrem Leben überstanden und sich danach stärker gefühlt. „Nur wer den Kopf hebt, kann die Sterne sehen", hat sie Anfang 2018 als Neujahrsmotto geschrieben. Und daran hält sie sich. Jeden Tag.

Danke

...sage ich allen, die mich unterstützt haben, den Traum vom eigenen Buch wahr werden zu lassen. Dem Verleger Heinz Lang für seinen Glauben an meine Idee, seine große Geduld bei der Umsetzung und für die Gestaltungsfreiheit, die er mir gelassen hat. Ebenso danke ich seinem wundervollen Team, ganz besonders Edith Döringer und Melanie Lehner für Gestaltung und Satz. Des Weiteren der hochgeschätzten Alexandra von Poschinger für ihre Beratung. Nicht zuletzt danke ich von ganzem Herzen denjenigen, ohne die das alles nicht möglich gewesen wäre: Den Menschen, die mir ihre Geschichte erzählt haben. Danke für die Zeit und das Vertrauen – jeder Moment war für mich sehr wertvoll und bereichernd.

Monika Bormeth

A. von Poschinger (Hrsg.),
C. Grapentin, H. Hopfer,
C. Kappl, K.-H. Reimeier

Entfernt Entrückt Entgrenzt

Der andere Blick auf den Landkreis Freyung-Grafenau

Einst Zonenrandgebiet, heute Mitte Europas: Der Landkreis Freyung-Grafenau präsentiert sich so frisch und dynamisch-modern wie nie und erfährt dafür positive Aufmerksamkeit von allen Seiten. Die Region im Herzen des Bayerischen Waldes hat sich seit Öffnung der Grenze nach Tschechien nicht nur als attraktiver Lebensraum neu definiert und aufgestellt, sondern zudem zum vielversprechenden Unternehmensstandort entwickelt. Hier lassen sich Natur, Kultur und Struktur im zeitgemäßen Einklang und dennoch unverfälscht erleben.

In Freyung-Grafenau wohnen und arbeiten Menschen, die ihrer (Wahl-)Heimat mit Optimismus, Fleiß und hoher Kreativität den Weg in eine gute Zukunft ebnen. Auf ihr Engagement sowie auf diverse Ereignisse, Besonderheiten und Potenziale richtet dieses Buch sein Augenmerk – jedoch aus einer anderen und zuweilen völlig ungewöhnlichen Perspektive. Die besten, wissenswertesten, humorvollsten, skurrilsten, unglaublichsten und sensationellsten, aber auch die nachdenklichsten Themen und Geschichten aus unserem Landkreis sind in diesem Buch zusammengefasst.

Hardcover
29,7 x 21 cm
144 Seiten
978-3-942509-48-0
29,90 €

www.lichtland.eu

© edition Lichtland
Stadtplatz 6, 94078 Freyung
Deutschland

Gestaltung: Edith Döringer
Satz: Melanie Lehner

Fotos: soweit nicht anders vermerkt,
liegen die Urheberrechte der Fotos bei
den jeweils beschriebenen Personen

1. Auflage
ISBN: 978-3-947171-11-8
www.lichtland.eu